中国社会工作学刊

第三辑

中国社会工作学会 编

王思斌 主编

中国社会出版社
国家一级出版社 · 全国百佳图书出版单位

图书在版编目（CIP）数据

中国社会工作学刊. 第三辑 / 王思斌主编；中国社会工作学会编. —北京：中国社会出版社，2021.8

ISBN 978-7-5087-6539-6

Ⅰ.①中… Ⅱ.①王… ②中… Ⅲ.①社会工作—中国—丛刊 Ⅳ.①D632-55

中国版本图书馆 CIP 数据核字（2021）第 092368 号

书　　名：中国社会工作学刊：第三辑
ZHONG GUO SHE HUI GONG ZUO XUE KAN：DI SAN JI
编　　者：中国社会工作学会
主　　编：王思斌

出 版 人：浦善新
终 审 人：李　浩
责任编辑：张　杰　李林凤

出版发行：中国社会出版社　**邮政编码**：100032
通联方式：北京市西城区二龙路甲 33 号
电　　话：（010）58124853
（010）58124839
网　　址：shcbs. mca. gov. cn
经　　销：各地新华书店

中国社会出版社天猫旗舰店

印刷装订：北京九州迅驰传媒文化有限公司
开　　本：170mm×240mm　1/16
印　　张：17
字　　数：270 千字
版　　次：2021 年 8 月第 1 版
印　　次：2021 年 8 月第 1 次印刷
定　　价：48.00 元

中国社会出版社微信公众号

本书受到国家社会科学基金资助。

本书的内容为“社会工作应对重大突发公共卫生事件的理论、实践与制度建设。”

《中国社会工作学刊》编委会名单

目录
CONTENTS

中国社会工作学刊　第三辑
第1~19页

社会工作参与公共卫生事件治理的专业优势分析

王思斌*

【摘要】 公共卫生事件具有消极性、复杂性特点，需要进行综合治理。社会工作参与公共卫生事件治理有自己的专业优势，包括专业价值观、专业方法、多元资源动员能力和标本兼治等。社会工作参与治理的比较优势具有情境性、发展性和综合性，快速反应、全人关怀、能力建设和政策倡导是其重要特点。

关键词： 公共卫生事件治理　社会工作参与　专业优势

2020年突然暴发且至今未消的新冠肺炎病毒的肆虐给我国和世界各国出了一道难题，它像一个幽灵，直接影响了社会的正常经济活动和人们的正常社会交往。面对这一前所未有的公共卫生事件，我国政府采取了果断而有效的措施，控制疫情，千方百计恢复正常的经济和社会生活，并取得了显著成绩。但是与此同时，一个制度建设方面的问题，尖锐地摆到政府和社会面前：怎样更有效地应对类似的公共卫生事件，以保障人民的生命安全和健康，维持社会稳定，保障正常的经济社会生活。习近平总书记2020年2月23日“在统筹推进新冠肺炎疫情防控和经济社

* 王思斌，中国社会工作学会会长，北京大学社会学系教授，北京大学-香港理工大学中国社会工作研究中心研究员。

会发展工作部署会议上的讲话”中指出：“要发挥社会工作的专业优势，支持广大社工、义工和志愿者开展心理疏导、情绪支持、保障支持等服务。”①（习近平，2020）一年来，社会工作界在中央政策的指导下，积极地、开创性地开展工作，取得了不俗成绩。但是，在社会工作发挥专业优势方面还有许多需要澄清的理论和实践问题，包括：什么是公共卫生事件中社会工作应该发挥的专业优势，怎样发挥社会工作的专业优势，社会工作在以后可能发生的公共卫生事件中应该怎样参与，等等。本文从理论与实际相结合的角度，对这些问题作一探讨，希望对社会工作参与公共卫生事件及其他类似突发公共事件的治理有所启示。

一、公共卫生事件的特点与社会工作参与治理

（一）公共卫生事件的含义及特点

1. 公共卫生事件的内涵

2020年在我国和世界范围内发生的新冠肺炎疫情被定义为突发公共卫生事件。公共卫生是关系到一国或一个地区大众健康的公共事业，包括对重大疾病尤其是传染病的预防、监控和治疗；对食品、药品、公共环境卫生的监督管制，以及相关的卫生宣传、健康教育、免疫接种等。所谓公共卫生事件或突发公共卫生事件，是指突然发生，造成或者可能造成社会公众健康严重损害的重大传染病疫情、群体性不明原因疾病、重大食物和职业中毒以及其他严重影响公众健康的事件②。

理解公共卫生事件应该注意以下几个方面：第一，这种危害人们健康的现象已经成为一种事件，说明它有一定的广度和烈度，已严重影响到广大群众的健康和正常生活；第二，这一危害人们健康的现象具有较严重的扩散性，影响面宽，对人们的健康影响严重；第三，这种事件的处理具有公共性。它不同于一般的个人医疗问题，也不是发生于医院内部的医疗事

① 习近平．在统筹推进新冠肺炎疫情防控和经济社会发展工作部署会议上的讲话［M］．北京：人民出版社，2020.

② 中华人民共和国国务院．突发公共卫生事件应急条例［M］．北京：中国法制出版社，2003.

件，而是具有公众性，即成为公共问题，从而需要政府出面并动员社会力量加以解决；第四，问题涵盖范围宽广。公共卫生问题涵盖了从问题起因、问题发生、到集体防疫治疗和问题解决的全过程。

公共卫生事件的类型多种多样，包括自然环境恶化造成的问题、动物病毒感染造成的问题、人类的生活环境污染带来的问题，等等。本文以新冠肺炎疫情的发生、扩散和防治为典型，分析社会工作在治理公共卫生事件中的作用和发展问题。

2. 公共卫生事件的特点

公共卫生事件是复杂多样的，一般说来，它有如下一些基本特点。

第一，对人民生活的消极影响。公共卫生事件是有悖于人们正常生活的突发事件，也是影响人们生活的负面事件，它给人们的正常生活带来负面影响，干扰和破坏了人们的正常生活和社会秩序。

第二，对较大面积人群的影响。公共卫生事件影响广泛，是在较大范围内发生的危害人们健康的事件，从而对事件发生领域的正常生活产生广泛而深远的影响。

第三，负面影响的多样性和复杂性。导致卫生事件的原因是多方面的，甚至是复杂交织的。对于致病原因不明的卫生事件来说，它对不同个体和人群的影响也是不同的，这种负面影响表现在身体、心理、社会关系、经济和社会生活等方面。

第四，脆弱群体所受的负面影响更加严重。虽然卫生健康方面的事件可能会侵扰每一个人，但是，脆弱群体遭受攻击的可能性更大，影响程度更深。

第五，治理的综合性。公共卫生事件的治理需要多方面共同努力，包括政府、社会力量、受危害群体的共同努力；在治理方法上，既包括专门的政策，也需要某些专门的技术，还包括受危害群体生活方式上的配合。

（二）社会工作参与公共卫生事件治理

1. 社会工作干预的含义与内容

（1）社会工作干预的含义。社会工作参与公共卫生事件治理的活动是对其进行干预，即进行社会工作干预。社会工作干预是社会工作者秉持专业价值观、运用社会工作方法，帮助处于不利处境的群体，减缓或解除不利因素对他们的困扰，使其缓解和走出困境的活动。社会工作干预是社会工作群体联合其他力量对造成服务对象不利处境的因素进行遏制，缓解和阻止其蔓延、减弱其对服务对象正常生活的损害、避免负面事态进一步发展，最后使服务对象的生活重回正常的过程。从解决困境问题、维持社会秩序、重建人们正常的经济社会秩序的角度看，社会工作对问题的干预就是参与对该问题的治理。由于公共卫生事件具有复杂性和社会性，社会工作参与公共卫生事件的治理也是社会治理的过程，在许多情况下还是危机治理的过程。

（2）社会工作干预的内容和类型。由于公共卫生事件的多样性、复杂性、变动性，社会工作对之进行干预的内容也是复杂多样和多层面的。从解决受事件危害群体的角度来看，社会工作的干预是帮助解决他们的身、心、社、灵方面遭遇的伤害，抑制这种伤害的蔓延，促进其生活状态恢复正常。受事件影响群体的身体健康、生命安全是第一位的，他们受事件影响而出现的恐慌、悲观、无助的心理状况需要改变，他们的物质生活方面的困难需要解决，社会支持网络的弱化甚至中断的现象需要修复。事件相对平稳或过去后，受事件影响群体要恢复或重新组织自己的家庭生活、经济社会生活，社会工作也应该对有困难者予以帮助。所以，社会工作对于公共卫生事件的干预或对受危害群体的支持是全面的。

公共卫生事件干预的方式类型也是复杂多样的。主要有：直接干预或间接干预，重点干预和整体干预，专业干预和行政化干预，预防性干预与治疗性干预。直接干预是各种力量对受危害群体的直接帮助，包括：对患病者的救治，对他们迫切需要的经济的、物质上的支持，心理上的抚慰，解困知识和信息的支持，因正常工作生活中断而带来的问题的处理等。间接干预是通过支持一线工作人员来促进直接干预或改善受危害群体的生活环境，而解决公共卫生问题的活动，在公共卫生事件治理中，间接干预是重要的。重点干预是对公共卫生事件关键环节的干预，如对重要致病源的控制，对危急病人的治疗和观护，对容易造成重大影响的舆论和信息的控制，在事件发展的重要关键点上的政策、规定投放等。整体干预则是从整体上对事件的干预和控制。专业干预是由该卫生事件领域的专家进行的干预，该领域专家面对事件最核心的问题，实施治疗或帮助，可以在本质上解除公共卫生事件的威胁。行政化干预是政府部门通过发布行政命令，鼓励或制止某种行为，动员多种力量有序参与公共卫生事件治理、改善困境群体状况的干预方式，在重大公共卫生事件中，政府科学、准确、有力的行政干预，对于事件治理和社会治理来说是十分重要的。

在公共卫生领域，还有预防性干预与治疗性干预之分。治疗性干预是当公共卫生事件发生之后进行的救助、医疗、缓解受危害群体的活动。预防性干预则是在公共卫生事件没有发生时，面对可能出现的卫生事件风险而开展的预防活动，包括对疾病、灾害源的控制，对民众进行卫生知识教育和宣传，完善应对公共卫生事件的政策和规定，建立和加强卫生防疫队伍等。

在上述公共卫生事件干预中，社会工作都可以发挥作用，从不同角度、以不同方式对受危害人群给予支持，缓解他们遇到的困难，促进实现社会秩序恢复，重建正常的经济社会生活。

2. 社会工作参与公共卫生事件治理的角色

社会工作在参与公共卫生事件治理中可以发挥多方面的作用，根据社会工作的专业特征，它主要可以扮演如下几个方面的角色。

（1）社会工作的救治服务角色。在公共卫生事件发生后，最主要、最急迫的是对受危害人群的救助和服务。公共卫生事件对人们的身体、心理、社会关系及经济社会生活危害的复杂性和大规模性，使人们的正常生活陷入困境，这就使得公共卫生事件的应急处理，必须从对受危害人群的、妨碍其基本生活的关键之处入手，这就是救助和治疗。在公共卫生事件中，对受危害群众实施救助治疗的主体是医务人员，他们的职责和专业性会使其成为救助治疗受危害人群的第一梯队力量。对于严重受事件影响的患病者来说，挽救他们的生命是第一位的，对于受部分创伤的人来说，施以医疗救助、不使其身体状况继续恶化，也同样重要。社会工作的专业特长是通过社会服务，增强困境人群走出困境的信心，增强其社会支持，建构有利于困境人群走出困境的外部环境。社会工作者通过及时和有效地向服务对象提供信息、对之进行鼓励和陪伴，可以配合医务工作者产生更好的医疗效果。在公共卫生领域，向困境人群提供可靠、有效的信息和知识，增强其战胜疾病的信心，十分重要。社会工作者以其善解人意的职业特长，可以在这方面提供有效服务。

（2）社会工作的支持服务角色。社会工作者在公共卫生事件中扮演支持者的角色，是指在面对患病者和受恶劣环境威胁者，不能向他们提供直接服务时，而采取措施对一线服务人员给予支持的服务方法。在公共卫生事件发生后，医疗卫生人员在一线实施救治工作，但是他们的工作和生活也需要支持，他们的紧张操劳和心理也需要舒缓。在这种情况下，社会工作者可以扮演支持者角色，通过对一线专业工作者提供服务和帮助，间接地助力公共卫生事件的治理。社会工作者的这种支持性服务，也可以表现在对公共卫生事件发生地区的坚守岗位的非专业人员的支持，包括该地区直接接触受影响居民的基层工作人员。这些支持性服务可以增强治理公共卫生事件的系统力量，有助于公共卫生事件问题的尽早、尽快和有效解决。

（3）社会工作的倡导角色。社会工作的倡导是社会工作者向他人倡导实施某种行为的工作方法，可分为对服务对象的倡导和对决策者的倡导。前者称为行为倡导，即倡导服务对象实施某种有利于改变其困境的行为。后者称为政策倡导，是指通过向有权者提出建议，希望其能制定和实施某种更有效政策的行动。两种倡导都是为了解决服务对象的困难、更好地解决社会问题。社会工作在参与公共卫生事件治理中，两种倡导行为都可能使用。当疫情突如其来，居民因知识不足而不知所措时，社会工作者应该运用专业知识，建议他们采取合适的行为，沉着有效应对。当他们在疫情笼罩下心理厌倦时，社会工作者也要向他们倡导合适的行为，舒缓心理压力。政策倡导是社会工作者在事实和经验的基础上，向制定和实施政策者提出建议，以采取更适宜的政策和治理公共卫生事件的举措。社会工作者的政策倡导行为是建立在科学知识和对现实状况的科学研究之上的。社会政策倡导既可能发生在宏观层面，也可能发生在基层，社会工作者应该有政策倡导的能力。

3. 社会工作参与公共卫生事件治理中的合作

（1）社会工作参与公共卫生事件合作治理的必要性。社会工作是以人与环境的相互关系为背景、以人的内在能力的发挥为基点、通过提供适当的帮助，使困境群体走出困境并解决现实问题的专业行动。社会工作以解决人的内在困境、调适人与环境的关系为焦点，在公共卫生事件治理过程中必然也必须与其他多方面进行合作，以解决受危及群体的现实的基本生活方面的问题。

社会工作与其他方面的合作要求来自公共卫生事件的特点和社会工作的特点。如前所述，公共卫生事件的影响是多方面的，它影响到各种不同的人群，涉及人们生活的各个方面。面对危及多数人的、具有重大不确定性的现象，政府和社会必然要动用多方面力量，尽快予以控制和解决。社会工作是多种社会力量、专业力量中的一种，在解决复杂而重大问题的过程中，必然要同其他方面合作，形成整体性的应对体系，有效地解决问题。面对复杂和具有危险性的公共卫生事件，社会工作者要独立解决问题几乎是不可能的。社会工作界必须与相关各方建立良好的合作关系，在合作中发挥专业优势。

（2）社会工作参与公共卫生事件治理的跨域合作。公共卫生事件的复杂性、危害性，决定了该问题的解决需要有力的应对系统，其治理和解决需要多方面共同努力。参与力量主要包括：政府决策者、卫生医疗等相关部门、卫生医疗专业队伍和其他专业人员、公益组织和其他社会力量、基层社会管理服务人员以及广大的受危及民众等。需要各方面统一思想、统一部署、统一行动，以有效控制疫情的蔓延，解决受危害民众的身体健康、生命安全和日常生活方面的问题。社会工作参与公共卫生事件的治理，需要与多方进行合作，需要进行跨专业合作和跨界协同行动。

第一，社会工作群体要在政府的统一部署和指导下开展活动。政府是公共卫生事件控制和治理的主要责任者，政府掌握着各种资源，也具有影响事件走向的决策权，社会工作群体作为一种专业力量要协助政府，并在政府的统一部署下开展工作。第二，社会工作群体要与卫生医疗工作者合作开展具体的工作，这是两个专业群体之间的合作，也是社会工作跨专业合作的最重要内容之一①。第三，社会工作者要与基层社会管理服务群体合作，因为在具体的卫生防疫、社区秩序管控、居民日常生活服务等直接与疫情相关的行动上，基层社会管理服务者处于与受危害群众直接联系的关键位置。社会工作者要进入城乡基层开展工作，就必须获得基层社会管理服务者支持。第四，社会工作者要介入公共卫生事件治理，必须获得服务对象的信任、支持和配合。在公共卫生事件治理中，看起来受危害群体是服务对象，实际上，他们也是主体。他们的生活感受、生理和心理状态、需求结构、内在动力都直接影响着公共卫生事件治理的走向。社会工作作为做人的工作的专业，更要把服务对象作为解决公共卫生事件的主体，同他们真诚密切合作。

跨域合作是公共卫生事件治理的基本要求，其中包括多种形式、颇具情境性的协作系统，社会工作者要善于发挥专业优势，与各方密切合作，促进公共卫生事件的有效解决。

二、社会工作在公共卫生事件治理中发挥专业优势

（一）社会工作自身的专业优势

1. 社会工作专业优势的含义

优势是指某一群体在一定条件下，相对于其他群体所具有的、解决特定问题的长处或有利位势。一个群体的优势是面对特定的时空和事件、所要解决的问题而存在的，也是与其他群体相比较而存在的。某一群体的优势首先是处理问题时优于其他群体的能力或实力，也是该群体理解面对问题的时势而采取行动的机会判断力，还是该群体联络动员各方资源参与问题解决的能力和号召力。群体的优势是相对的，是相对于其他群体而显现的，同时它也是绝对的，是由该群体在处理某种问题时所具有的实力所决定的。群体的优势具有情境性，即它是面对具体的问题而得以表现的，时

① 方琦，范斌．突发公共卫生事件中社会工作的实践机制——结构性组织与阶段性服务［J］．华东理工大学学报（社会科学版），2020（1）：33-43.

过境迁、情况变化之后，上述优势可能不复存在。在一些情况下，某个群体也可能具有全面优势（比如我国的政府），但是，多数政府部门、社会组织、职业群体则是在某种情境下，具有某个方面、某种程度的优势。正因如此，应对复杂的社会问题，才需要各方面发挥各自优势，并系统化地发挥作用。

作为以帮助贫弱群体、困境人群解决困难、走出困境，促进人们与环境相互适应并得到发展，进而促进社会团结进步的专业，社会工作在参与公共卫生事件治理中也有自己的优势①。同样，社会工作的专业优势也具有比较性、情境性和程度上的差异性，它也需要在一定的工作系统中得以发挥。但是我们也可以理解，社会工作专业能在公共卫生事件治理中持续地发挥作用，就表明它有多种优势②。不过，从专业和职业群体的角度看，社会工作的专业优势主要表现在专业价值观、专业方法、有效链接资源和标本兼治的服务策略和思路方面。

2. 社会工作的专业价值观

社会工作参与公共卫生事件治理的优势，首先在于其专业价值观。社会工作是一个以人为本、为民解难、共同成长、追求社会公正与社会进步的职业和专业。为困难群体、贫困群体、脆弱群体服务，帮助和协助他们走出困境并得到发展，是社会工作群体持之以恒的、坚守的价值追求。社会工作者以践行专业价值为基本遵循，在面对公共卫生事件时，表现出强烈的专业情怀和以科学与事实为基础的专业理性。疫情就是命令。在公共卫生事件发生之后，社会工作群体以自己的专业情怀，立即主动行动，参与对疫情的防控，主动想方设法解决受危害民众遇到的心理、身体、基本生活和社会关系方面的问题，表现出强烈的专业情怀。同时，社会工作群体在专业激情之中不忘理性，根据专业知识经验和公共卫生事件发展的现实状况，科学分析，审时度势，实施专业干预，参与公共卫生事件治理。在公共卫生事件治理全过程中，始终坚持专业理念的引领，是社会工作发

---

① 李迎生．发挥社会工作在疫情防控中的专业优势［N］．光明日报，2020-3-6.

② 史柏年．发挥社会工作专业优势 促进经济社会平稳发展［EB/OL］．中国公益新闻网，2020-2-26.

挥专业优势的明显特点。

3. 社会工作的专业方法

专业方法是职业比较的重要方面，也是某一职业优势的具体体现。相对于其他以困境人群为对象的助人职业，社会工作更强调在专业价值观指导下的科学的、社会性的专业方法的运用。在专业理性指引下，对现实问题的科学评估是进行干预的先决条件。即在公共卫生事件治理过程中，社会工作者应先坚持科学评估，根据评估结果以随机应变，从而更有效地解决问题。社会工作的专业优势还在于已经形成的一系列应对不同问题的方法，包括面对个人和家庭、面对群体和社区、面对大众的不同“症候”的服务方法。有针对性地运用干预方法，灵活地运用各种专业方法，综合地活用各种服务方法，也是社会工作专业优势的重要特点。在运用专业方法方面，社会工作者保持着开放性，即根据问题的性质、问题发生地的经济社会条件、服务对象的结构和文化特征，吸收当地经验，形成适宜的干预系统，以收到更好的治理效果。

4. 社会工作的多元资源动员

社会工作对处于困境中人群的状况的改变持乐观态度，即认为通过努力问题是可以解决的，而这一点对于陷入困境之中的人群和实施救助的责任人来说是重要的。社会工作的乐观不是来自盲目性和想象，而是基于科学经验和对人的能力的自信。只要动员其内外资源，找好介入点，经过共同努力，就会扭转问题的蔓延态势，逐步使受问题困扰的人群转向正常生活。在这方面，解决问题资源的找寻、挖掘、链接、善用十分重要。社会工作的一个专业优势就是资源动员和资源链接。尤其是在困境人群内在资源的挖掘、助推问题态势转变的关键资源的找寻和动员等方面，社会工作者可以发挥独特的作用。在社会工作者看来，资源是多样的，也是普遍存在的，要善于利用好每一个资源，积极促进困境状态的改变。

5. 社会工作的标本兼治实践

社会工作作为致力于帮助人、发展人、调适和改变人的行为与环境、促进社会和谐与社会进步的专业，注重在实践中标本兼治，始终把陷入社会问题中的人群的内在改变与外在改变，问题的局部改变与总体改变，改变的近期效果与长期效果结合起来考虑，并融入社会工作服务实践。社会工作服务要改变困境群体的生存状态，在一般情况下更关注他们的认识的改变。因为只有困境群体树立了改变困境状态的信心、激发起内在动力，才能在外部力量的支持下真正渡过难关并得到发展。在社会工作者看来，重要的起点是向困境群体输入希望，而困境群体获得希望则来自他们感觉到的切实的改变，这是在外部力量支持下处境好转的现实。社会工作注重通过持续改变达致最后目标，注重改变的过程与结果之间的联系，从而把治标和治本有机结合起来。社会工作者认为，只有建立在扎实的内在改变、改变过程之上的改变结果才是实质性的、可靠的和可持续的。脚踏实地、不务虚名、授渔增能、促进人与环境共变是社会工作专业优势的重要方面。

（二）社会工作在公共卫生事件治理中的比较优势

1. 社会工作在公共卫生事件治理中具有专业的比较优势

一般说来，在公共卫生事件的治理过程中，社会工作群体并非是最重要的解决问题的力量，而是医务工作者、公共卫生工作者、基层社区工作者扮演着更重要的角色，这是由公共卫生事件的特征所决定的。但是，社会工作群体向困境人群提供专业的心理支持和信息支持服务，提供社会支持，向一线工作者提供辅助性支持的作用，是任何其他群体不能替代的。虽然社会工作群体在公共卫生事件治理中不处于核心地位，但是社会工作者在一些关键点和整体上的优势还是明显的，我们可以称之为社会工作的比较优势。对于复杂和严峻的公共卫生事件治理来说，任何群体和力量都不可能独自完成治理任务，必须实现各方力量的共同努力，发挥各自优势。因此，社会工作的比较优势是可贵的，其作用也是不可或缺的。

2. 社会工作在公共卫生事件治理中的专业优势具有情境性

社会工作在公共卫生事件治理中的专业优势发挥并不是无条件的，而是具有情境性，即社会工作需要在一定的条件和情况下，才能适宜地发挥作用。这里所谓的一定条件和情况，既包括公共卫生事件的发展态势，事件发展中的迫切任务，也包括解决各种问题的内外条件。公共卫生事件治理是一种有重点、有阶段、多方协同的整体性行动，社会工作服务穿插于整个活动之中，要视情况发挥积极作用，这就是专业优势的情境性。找准自己的位置，发挥好自己的应有作用，是社会工作发挥情境优势的前提。

3. 社会工作在公共卫生事件治理中的专业优势具有发展性

社会工作在公共卫生事件治理中的专业优势还在于它的发展性。所谓发展性是指社会工作参与治理包含了许多发展的内涵，即把发展的理念融入社会工作服务之中。社会工作以解决困境人群的困难为核心，同时认为，在多数情况下，服务对象本人是解决问题的主要力量。在公共卫生事件中，受危害人群的身体和心理状况、精神状态、内在能力是应对困难、克服困难的关键。因此，社会工作者一方面向其提供帮助，另一方面就是激发其内在动力，树立信心。在困境得到改善后，进一步予以适当支持，增强积极因素、帮助其总结经验面对新的任务，这些都是促进服务对象发展的策略。吃一堑长一智。在面对挫折中获得成长，是社会工作专业优势的重要追求。此外，社会工作参与公共卫生事件治理，也希望通过在治理过程中总结和获得相关经验，健全和完善相关政策和制度，这也是整个社会的进步与发展。

（三）社会工作在公共卫生事件治理中发挥专业优势的综合性

公共卫生事件的治理是各方面综合协力的过程，也是前后相接、各种活动交织的过程。在这种情况下，社会工作不可能独立地发挥作用，也不可能独自发挥自己的专业优势。在整体性的、持续不断的治理行动中，与其他方面相协调，发挥应有作用，是社会工作发挥专业优势的现实状态。或者可以说，社会工作的专业作用和专业优势是嵌入整个治理行动之中的[①]。没有整体的有效的治理行动，社会工作的专业优势就不可能有效发挥。反过来，没有社会工作的专业优势发挥，整个治理行动的有效性也会受到影响。

---

① 王思斌．社会工作参与公共危机事件治理中专业功能的嵌合性实现［J］．社会工作与管理，2020（6）：5-11.

站在社会工作的角度看问题，要想发挥自己的专业优势，就要能融入整个治理活动之中，在多方协同的治理过程中发挥自己的优势，而且是从总体上看要使治理效能最大化。这种综合性视角也给出提示：发挥社会工作的专业优势并不是社会工作群体一厢情愿的事，而是需要主客观等方面的条件。当然，社会工作群体的主观努力在其中具有不可替代的重要作用。

三、社会工作在公共卫生事件治理中发挥专业优势的实践

（一）社会工作在公共卫生事件治理中发挥专业优势的过程

从世界范围看，社会工作群体参与公共卫生事件治理还缺乏成熟的经验，我国的情况更是如此，这给社会工作参与公共卫生事件治理并发挥专业优势带来困难。以2020年新冠肺炎疫情为例，社会工作参与公共卫生事件治理并不是在所有致病原因已经认清、受疫情影响的人群状况及其结构已完全明了、疫情防控措施十分明确，疾病防控和治理格局已经确定的情况下进行的。相反，这是在上述各种情况并未完全掌握的摸索中开始的。这就带来了许多不确定性，给疫情的控制和治理带来困难。在这种情况下，政府开始紧急筹划对公共卫生事件的控制，医疗机构开始制度化地医治患病者。此时，社会工作群体也闻风而动，以自己的专业敏感性、专业责任心参与疫情防控。由于社会工作在我国还没有被政府正式纳入重大疫情和灾害的防御、应急救援系统，所以，此时社会工作群体的参与几乎完全是自发的，组织程度是较低的，社会工作群体参与服务基本上是出于专业情怀和专业责任①。他们以基本的专业知识和素养，依据以往各地社会工作者参与同类事件治理的经验，向受危害人群施以援手。在疫情不明、路径不畅的情况下，社会工作对疫区和受危害人群的支持是专业情怀大于专业理性。

随着政府搭建的公共卫生事件治理体系的建立，各方力量开始有序进

① 王思斌．社会工作发挥专业优势介入社会危机事件的专业情怀和专业理性［J］．社会工作，2020（1）：1-5.

入事件场域并发挥作用。由于政府和社会对社会工作的作用不太了解，政府又急于控制疫情，所以就把最能应对疫情和灾害的部门放在前面，将服务疫区一般民众的责任压给基层政府部门和由政府行政指挥的基层社区组织，而对在某些方面能发挥积极作用的社会工作群体不予置理，社会工作群体并没有被授权获得合法实施服务和参与治理的空间。在这种情况下，社会工作群体的专业服务主要有以下几个方面：一是凭专业情怀和专业责任继续开展工作，并开始局部有组织地展开和扩展支持疫区的专业活动；二是靠近相对熟悉的基层社区组织，以非专业身份开展工作，但在服务中加入专业成分；三是在政府搭建的疫情防控和治理系统的薄弱环节做“补漏”工作，这是社会工作群体基于自己的专业知识而开展的服务；四是一些有一定研究能力的社会工作者，基于实地考察和间接了解，向政府提出完善防控和治理疫情的建议；五是社会工作学者和研究者就疫情防控和治理进行学术和应对性讨论，力图用舆论和建议影响政府决策和民众应对疫情的行为。

由此可以看出，从疫情开始到疫情肆虐，甚至到疫情相对平稳和需要处理疫情消极后果阶段，我国的社会工作群体都没有实际上作为正式的、制度化的力量参与疫情治理，他们的专业服务大多是在政府建构的治理系统之外进行的，这种服务的专业优势的彰显和被认可也受到影响。

（二）社会工作在参与公共卫生事件治理实践中的专业优势

前面我们已经谈到社会工作的专业优势包括作为一种专业或职业而具有的自身优势，和与其他职业群体合作时表现出来的比较优势，这些优势对于社会工作参与各种问题的治理具有重要作用。习近平总书记指出，要发挥社会工作的专业优势，开展心理疏导、情绪支持、保障支持等服务。社会工作界内部和广大民众也对社会工作的专业优势及其发挥予以关注。因为社会工作专业优势的凸显既表明了社会工作存在的价值，也直接影响了政府和社会对它的承认，还会影响它在包括公共卫生事件在内的危机事件治理中的角色和地位，于是，社会工作的专业优势如何表现并发挥作用就成为需要进一步阐明的问题。以下，我们从几个基本方面，结合公共卫生事件治理，对社会工作专业优势的凸显问题作一些分析。

1. 快速反应，支持受危害群体

从我国10多年来发生的比较严重的灾害和疫情的过程看，社会工作群体表现出的第一个专业优势是了解到灾害疫情后的第一时间作出反应，连接力量向困境群体伸出援助之手。不管是四川地震、天津火灾，还是2020年新冠肺炎疫情肆虐，社会工作群体都是闻风而动。在未得到政府指令的情况下，凭借自己的专业情怀和专业精神，迅速向灾害疫情地区的困境人群伸出援助之手。在一些情况下，这种援助行动快于因行政程序复杂而形成的政府系统的救灾防疫布置。在灾害疫情发生之初，在灾害疫情地区困境人群的心理和社会秩序受到冲击处于某种无序状态的情况下，来自包括社会工作群体在内的、及时的心理和社会支持是十分重要的。

2. 以困境问题为中心的专业化全人关怀

社会工作的长项是对困境人群进行心理和社会方面的支持。面对公共卫生事件中受危害人群的心理恐慌、社会无助等方面的问题，社会工作者以其同理心，对困境人群实施信息支持，给予必要的物质方面的援助，进行关爱陪伴、心理疏导，并向他们输入希望，进而实行专业化全人关怀，使服务对象感觉到人间温暖、增强战胜困难的信心。这种全人关怀不同于非专业或某些专业对困境人群的某一侧面或某一点上的支持，而是全面的。这种关怀不是表演性、工具性的，而是发自内心和实质性的。它来自社会工作者的专业承诺。

3. 以解决核心问题为主的复合性支持

社会工作群体对于困境人群的支持虽然以心理疏导、社会支持为主，但也关注支持的系统性。当困境人群面临基本生活方面的困难时，社会工作者同样想方设法对之给予物质方面的支持。对于社会工作群体来说，这种物质上的帮助应该包含心理上的沟通和支持，包含社会关系方面的支持。这是以解决困境人群的最迫切的问题为介入点的复合性支持，应该能产生比简单的送钱送物更多的积极作用。

4. 以增强服务对象能力为基础的问题解决途径

社会工作十分强调受助对象的主体性，注重其内在能力的激发和发挥作用。因为只有这样，他们的问题才会真正得以解决，他们在克服困难中也才具有能力感。在灾害特别是疫情发生后，受危害人群常常会觉得陷入困境、无助甚至绝望之中，正因如此，他们才需要及时的帮助。但是，这种帮助不应该是“保姆”式的，而应该是尽量能激发起他们的内在动力。任何人都有抗逆力，在面临困境时都有一定程度的改变困境状态的意愿和能力。社会工作者珍视这种能力，在向困境人群提供必要的帮助时，注意激发他们的内在动力，积极赋能，使他们觉得自己有能力。这有利于问题的解决及其效果的持续。

5. 社会工作群体的政策倡导

从我国社会工作参与灾害疫情治理的实际看，我国并没有形成完全有效的治理体系，在那些突发性灾害疫情到来时，更是如此。面对严重的灾害疫情，政府搭建并靠行政力量运行治理体系是十分必要的，对灾害疫情关键点的有效控制会有力遏制灾害疫情的扩散，赢得时间、建立信心。但是，面对复杂的灾害疫情，问题也是复杂的，有时受危害人群的迫切需要是互相冲突的。政府的治理体系在关注某些重点的同时，有可能会无意忽视其他问题的解决，而这些被忽视的问题可能会发展成新的严重的问题。在这种情况下，建立在事实和对事件变化规律认识的基础上，对政策制定者的提醒和建议就十分重要。社会工作群体可以而且事实上扮演了这种角色。应该说明的是，这种政策倡导是分层次的，可以是局部的建议，也可以是对整个灾害疫情的应对建议。

（三）社会工作参与公共卫生事件治理专业优势的凸显

在实践范围内，特别是在发达国家和地区，社会工作参与重大灾害和公共卫生事件的治理已经是常态，这是由灾害疫情的多发性、复杂性、艰巨性和社会工作的专业优势所决定的。当前在我国，社会工作还没有被制度化地纳入灾害疫情治理体系，它的专业优势还没有被充分发挥。从发展的角度看，社会工作在灾害疫情治理中的专业优势还需要被认知，需要被赋予发挥作用的空间和条件。社会工作群体也应该奋发努力，作出更突出的成绩，凸显自己的专业优势，得到社会和政府的关注和承认，为制度化地参与重大灾害疫情的治理创造条件。

社会工作参与公共卫生事件治理的专业优势是否得以凸显，不是理论问题，而是实践问题。这取决于：如何认识社会工作的专业优势，社会工作群体是否发挥了自己的优势，以及政府和社会对这种优势的认知和评价。

第一，关于对社会工作专业优势的认识。前面已有较详细论述，社会工作确实在参与公共卫生事件治理中有其职业特点和长处，但是它的不可替代性也是困扰社会工作获得承认的重要问题。我国有强大的政治和社会动员体制，有覆盖全国的群众工作网络，有横向到边、纵向到底的解决问题、维持社会稳定的治理体系，有集中力量办大事的优势，在这种情况下，灾害疫情的治理是不成问题的，这也使缺乏“硬技术”的社会工作常常被忽略。实际上，如果从解决处于困境中的人的复杂问题和从深层解决问题的角度看，社会工作的优势是应该被认可的。社会工作的那些“软技术”是不可替代的。当然，如果承认社会工作是一种独特的、社会性的“软技术”，它有自己的发挥作用的特点和空间，有自己的表现形式，那么，社会工作专业优势的“凸显”也就不成问题。

第二，社会工作群体是否发挥了自己的优势，是自身能力和条件问题。如果社会工作群体有较强的职业能力，能较好地找准自己发挥作用的位置，能较好地与相关方面配合，解决困境群体的问题，社会工作的专业优势就能够彰显。当然这里有显示度问题。社会工作承担的任务越艰巨、越重要、越不可替代，它的专业优势就越可能被凸显。长期以来，我国的社会工作人才培养主要遵循通才模式，而在某一专门领域开展精专服务的能力不足，在卫生医疗领域也是如此。社会工作要有效地参与公共卫生事件的治理，应该具有一定的卫生医疗知识。这是社会工作界应该加强的。社会工作群体发挥专业优势还需要一定条件，即政府允许社会工作进入某些领域和空间开展工作。从当前现实看，政府对社会工作的赋权是不够的，社会工作群体感觉是“有劲使不出”“英雄无用武之地”，这自然会影响其专业优势的发挥。

第三，政府和社会对这种优势的认知和评价，与上面的问题相关。这要看政府和社会以及困境人群遇到了哪些迫切问题，对社会工作有哪些期望，以及社会工作群体有哪些作为。重大公共卫生事件的发生，会产生一些应急性工作，也会产生一些非应急工作。医务和公共卫生人员、社会秩序维持者主要承担应急性工作，社会工作者所承担的可能不那么应急。这就使得医务和公共卫生人员、社会秩序维持者工作的必要性被重视，社会工作者的工作被较弱评价。如果认识到非应急工作也是治理的组成部分，认识到非应急工作处理不当会演变成危机事件，那么，社会工作者的非应急工作也应该被承认，并获得重要评价。

社会工作参与公共卫生事件治理专业优势的凸显不是目的，而是促使社会工作更好发挥作用的前提。我们应该努力增强社会工作群体的专业能力，建立积极支持社会工作发挥作用的制度，使社会工作尽其所能，为灾害疫情治理作出应有贡献。

四、结语：发展公共卫生社会工作促进国民健康与社会发展

进入新世纪以来，我国的公共卫生事业得到一定发展，健康中国已经成为促进我国经济社会发展、现代化国家建设的重要内容。但同时，各种社会风险日益加剧，卫生领域的风险也是如此。为了保障国民健康，提高人民群众的生活质量，促进经济社会发展和社会安全，加快公共卫生事业发展，已成为国家发展战略的重要选择。发展公共卫生事业，预防和有效治理公共卫生事件，是政府、卫生医疗界和全社会的任务，社会工作也应该参与其中，在预防公共卫生事件发生、参与公共卫生事件治理、帮助病患群体尽快走出困境、保障人民健康方面发挥积极的作用。这就要求发展公共卫生社会工作。

社会工作可以在公共卫生、患者医疗康复、人们身心健康生活方面发挥重要作用，它对公共卫生领域的介入也是多方面的。在公共卫生知识宣传、社区公共卫生环境建设、公共卫生事件的社会控制、疾病患者的社会服务、协助医务人员对患者疾病的医治、患者社会保险服务、患者的社区融入服务、对公共卫生和医疗体系的社会支持，以及患者去世后对其亲人的哀伤辅导和其他相关领域，社会工作都可以参与，并发挥专业作用。

2011 年 18 部委、2012 年 19 部委发布的关于加强社会工作人才队伍建设的相关文件对在公共卫生和医务领域发展社会工作有原则性意见，《“健

康中国 2030”规划纲要》等政策文件对发展公共卫生和健康领域的社会工作提出了进一步要求，国家卫生与健康委员会也对在医院设立社会工作岗位提出了要求，应该说，我国的公共卫生和健康社会工作建设已经起步。但是，相对于人民群众卫生安全、医疗可及、生活健康的要求还有相当大距离。我们应该顺应人民群众日益增长的卫生安全、身心健康的需要，更加有力地推进公共卫生和医疗、健康领域的社会工作的发展，建构符合我国国情的社会工作队伍和服务体系，发挥多方优势，为改善民生、加强公共卫生事件治理、促进社会安定和谐与社会进步作出贡献。

Analysis on Professional Advantages of Social Work in Public Health Emergency Governance

WANG Sibin

(China Academy of Social Work. Department of Sociology, Peking University. PKU-HK PolyU CSWRC,. 100871)

Abstract: Public health emergencies are characterized by negative impacts and complexity, which require comprehensive governance. Social work, with its own professional advantages including professional values, professional methods, multi-resource mobilization capacity and treatment of both the symptoms and their root cause, should be incorporated into and can contribute to public health emergency governance. Being situational, developmental and comprehensive is the comparative advantage of social work involvement in governance. Moreover, rapid response, whole-person care, capacity building and policy advocacy are the important features of social work profession.

Keywords: Public Health Emergency Governance, Social Work's Involvement, Professional Advantage

中国社会工作学刊　第三辑
第 20~35 页

社会工作在新冠肺炎疫情防控中的作用、机制和条件分析

陈树强*

【摘要】本文基于社会工作文献建构了一个社会工作在新冠肺炎疫情防控时空情境中的分析框架，分析了社会工作在新冠肺炎疫情发展不同阶段和不同风险地区所发挥的不同作用，揭示了社会工作在新冠肺炎疫情防控中得以发挥作用的融入机制、身份转换机制和方式转化机制，并提出政府认可、能力和装备保障、经费和激励保障是社会工作能够在新冠肺炎疫情防控中发挥作用的保障条件。

关键词：社会工作　新冠肺炎疫情防控　作用　机制　条件

2020 年春节伊始，新冠肺炎病毒突然袭来，疫情从湖北武汉逐渐向全国蔓延。时至今日，尽管新冠肺炎疫情在我国得到了比较有效的控制，但在全球范围内仍在肆虐。疫情发生后，全国各地紧急动员，以湖北武汉为中心，在全国各地全面打响了抗击新冠肺炎病毒的阻击战。同各行各业一样，社会工作界也积极投入到新冠肺炎疫情防控之中。2020 年 2 月 23 日，习近平总书记在统筹推进新冠肺炎疫情防控和经济社会发展工作部署会议中特别指出：要发挥社会工作的专业优势，支持广大社工、义工和志愿者开展心理疏导、情绪支持、保障支持等服务。本文利用平克斯和米纳汉（Pincus & Minahan）提出的社会工作实践的四个基本系统的实践模型并结

* 陈树强，中国青年政治学院教授。

合社会工作“人在情境中”的基本理念建构出一个分析框架，用来分析社会工作在新冠肺炎疫情防控中的作用、机制和条件。

一、新冠肺炎疫情防控时空情境中的社会工作

社会工作是一个宽泛的概念，既包括社会工作教育，也包括社会工作实践。本文中所讲的社会工作，主要指社会工作实践。按照平克斯和米纳汉的诠释，社会工作实践是一个有计划的改变过程，其由改变推动者系统（change agent system）、服务对象系统（client system）、目标系统（target system）和行动系统（action system）等四个基本系统组成。其中，改变推动者系统是指社会工作者和社会工作服务机构；服务对象系统是指认可（或寻求）社会工作者的服务、预期成为改变工作的受益者，并与社会工作者签订了工作协议或契约的人；目标系统是指社会工作者需要去改变或影响以便实现其目标的人；行动系统是指社会工作者在完成改变工作的任务和实现改变工作的目标的过程中与之打交道的那些系统①。我们对社会工作在新冠肺炎疫情防控中的作用、机制和条件的分析，可以把由上述四个基本系统构成的社会工作实践放入新冠肺炎疫情防控时空情境中加以分析。

“人在情境中”是社会工作的一个基本理念。传统上，这个理念主要被社会工作者用来理解作为服务对象的“人”。这里的“人”不仅指个人，而且也包括家庭、群体、社区及组织等。赫普沃思（Hepworth，Dean H.）等人认为，社会工作的服务对象系统，包括微观系统（个人、夫妻、家庭和小组）、中观系统（社区）以及宏观系统（组织、机构、地区和国家）②。扎斯特罗（Zastrow）亦认为，社会工作者是在三个层次上进行实践的：（1）微观层次——与个人面对面地一道工作；（2）中观层次——与家庭及其他小群体一道工作；（3）宏观层次——与组织和社区一道工作，或

① Pincus. Allen & Minahan. Anne. Social Work Practice: Model and Method, Itasca, Illinois: F. E. Peacock Publishers, Inc. 1973: 53-63.

② Hepworth, Dean H. et. al. Direct Social Work Practice: Theory and Skills, Tenth Edition, Boston: Cengage Learning. 2017: 24.

者寻求社会政策的改变①。当社会工作者助人时，他们会把人放在他们所在的情境之中加以理解。诚如赫普沃思等人所言：社会工作者对服务对象进行生态系统评估时，要了解卷入到人与其环境相互作用之中的不同的系统：（1）个人子系统——生理的、认知的、行为的、情感的；（2）人际系统——父母/子女的、婚姻的、家庭的、亲戚的、朋友的、邻里的、文化参照群体的、精神信仰的、其他社会网络成员的；（3）组织、机构、社区；（4）物理环境——住房、邻里环境、建筑物、其他人为创造物、水、天气和气候②。

除了作为社会工作者理解服务对象的框架外，我们能否把“人在情境中”的“人”换成“社会工作”，进而作为我们审视社会工作的一个框架呢？事实上，无论是服务对象，还是为服务对象提供服务的社会工作者，均是处在一定情境之中的。约翰逊（Johnson，Louise C.）在《社会工作实践：一个通才取向》一书中，认为社会工作者与服务对象会构成为一个行动系统，他们之间的互动是发生在一定背景（context）之中的③。萨特菲尔德（Satterfield，Jason M.）等人在讨论以证据为本的实践的跨学科模型时亦指出，社会工作者是在一定的环境中（environment）作出决定的④。简而言之，社会工作是处在一定情境之中的。

倘若“社会工作在情境中”成立的话，我们接着就要问社会工作此时此刻处在什么情境之中。从这种意义上来讲，社会工作正处在新冠肺炎疫情防控时空情境之中。但新冠肺炎疫情情境与一般的情境不同，也与台风、地震、火灾等其他突发事件情境不尽相同，其是一个突发公共卫生事件。作为一个突发公共卫生事件，其具有极强的、可能致命的或减少预期

① Zastrow，Charles . Introduction to Social Work and Social Welfare：Empowering People，Twelfth Edition，Boston：Cengage Learning. 2017：42.

② Hepworth，Dean H. et. al. Direct Social Work Practice：Theory and Skills，Tenth Edition，Boston：Cengage Learning. 2017：14.

③ Johnson，Louise C. Social Work Practice：A Generalist Approach，（fifth edition）. Boston：Allyn and Bacon. 1995：172-173.

④ Satterfield，Jason M. et. al. Toward a Transdisciplinary Model of Evidence-Based Practice，The Milbank Quarterly，2009，Vol. 87，No. 2：368-390.

寿命的传染特征。新冠肺炎病毒面前人人平等。防控不力，每个人都可能中招。一方面，处在新冠肺炎疫情情境中的“人”，他们正常的生产、生活、学习状态等被打破，正常的社会秩序也遭到破坏。另一方面，新冠肺炎疫情情境也对“常态”社会工作服务形成了冲击。迫于新冠肺炎病毒的淫威，社会工作者和社会工作服务机构也不得不改变“常态”下提供社会工作服务的方式，而改为“应急”方式。除具有极强的、可能致命的或减少预期寿命的传染特征外，新冠肺炎疫情情境还具有一定的时间延续性和空间延伸性的特征。从时间角度来讲，如果把新冠肺炎疫情划分为初期、中期和后期的话，不同时期对社会工作服务的要求会有所不同。从空间角度来说，新冠肺炎疫情无国界，当然也无地界。但在不同的国家和地区，其表现出来的严峻程度有所不同，因而我们有高风险地区、中风险地区、低风险地区之分。风险级别不同，对社会工作服务的要求亦会有所不同。再者，由于新冠肺炎疫情是一个突发公共卫生事件，单凭少量的个人、家庭、组织和社区等难于应对，往往需要由政府牵头，组织各个地区、各个系统乃至全国之力加以回应。所以，社会工作参与新冠肺炎疫情防控也不可能是单打独斗，而是要融入某个地区、某个系统或者全国的新冠肺炎疫情防控体系之中，协同其他系统一道发挥自己的作用。

二、社会工作在新冠肺炎疫情防控中的作用

新冠肺炎疫情暴发以来，社会工作者和社会工作服务机构立刻作出反应，在疫情防控中发挥了重要作用。他们坚持专业价值、人文视角，“一专多能”打满全场。他们与社区工作者一起开展卡点值守、摸底排查、防疫宣传、生活物资保障等工作；他们协助医护工作者为患者和家属开展防控知识宣传、就诊导引、心理疏导和危机干预等服务；他们密切关注贫困家庭、困境儿童、高龄困难老人、残障人士等，构筑起关爱服务体系；他们守护群众心理健康，构建起坚实的精神防线①。虽然社会工作者和社会工作服务机构在新冠肺炎疫情防控中发挥了重要作用，但这种作用受新冠

① 本刊编辑部．更好发挥社工抗“疫”的专业优势［J］．中国社会工作，2020（12）．

肺炎疫情防控时空情境的影响也被打上了新冠肺炎疫情防控时空情境的烙印。

（一）在新冠肺炎疫情发展不同阶段的作用

从时间角度来说，社会工作因新冠肺炎疫情发展的不同阶段而发挥了不同的作用。方琦和范斌认为，社会工作强调“人在情境中”的服务理念，因此在实践中基于疫情暴发及其发展，要考虑不同时间点的需求与问题差异，认识到社会工作服务的不同阶段所选取的介入逻辑和干预策略也具有倾向性。进而提出在服务初期要注重评估逻辑下的适度干预，在服务中期要注重整合逻辑下的综合服务，在服务后期要注重发展逻辑下的恢复重构①。

举例来说，2020年2月9日，深圳市龙华区清湖花半里小区某栋出现1例新冠肺炎确诊病例，随后整栋楼封闭隔离，183户近千名居民被隔离观察10天。面对这突然而至的事件，社会工作者迅速行动，充分发挥长期扎根社区服务的优势，按照街道、社区统一部署，依法、科学、有序地投身到紧张的疫情防控工作中。在初期，他们迅速采取行动，解决紧要问题。（1）紧急介入隔离小区，当好“后勤员”。（2）积极整合保障资源，担任“协调员”。（3）暖心守护化解焦虑，做好“咨询员”。在中期，他们全面周到，形成系统服务。经过初期服务介入，居民情绪得到安抚，后勤保障需求得到满足，隔离观察措施步入正轨。为全面回应居民的多样需求，各职能小组向周到、细致的方向深化服务。（1）组建专业团队，做好情绪“疏导员”。（2）扩大志愿队伍，成为防疫“组织员”。（3）社工志愿者联动，当起居民“跑腿员”。（4）丰富居家生活，当起活动“策划员”。（5）主动宣传倡导，做好防疫“倡导员”。在后期，他们调整补充，服务细致深入。随着疫情的持续，不断有新的情况和需求产生。为适应需求变化，使服务向深入和细致方向发展，清湖社区社会工作团队动态调整了服务内容。（1）坚守岗位不放松，做好社区“守门员”。（2）专门关注

① 方琦，范斌．突发公共卫生事件中社会工作的实践机制：结构性组织与阶段性服务［J］．华东理工大学学报（社会科学版），2020（1）．

青少年，当好居家“教导员”。（3）关怀特殊群体，成为温情“探访员”。（4）引入社会支持，成为外部“对接员”①。

（二）在新冠肺炎疫情不同风险等级场域发挥的作用

从空间角度来讲，社会工作因在不同风险等级的场域中参与新冠肺炎疫情防控而发挥了不同的作用。方舱医院可以看作是一个高风险场域。2020年2月5日武汉市江汉区武展方舱医院紧急启用。武汉爱心天使社会工作服务中心社会工作者赵秀凤在看到方舱医院招募志愿者通知后第一时间报名，在方舱医院从事了10天志愿服务工作，主要负责方舱的防护物资、医疗物品、医护人员和隔离病人的餐食的搬运、接收工作②。不但武汉本地的社会工作者以线下方式直接参与到方舱医院的新冠肺炎疫情防控之中，远在黑龙江的社会工作者也以线上的方式参与其中。他们帮助方舱医院病患人员降低恐惧感、焦躁感，增强信心，更重要的是，让舱友感到温暖、尊重与安全。在这个过程中，一方面，社会工作者扮演了“催化剂”角色，通过寻找骨干，促进舱友的链接，激励他们“抱团取暖”，迅速重建临时的社会支持网络，减少孤独、恐惧，传递积极信息。另一方面，社会工作者也扮演了“黏合剂”角色，在方舱这个特殊的救治环境中，通过线上社会服务推动医护工作人员完成医疗救治过程。方舱医院呈现出一种良好的医患关系，使其不仅是一个救治场所，更像是患者临时安放心灵的地方③。

隔离点可以看作是风险稍低于方舱医院的中风险场域。武汉市武昌区中南路街道和江汉区嘉仕庭酒店隔离点的服务对象涵盖密切接触者、新冠肺炎治愈出院隔离患者、境外人员等。武汉爱心天使社会工作服务中心为武昌区中南路街道隔离人员提供的服务主要涉及四个方面：一是登记入住隔离点的密切接触者详细信息，发放隔离期间注意事项说明书；二是隔离人员每日三次体温登记、每日三餐运送；三是接收、清点和分发隔离点防

① 尉宁，孙雪丽．隔离不隔爱 战“疫”十二员——因疫情隔离小区的社会工作服务实践［J］．中国社会工作，2020（16）．

② 武汉爱心天使社会工作服务中心．情系隔离人员 助力疫情防控：武汉爱心天使社工隔离点服务纪实，https：//www. socialworkweekly. cn/news/15179. html.

③ 郁之虹，黄红．武汉方舱医院里的社工，https：//www. socialworkweekly. cn/story/13632. html.

护物资；四是配合医生开展隔离人员核酸监测。为江汉区嘉仕庭酒店隔离点隔离人员提供服务，从整理床铺、送三餐饭菜、临时性物资采购到协助医生做核酸检测，再到提供心理援助、评估服务对象的特殊需求等①。

社区是新冠肺炎疫情防控的主战场。疫情暴发之后，全国各地的社会工作者和社会工作服务机构纷纷行动起来，参与到新冠肺炎疫情防控之中。在福建石狮，社会工作者充分发挥“三社联动”中的专业优势，在积极配合社区开展人员排查、信息登记、测量体温、科普宣传等工作的同时，运用社会工作专业方法聚焦居民需求，为有需求的群众提供服务。在花园城社区，致和社工洪巧妹主动承担起为居家观察人员提供像采购生活用品、买药、送快递、送外卖、收垃圾等一些必要的生活帮助。根据隔离对象的近况以及需求，致和社工们还当起了“知心姐姐”或“知心哥哥”，及时安抚居家观察对象的不安情绪。青葵园社工服务中心多方链接资源，采用“志愿者+社工+心理咨询师”的模式，积极组建心理危机干预应急小组，开通石狮首条心理援助热线，建立心理援助群，开设线上心理微课，全方位、多渠道为市民群众提供防疫咨询、心理辅导、心理减压、资源链接等服务，还可远程支援湖北地区②。在山西阳泉，2020 年 1 月 22 日，接到打响疫情防控阻击战的任务，同路人 8 名社工闻令即动、勇于担当，在电话询问、入户排查、重点监测、入口值守、加强宣传、物资筹集、心理支持、情绪疏导等方面群策群力，共克时艰。她们扮演着“网格排查员”“安全守门员”“政策宣传员”“服务代购员”“资源链接者”“心理疏导员”“服务组织员”“情绪支持者”等多种角色，随时切换，随时服务。不同的角色，为辖区各类困境老年人、残疾人、妇女、儿童青少年、流动人口、特殊困难人群等服务对象提供特殊时期的暖心服务，为社区筑起了安全防线③。在广州市，社会工作者发挥专业优势，助力社区新冠肺炎疫情防控工作。他们勇当心理咨询“辅导员”，构筑抗疫心理防护网；勇当

① 武汉爱心天使社会工作服务中心．情系隔离人员 助力疫情防控：武汉爱心天使社工隔离点服务纪实，https：//www. socialworkweekly. cn/news/15179. html.

② 林涌涌．福建石狮社工的战“疫”之路．中国社会工作公众号，2020-3-21.

③ 周晓婧．山西阳泉：抗“疫”社工展风采．中国社会工作公众号，2020-3-30.

困境帮扶“快递员”，构筑抗疫救援服务网；勇当慈善链接“联络员”，构筑慈善力量群防网；勇当专业自助“赋能师”，构筑社区抗疫自助网①。

从上述作为改变推动者系统的社会工作者和社会工作服务机构在新冠肺炎疫情发展的不同阶段以及在不同的场域发挥的作用来看，他们与医护人员、社区工作者等形成了有效的行动系统，面向方舱医院、隔离点和社区中的患者、隔离人员和社区居民等服务对象，针对要改变的目标系统，提供了有效的社会工作服务，圆满地完成了习近平总书记对社会工作参与新冠肺炎疫情防控所提出的任务。他们依据新冠肺炎疫情发展的不同阶段以及不同的工作场域，不但提供了大量的心理疏导和情绪支持服务，尤其是提供了大量的保障支持服务，而且还提供了大量的资源链接、宣传教育等服务，充分发挥了社会工作的助人功能和维持社会秩序功能②。尽管在方舱医院里面的搬运和接收防护物资、医疗物品、医护人员和隔离病人餐食的工作；在隔离点中的整理床铺、送三餐饭菜、临时性物资采购、协助医生做核酸检测工作；在社区中的人员排查、信息登记、测量体温、科普宣传工作，以及采购生活用品、买药、送快递、送外卖、收垃圾等工作，似乎不是传统意义上的社会工作专业助人活动，但在新冠肺炎疫情防控时空情境下也是社会工作者和社会工作服务机构应当承担的职责。这也正如平克斯和米纳汉在讨论社会工作的功能时所言，分派物质资源和充当社会控制代理人是社会工作七项功能中的两项功能③。

三、社会工作在新冠肺炎疫情防控中发挥作用的机制

新冠肺炎疫情防控时空情境不但会影响到社会工作作用的发挥，而且亦会影响到社会工作发挥作用的机制。正是受新冠肺炎疫情防控时空情境的影响，社会工作者和社会工作服务机构从提供社会工作服务的常态机制转为应急机制。

---

① 广州市民政局慈善社工处，广州市社会工作协会．广州：“四个专业硬核”助力社区抗疫保卫战．中国社会工作公众号，2020-3-13.

② 王思斌．社会工作概论［M］．北京：高等教育出版社，2014：25-27.

③ Pincus，Allen & Minahan，Anne．Social Work Practice：Model and Method，Itasca，Illinois：F. E. Peacock Publishers，Inc. 1973：15.

（一）融入机制

在正常状态下，社会工作者和社会工作服务机构通过政府购买服务或岗位等方式，获得了政府的认可和服务的合法性。但在新冠肺炎疫情防控的应急状态下，由于情境的改变，社会工作者和社会工作服务机构欲要参与到新冠肺炎疫情防控之中还需要主动征得政府和工作场域的专门认可。

范斌指出，新冠肺炎疫情因其流行病特征，要求社会工作必须在政府的领导和统筹下有组织地开展服务。因此，社会工作者在主观意识和行动上主动纳入疫情防控的管理体制，视自己为政府工作的助手，努力赢得当地政府的信任和支持，这是开展专业服务的前提①。曾庆来亦指出，在此次防疫工作中最后的落脚点都在社区基层，社会工作参与社区的防控工作，与社区居民委员会的合作也就非常重要了。社区是防控的第一道防线，有着大量的排查、宣传、跟进上报等工作。社会工作者在这个阶段就是社区工作人员的补充人员以及支持力量，深入社区，协助社区工作人员一起开展服务工作。同时也要注意社区工作人员在这个阶段的心理状态，及时鼓励调整，携手做好抗疫的基层工作②。事实上，广大的社会工作者和社会工作服务机构也是这样做的。在广西南宁，乐益行社工中心的社会工作者秉承大局意识，严格遵守当地党委、政府针对新型冠状病毒感染的肺炎防控工作作出的统一部署，在当地疫情防控指挥部的领导和统筹下，立足社区，依法有序地参加到新型冠状病毒感染的肺炎防控工作中③。在湖南长沙，长沙县社工指导平台建立各站点负责人应急工作群及各站点应急工作群，学习中央、省市及长沙县疫情防控精神和措施，明确服从统一调度的组织纪律，明确将现有在册服务对象作为重点优先人群，明确按照属地管理原则将所在社区（村）作为社工站服务主阵地，与所在乡镇和社区（村）紧密协作，随时准备通过下沉社区和远程支持的方式，投入疫情

① 范斌．社工在行动 齐力共抗疫［J］．中国社会工作，2020（7）．

② 曾庆来．关于社工参与疫情防控的几点思考．中国社会工作公众号，2020-4-24.

③ 李宏海．广西南宁：一呼一应，关爱防疫工作下的特殊群体．中国社会工作公众号，2020-3-18.

防控的战斗中①。

（二）身份转换机制

在正常状态下，社会工作者的身份是职业身份。但在新冠肺炎疫情防控的应急状态下，受情境改变的影响，其身份会随着疫情发展阶段和工作场域的变化有时被转化成志愿者。尤其是在高风险地区，这种身份的转换，对于想要参与新冠肺炎疫情防控的社会工作者来说是必要的。

前述武汉爱心天使社会工作服务中心社会工作者赵秀凤，就是以志愿者的身份直接参与到武汉市江汉区武展方舱医院疫情防控工作之中的。在重庆，冬青社会工作服务中心主任李长洪带着机构社会工作者双线作战："线下"到各自居住的社区报到做志愿者，协助做排查、入户、宣传、值守等工作；"线上"通过电话和微信联系服务对象，特别是精神障碍患者和高龄独居老人，为其提供专业服务②。

作为社会工作抗击新冠肺炎疫情的亲历者，任敏讲述了她的亲身感受：武汉市的岗位社工少，所以社工嵌入在社区行动体系去行动的也少。这时是有个别社工自发去做志愿活动，但实际上我们是难以社工的名义去行动的。据笔者所知，有些社工就是以志愿者的形式参与社区送菜送患者之类，协助社区和物业工作，这本身就非常值得称赞。此外，在疫情暴发期这种特殊情境下，最重要的抗疫力量是医护人员和政府系统，而社会工作者没有合法性进行系统介入的时候，我们就只是作为带社工印记的志愿者深入各个空间参与其中③。

（三）方式转换机制

在正常状态下，除少量以线上服务（譬如，电话咨询热线）为主的社会工作者和社会工作服务机构外，绝大多数社会工作者和社会工作服务机构以线下服务为主。但在新冠肺炎疫情防控的应急状态下，许多社会工作

---

① 罗特，印嫱，李柳英，刘威．湖南长沙：乡镇社工守土尽责 全力守护群众平安健康．中国社会工作公众号，2020-4-8.

② 闫薇．这，就是社工抗"疫"的样子！［J］．中国社会工作，2020（12）．

③ 任敏．"围城"里的社工：一位亲历者的所见所闻所思．中国社会工作公众号，2020-3-25.

者和社会工作服务机构改线下服务为线上服务，或者线上、线下双管齐下。

顾东辉指出，做可做之事，是社会工作面对“当时当地”的实践智慧。疫情期间，无论是全国层面和省市层面的社会工作行业组织、大学社会工作学科还是社会工作实务机构，多采用线上服务和间接服务为主。这是社会工作疫情应变的理性选择①。作为社会工作服务机构负责人，罗观翠对在疫情面前社会工作者可以做什么进行了反思：我带领社会工作者团队第一时间做的事情是静下来做深入反思。反思式实务是鼓励彼此冷静和用多角度方法了解自己的内心世界和行为动机。在缺乏保护装备的情况下，社会工作者的许多日常工作都要停下来，但比起 2003 年“非典”时期，如今互联网技术已十分发达，工作沟通可通过在线会议完成，不见面也可以处理事情。我和我的社会工作者团队正是通过“在线”方式完成了思考和沟通。这种方式可以帮助团队在逆境时仍能发挥凝聚力，以正向心态思考和审视当前社会环境，及时调整角色，维持助人的动力和积极性②。任敏也报告了武汉社会工作者参与疫情防控的方式：总体来说，截至 3 月中旬，这次武汉的社工参与服务基本只是“线上”，这是由行动是否有合法性以及传染病疫情的阶段性特征决定的③。

从上述作为改变推动者系统的社会工作者和社会工作服务机构因应新冠肺炎疫情防控时空情境需要主动求变的做法来看，一方面，他们已经突破了正常状态下的工作机制，积极主动地融入当地政府的新冠肺炎疫情防控体系之中甘当配角，并且鉴于新冠肺炎疫情防控的需要采取了以志愿者身份和线上方式提供社会工作服务的机制。在平克斯和米纳汉看来，虽然作为改变推动者的社会工作者可以构成为一个行动系统，但在更多的情境下社会工作者是与其他人或系统一道构成行动系统的。根据所要完成的任务的需要，社会工作者可能会利用现有的行动系统或者组建新的行动系

① 顾东辉．发挥社工服务优势，加强抗疫行动的整体协同．中国社会工作公众号，2020-4-3.
② 罗观翠．面对疫情，社工可以做些什么［J］．中国社会工作，2020（7）.
③ 任敏．“围城”里的社工：一位亲历者的所见所闻所思．中国社会工作公众号，2020-3-25.

统，在其改变工作的不同阶段中与许多不同类型的行动系统协同工作①。另一方面，社会工作者不同于志愿者，但在社会工作文献中也并不完全排除社会工作者扮演志愿者的角色。韦斯—盖尔（Weiss-Gal，Idit）在探讨社会工作者参与政策实践（policy practice）路径时即把它们划分为两大类：公民路径和专业人员路径。其中公民路径就包括社会工作者作为志愿者的政治参与，亦即社会工作者以志愿者的身份参与影响政府行动的意图或效果的活动②。当然，在新冠肺炎疫情防控时空情境下，倘若社会工作者在没有征得社会工作服务机构负责人同意且利用工作时间以志愿者身份去参与疫情防控的话，这种做法值得进一步商榷。

四、社会工作在新冠肺炎疫情防控中发挥作用的条件

社会工作是工业社会的产物。适应社会发展的需要，其自产生以来发挥作用的领域不断拓展。诚如斯迈利（Smalley，Ruth Elizabeth）在诠释社会工作实践的社会基础时所言：社会工作实践的社会基础是这样一个事实，即社会对作为一个专业的社会工作的基本要求是发展和管理社会服务项目。当社会认定一些个人经历了一种他们无法通过自己的努力来满足的需要，并且这种尚未满足的需要对他们自身的福利和个人发展的机会以及社会的福利构成威胁时，这种社会服务项目（programs）就产生了③。从这种意义上来讲，社会工作介入新冠肺炎疫情防控就是从以往的正常状态下的工作拓展到应急状态下的工作。然而，社会工作欲进入一个新的领域提供服务，既需要相关方面的认可，亦需要自身具备相应的能力，并拥有一些保障和激励措施。

（一）政府的认可

虽然社会工作是一个有计划的改变过程，但社会工作者和社会工作服

① Pincus, Allen & Minahan, Anne. Social Work Practice: Model and Method, Itasca, Illinois: F. E. Peacock Publishers, Inc. 1973: 61-63.

② Weiss-Gal, Idit. What Options Do We Have? Exploring Routes for Social Workers' Policy Engagement, Journal of Policy Practice, 2017, Vol. 16, No. 3: 247-260.

③ Smalley, Ruth Elizabeth. Theory for Social Work Practice, New York: Columbia University Press., 1967: 103.

务机构并不能想在哪里提供服务就在哪里提供服务，想提供什么服务就提供什么服务。前面所讨论的“融入机制”只是社会工作者和社会工作服务机构有可能参与新冠肺炎疫情防控的一个方面，问题的另外一个方面是社会工作者和社会工作服务机构要想真正参与到新冠肺炎疫情防控中还取决于政府的同意。也就是说，社会工作欲在新冠肺炎疫情防控中发挥作用，有赖于政府的认可，拿到“入门证”。平克斯和米纳汉指出，对社会工作的认可基本上可以通过两种方式实现：第一种认可来自他们的专业，以及在某些领域来自国家的法规。第二种认可来源于当服务对象自愿与他们的服务达成契约时服务对象本人①。

对于社会工作在新冠肺炎疫情防控中发挥作用来讲，来自各级政府的认可尤为重要。钟宇灵认为，突发公共卫生事件的应对往往具有政府全面管控的特征，社会工作者介入服务需要相关部门让渡行动空间，赋予其行动的合法性②。事实上，2020 年 4 月 14 日民政部和国家卫生健康委联合发布的《新冠肺炎疫情社区防控与服务工作精准化精细化指导方案》，在防控策略中已经把社会工作者纳入社区防控工作队伍之中。该方案提出：统筹推进社区疫情防控和服务群众工作，完善城乡社区联防联控工作机制和群防群控组织体系，建立健全社区党组织领导，社区自治组织、社区卫生服务机构负责，社区物业服务企业、社区经济社会组织积极协同的社区防控组织机制，建立健全以社区工作者、社区医务人员为主体，派驻下沉人员、基层民警、其他社区工作人员、入境人员工作（接待）单位代表和入住酒店工作人员、社会工作者、社区志愿者、社区居民广泛参与的社区防控工作队伍，压实属地、部门、单位、家庭和个人责任，坚持早发现、早报告、早隔离、早治疗，强化社区防控网格化管理和社区服务精细化供给，充分联系群众、组织群众、发动群众，引导和激励群众加强自我防护和自我服务，夯实疫情防控和经济社会发展的基层基础。除中央政府的认

① Pincus, Allen & Minahan, Anne. Social Work Practice: Model and Method, Itasca, Illinois: F. E. Peacock Publishers, Inc. 1973: 57.

② 钟宇灵．社会工作介入突发公共卫生事件的实践——以深圳社工参与新冠肺炎疫情防控服务为例［J］．中国社会工作，2020（4）．

可外，各级地方政府也给社会工作参与新冠肺炎疫情防控发放了“入门证”。譬如，广东省广州市、区各级民政部门和行业协会分别出台社会工作参与疫情防控的指导意见和操作指引，为社会工作力量有序、科学地参与疫情防控明确了方向。广州市201个街（镇）社工服务站、13个社工服务专项迅速响应号召，在所在地街（镇）党委、政府的领导部署下，与城乡社区居（村）委会通力合作，协力织密防疫网①。

（二）能力和装备保障

如前所述，新冠肺炎疫情具有极强的、可能致命的或减少预期寿命的传染特征。对于大多数社会工作者和社会工作服务机构来讲，以现有的能力水平和装备状况未必能够应对新冠肺炎疫情的挑战。然而，社会工作专业价值和伦理要求社会工作者只能在力所能及的范围内提供服务②，所以对社会工作者事先进行新冠肺炎疫情情境下的社会工作能力培训是不可或缺的。广西南宁乐益行社工在参与疫情防控工作前，学习了必要的防疫知识和相关专业知识培训，在专业服务提供过程中有社会工作督导保障机制，在保证自身安全的情况下，力所能及地为社区提供所需的专业服务③。深圳市龙岗区龙祥社会工作服务中心的社会工作者王宝峰说：“身为社会工作者，在社会需要的时候，就要在第一时间勇敢地站出来！”2020年1月28日，他和几位社会工作者经过严格规范的操作培训后，被派到深汕高速公路服务区开展司乘人员体温检测工作，发现体温异常者及时给予情绪安抚并做好安置引导④。

除专业培训提升能力外，从社会工作者和社会工作服务机构自身安全的角度考虑，进入新冠肺炎疫情防控工作场域之前配齐防护装备也是不可缺少的。任敏强调指出，前期传染病疫情暴发期间，各行各业的行动都要

---

① 彭凯健．多线联动 有序有力——广东省广州市社会工作力量参与抗“疫”服务印象［J］．中国社会工作，2020（6）．

② Segal, Elizabeth A. et. al. An Introduction to the Profession of Social Work, Sixth edition, Boston: Cengage, 2019: 8.

③ 李宏海．广西南宁：一呼一应，关爱防疫工作下的特殊群体．中国社会工作公众号，2020-3-18.

④ 李海雁．抗疫征途中美丽的风景线——专业社会工作力量参与抗击新冠肺炎疫情纪实［J］．中国社会工作，2020（3）．

听从国家的统一部署，在没有行动合法权、防护物资奇缺的情况下，社工是出不去的①。罗观翠也警告我们说，在缺乏保护装备的情况下，社会工作者的许多日常工作都要停下来②。

（三）经费和激励保障

社会工作是一项专业化、职业化的助人活动。一方面，社会工作者要靠这份职业养家糊口，社会工作服务机构也要维持自身的运行。但与其他一些国家和地区不尽相同，我国社会工作服务机构的资金来源主要依靠政府购买服务。2016年出版的《社会工作服务机构发展报告》显示，社会工作服务机构的经费来源，主要是政府购买服务、市场化项目收入、捐赠收入和其他收入，其占总收入的百分比分别为92.13%、4.25%、3.82%和0.39%③。《2020年上海市社会工作行业发展报告》亦显示，社会工作服务机构的资金来源仍然以政府购买服务为主，基金会资助和服务低偿收费也逐渐增多，间或有企业资助和个人捐赠资金④。所以，在新冠肺炎疫情防控时空情境下，倘若政府终止或延迟购买服务，社会工作者和社会工作服务机构的生存就会出现问题，更遑论在新冠肺炎疫情防控中发挥作用了。另一方面，尽管社会工作是一种道德实践，社会工作者有自己的专业使命，尤其是在我国，社会工作者是党的一支人才队伍，能够做到“党有号召，社会工作者有行动”，但对社会工作者和社会工作服务机构的激励，能够促使他们更积极地投身于新冠肺炎疫情防控之中。

实际上我们也欣喜地看到，一些地方已经出台了相关的激励措施。譬如，浙江省宁波市民政局早在2020年3月就发布了《关于在疫情防控中进一步发挥社会工作专业优势加强精准服务的通知》。该通知提出：加大对参与疫情防控社会工作服务机构的支持力度，在遴选2020年度市级福彩公益金资助专业社会工作服务项目时，可优先考虑在疫情防控中发挥作用的

① 任敏．“围城”里的社工：一位亲历者的所见所闻所思．中国社会工作公众号，2020-3-25.

② 罗观翠．面对疫情，社工可以做些什么［J］．中国社会工作，2020（7）．

③ 刘京．社会工作服务机构发展报告2015［M］．北京：中国社会出版社，2017：36-40.

④ 2020年上海市社会工作行业发展报告，https：//www.sohu.com/a/403770612_120055063.

社会工作服务项目。鼓励各地利用各类财政资金，购买社会工作和志愿服务项目。明确2020年度全市社会工作示范创建、社会工作督导人才选拔及评优表彰等活动，将对在疫情防控表现中突出的给予一定倾斜。此外，各地要加强对参与疫情防控的社会工作者和志愿者典型事迹的宣传报道①。

Role, Mechanisms, and Conditions of Social Work in Covid-19 Prevention and Control

CHEN Shuqiang

Abstract: This article presents a space-time environmental analysis framework for social work intervention in Covid-19 Prevention and Control. It analyzes the role of social work in different stages and different risk areas of Covid-19 pandemic, reveals its intervention mechanisms of integration, status transition, and method transformation, and proposes government recognition, capacity and equipment, funds and incentives as guarantee conditions for social work intervention.

Keywords: Social Work, Covid-19 Prevention and Control, Role, Mechanisms, Conditions

① 宁波市民政局．浙江宁波：加大对参与疫情防控社会工作服务机构的支持力度．中国社会工作公众号，2020-3-21.

中国社会工作学刊　第三辑
第 36~52 页

重大疫情困难群众保护及相关社会政策与社会工作介入

关信平*

【摘要】在重大疫情的冲击下困难群众会面临更多的困难和问题，需要更多的帮助，因此在重大疫情应对中的一项重要任务是加强对困难群众的特殊保护。为此，本文参照相关的实践经验，对重大疫情对困难群众可能产生的特殊影响作了简要分析，提出了建立重大疫情困难群众社会保护的重要性，并设计了在重大疫情抗疫行动中加强困难群众保护的行动框架，以及相关的社会政策及社会工作介入要求。

关键词：重大疫情　困难群众　社会保护　社会工作

2020 年开始的新冠肺炎疫情，全世界流行给各国的经济与社会发展都造成了极大的影响，对我国也造成了极大的冲击。面对疫情的冲击后果，我们应该从各个方面展开研究，以进一步优化应对重大疫情冲击的对策思路及相关的体制机制。重大疫情的冲击是全方位的，但困难群众在其中遭受到的影响会更大。重大疫情一方面会扩大贫困面，导致许多过去刚刚摆脱贫困的人极有可能再度陷入贫困①，另一方面也会加剧贫困人口各方面的困难。因此，他们更加需要各方面的社会保护。本文拟从困难群众在重大疫情中面临的特殊困难分析入手，探讨进一步加强重大疫情中困难群众

* 关信平，南开大学社会建设与管理研究院教授。

① 杨海霞，周佳．关注疫情冲击下的贫困人口——专访联合国粮农组织驻中国和朝鲜代表马文森 Vincent Martin［J］．中国投资（中英文），2020（Z5）：18-21.

社会保护的基本要求及相关政策和行动。

一、重大疫情折射出风险社会对社会保护的特殊要求

2020年年初开始的新冠肺炎疫情事发突然，来势凶猛，不仅造成了严重的公共卫生危机，而且还给经济与社会各个方面带来严重冲击，包括给民生领域带来的风险。因此，在重大疫情的冲击下，凸显出加强社会保护的重要意义。

（一）重大疫情对社会造成严重冲击的特点

从此次疫情情况看，重大疫情对社会的冲击有以下几个方面的特点。

1. 突发性与持续性

重大疫情往往是突然暴发的，并且在很短的时间内造成严重影响，因此，在各个方面都需要有紧急反应机制和反应能力，包括在对困难群众社会保护方面的应急响应能力。同时，重大突发事件往往还要持续一定的时间，有时还是较长的时间。例如本次新冠肺炎疫情已经持续一年多了，到现在还在肆虐。在其他疫情较为严重的国家和地区，疫情的影响在较长时期里严重存在，并造成持续性的压力。

2. 全方位与延展性

重大疫情对民众的影响往往是全方位的。除了最直接导致公共卫生危机和影响民众生命健康之外，还会对民众的日常生活、就业和其他各方面的社会活动造成严重影响。同时，重大疫情的影响不仅仅在经济和实际生活方面，而且还可能会表现在民众的心理、社会态度和社会交往方面，并进而导致严重社会问题。尤其是在当前互联网普遍应用的情况下，如果政府在某些方面出现对重大疫情应对不当，有可能导致群众的恐慌和不满，甚至引发重大舆情。此外，重大疫情的影响往往是逐步延展的。最初是公共卫生和疾病治疗的压力，然后会导致群众生活方面出现困难，尤其是在采取了封闭的做法后，生活保障的压力会陡增，进而出现交通阻断、工厂停工、商场停业等情况，以致带来更大的困难和压力。同时，在群众心理方面的压力往往也是逐步延展的。最初可能是关切、紧张，当问题更加复杂和严重后，可能出现焦虑和恐慌。

3. 多样化与特殊性

当重大疫情来袭时，几乎所有的人员和组织都会遭受影响，几乎无人能够完全幸免。但是，重大疫情对社会和群众的冲击既是多样化的，也对不同组织和群众的影响是不一样的。这既是由于重大疫情对各类组织和人员影响内容和方式的差异性，同时也是由于各类组织和人群应对重大疫情能力本身的差异性。因此，在研究重大疫情应对机制时，应该充分注意重大疫情对各类群体影响和冲击中的特殊性。

（二）重大疫情对困难群众的严重影响

困难群众在重大疫情中遭受影响往往是更加严重、更加复杂、更具特殊性，因此应该加以专门的研究，并在此基础上给予专门的重视和特殊的处置。

1. 社会风险的分层效应

首先，从一般规律上看，社会风险的社会影响具有较为突出的社会分层特点，即对各个社会阶层影响的危险性和严重性程度与阶层地位成反比关系，越是处于社会下层的群体遭受各类社会风险的危险性和严重性越大。重大疫情的冲击也与社会风险影响的社会分层特点相符合。

2. 困难群众在重大疫情中的脆弱性

从全世界角度看，尽管当代各国科技、经济和基础设施及各方面的物资供给和服务能力都有很大的提高，但总体上看面对重大疫情和其他重大突发事件的应对能力仍然是很脆弱的。而困难群众又是社会中的“困中之困、弱中之弱”群体①。他们由于生理能力脆弱（老幼病残）、经济能力脆弱、物资储备匮乏、信息获取能力低下、资源调动能力不足、社会支持不够等方面的原因，在面对汹涌而至的重大疫情时往往更加脆弱，更加无能为力，会遭受更加严重的冲击，往往是最早被击倒的，也是最容易出现严重后果的群体。同时，如果重大疫情出现长期持续状况，困难群众也会由于能力、资源、关系、支持系统的不足而更容易出现就业困难、生活困境

---

① 李英桃．新冠肺炎疫情全球大流行中的“脆弱性”与“脆弱群体”问题探析［J］．国际政治研究，2020，41（03）：208-229+260.

和心理压力，甚至陷入生活难以为继、心理崩溃等严重危机困境。如果没有足够有效的社会支持，很有可能出现严重的后果。

3. 重大疫情对困难群众影响的多维度及重点方面

重大疫情对困难群众的影响是多维度和全面性的，几乎所有对社会产生的影响都会在不同程度上影响到困难群体，所不同的是困难群众所遇到的困难程度更大。但是，困难群众遭遇的冲击和困难也具有一定的特点，往往在就医、基本生活、基本就业等基础性活动方面遇到更多的困难。进一步看，具体的人员所受影响的重点领域及问题也会有不同的特点，因此应该对困难群众所遭受的影响进行个性化分析，以确定其重点方面。

4. 各类困难群众在重大疫情中的不同需要及困难

在我国，“困难群众”或“困难群体”是一个综合性的大概念，其中包括各类不同背景、不同困难情况和不同困难程度的个人和家庭①。各类困难群众在重大疫情冲击下所遇到的困难也会有很大的不同。例如，农村困难群众与城市困难群众面临的问题可能会有较大不同；低保家庭与非低保家庭之间可能会有不同的困难；困难老年人、困境儿童、困难残疾人及其与其他困难群众之间会面临不同的问题；下岗失业人员、困难流动人口、困难残缺家庭（失独父母、单身空巢家庭、单亲家庭等）也都有可能遇到一些特殊的困难，需要特殊的帮助。

（三）建立重大情况困难群众社会保护的重要性

面对重大疫情的冲击，常规的防范和保护措施往往难以有效发挥作用，因此需要建立特殊的防范与保护措施，包括针对普通群众的普惠性社会保护体系和针对困难群众的特惠性社会保护措施。

1. 针对全体民众普惠性社会保护体系的重要性

面对当代社会中的重大疫情和其他重大突发事件的高风险，首先要完善和优化普惠性的社会保护体系。所谓“普惠性的社会保护体系”，是指

① 国务院办公厅．国务院办公厅关于进一步做好困难群众基本生活保障有关工作的通知．中国政府网，http：//www.gov.cn/zhengce/content/2021-01/21/content_5581663.htm，2021.

依靠政府和社会的力量，以制度化的方式向全体民众提供防范与保护，以保障全体民众免遭重大疫情严重冲击，或在较大程度上减少风险及其冲击的措施体系。健全普惠性社会保护体系，一是要注重普惠性，二是要注重全面性，三是要注重有效性。所谓普惠性是指要面向全体民众，为所有人都提供必要的防范与保护措施。或者说其防范与保护措施是可以适合全体民众的，使所有人都可以受益的。所谓全面性，是指其防范和保护措施要针对全部或至少是绝大多数可以预见到的风险及其冲击和危害，要能够对民众提供全方位的保护。并且还要留有一定的预备性手段，以防备发生未能事先预见到的风险及其危害。所谓有效性，是指政府或社会所提供的防范与保护措施要能够有效地发挥作用，这就需要有合理的制度、足够的资源、有效的组织体系和具体的行动预案等。

2. 针对困难群众特惠性社会保护制度体系的重要性

尽管普惠性社会保护能够为全民提供全面性的保护，困难群众在其中也能受益，但普惠性社会保护措施很难专门针对困难群众的特殊需要。如当遇到超出普通民众的一般性社会保护需要之外时，就还需要一些特殊性的保护措施。如在全面建立普惠性社会保护体系之外，还应该建立专门针对各类特殊困难群众的特惠性社会保护体系。过去的社会福利理论常常纠结于一个国家或地区的社会福利体系应该是普惠性还是特惠性的，要在二者之间作出选择。但事实上特惠性社会保护与普惠性社会保护制度体系并不矛盾，而是各有其不同的功能和作用，都具有其重要性。

二、重大疫情中对困难群众保护的主要方面

建立重大疫情中对困难群众社会保护体系的行动首先要明确困难群众在重大疫情冲击下需要保护的主要方面，即确定重大疫情中对困难群众社会保护的主要内容。从已有的研究和经验看，重大疫情中对困难群众保护的内容很广泛，主要有以下一些方面。

（一）重大疫情中对困难群众预防、医疗和安全的保护

困难群众在重大疫情冲击下首先遇到的困难就是疫情的直接影响，即病毒和疾病对困难群众的打击。困难群众由于工作、生活环境及其他条件

的限制，以及防疫知识和能力不足、信息获取能力方面低下等原因，常常比其他群众更容易受到来自病毒和疾病的侵害。因此，应该首先对困难群众提供特殊的预防、医疗和安全方面的社会保护。

1. 针对困难群众的预防保护

预防病毒侵害是在重大疫情下困难群众健康保护的重要基础。面对重大疫情的冲击，有效的防护是抵御侵害的重要防线。为此，增强困难群众的疾病预防能力是首先要做的事情。这一方面在平时就要将困难群众纳入基层公共卫生和疾病预防体系中，让困难群众也掌握有效的健康和疾病预防知识，并储备一定的防疫物资（如口罩）。在重大疫情到来时，首先要针对困难群众的防护短板而开展紧急救援，重点帮助困难群众增强防护能力。在早期是加强对困难群众的信息和宣传服务、优先向困难群众发放必要的防疫物资（如口罩、消毒液等），在后期是优先和重点为困难群众注射疫苗等。这方面的行动不仅是对困难群众的特殊保护，同时也是加强和完善整个防疫体系的要求。

2. 对困难群众的医疗保护

在遭遇重大疫情冲击时，医疗服务往往会承受超常规的压力，有时会难以向所有需要治疗的人都提供必要的医疗服务。尤其是当重大疫情冲击占用了大量医疗资源，导致其他医疗服务被大幅度压缩的情况下，其他病患者，尤其是其他大病重病患者会面临很多的困难。而困难群众中患大病重病慢病的比例远高于社会平均水平，因此会在此过程中遭遇更大的影响。在这种情况下，困难群众的自我治疗（如居家隔离治疗）的条件和能力更弱，因此更加需要医疗机构的治疗服务，但由于经济条件差和社会资本低等因素，往往更难以获得必要的医疗服务，由此而导致更大的疾病风险和健康危机。在这种情况下，需要对困难群众加以特殊的保护，通过公共服务体系的资源分配手段将有限的医疗资源向困难群众倾斜，以体现重大疫情下的健康公平原则。

3. 对困难群众的安全保护

在重大疫情和其他重大突发事件的冲击下，社会中的安全保护机制有时候会遭到一定程度的破坏或弱化，由此而导致一定程度的安全风险。如居家隔离情况下食品供给的安全隐患，电力、供水、供气、供热系统的安全性问题，儿童、老年人和残疾人面临的特殊安全问题等。在这些方面，困难群众的住房条件、风险识别能力、家庭照料能力等方面都会相对较弱，因此会面临更大的风险。为此，应该加强对困难群众的安全保护，防止他们遭遇各种事故的侵害。

（二）重大疫情中对困难群众基本生活的保护

重大疫情常常会对广大群众的日常生活带来困难和不便，尤其是当出现城市交通受阻、社区封闭或居家隔离等情况时，常常会给居民的生活带来较大影响。其中对困难群众的影响往往会更大，需要给予特殊的帮助。

1. 基本生活资料供给

保障充足的生活资料供给，是在重大疫情发生时政府和社区领导首先要考虑的问题。一般来说需要建立临时性的普惠性的基本生活物资供给体系，向所有居民提供必要的生活物资。在此过程中，需要临时建立物资采购、运输、分发的行动体系。为此而需要对居民的家庭成员人数、各类人员的特殊需要及其他方面的情况有较为详细的了解，在此基础上建立有效的物资分发系统。如果信息不准，有可能导致局部的（有时还可能是较大规模的）分发失误，导致部分居民无法获得所需要的基本生活物资。而在此过程中由于困难群众的信息使用能力和主动沟通能力不够，因而往往又是最容易被忽略和受到影响的。为此，在特殊条件下的基本生活物资供应行动应该特别关注困难群众的情况，防止因信息不全而导致的忽略。此外，在重大疫情高峰过去后，其对经济的影响往往还会持续一段时间，因此在后疫情时期还应该持续加强对困难群众基本生活的保障。

2. 特殊隔离安置情况下的困难群众应对性服务

重大疫情发生时，有时候为了有效阻断疫情传播，有可能采取封闭社区，全体居民异地集中隔离，或类似需要居民克服严重困难、作出较大改变的特殊隔离和安置做法。在这种情况下，往往要开展社区动员、宣传说服、组织实施、后勤保障和特殊情况应对等方面的工作。在此过程中也应该密切注意困难群众的特殊困难，有针对性地向困难群众提供必要的应对性服务，帮助他们解决好基本生活问题，并更好地配合隔离和安置工作。

3. 心理安抚与行为调适服务

在重大疫情来袭的情况下，许多人都会或多或少产生心理上的压力，困难群众就更容易产生孤独感、无助感、心理压抑等负面心理状态。尤其是平时有心理疾患或心理障碍的困难群众在此时就更容易出现心理失调问题。面对此类问题，需要加强心理辅导和心理障碍消除的工作，尤其是对贫困群众给予更多的心理服务。此外，在重大疫情期间许多正常的管理服务工作都可能被打乱，并出现一些新的、临时性的管理和服务安排，有时难免会给群众带来一些不方便，并因此为人们所不理解，甚至由此产生行为冲突。在这种情况下，应该细化管理服务工作，即使在必须采取强制性措施的情况下，也应该加大说服动员，求得群众的理解和积极配合。而在其中，因为“一刀切”似的强制性措施有时候会对困难群众产生更大的影响，因此对困难群众的特殊保护就更加重要。

（三）重大疫情中对困难群众就业的保护

重大疫情会对就业带来严重冲击①。重大疫情导致就业中断是普通群众可能面临的又一严重困难，并且也是对困难群众影响更大的难题，为此需要向他们提供更多的服务。

1. 直接针对困难群众的就业保障

面对重大疫情的影响，在就业领域首先需要做的就是在满足抗疫要求的情况下，尽可能维持群众的就业。尤其是在抗疫行动最困难的时期过去后，恢复生产和就业就会成为重点行动。在这种情况下，政府一般都会根据实际需要，采取各种措施支持企业，让企业能够尽快恢复运行。在重大疫情背景下应该采取的一项重要行动是重点帮助困难群众维持或恢复就业。在地方政府实施稳定就业行动时，应该帮助和要求企业重点和优先稳定困难群众的就业。也就是说，当企业因经营困难而不得不让部分员工停工、下岗、减少工时和工资或者解雇时，应该首先保留困难

① 张车伟．从经济发展趋势看就业问题［J］．上海企业，2020（7）：44.

员工的就业机会和工资水平。在企业逐步恢复生产时也应该优先让困难员工恢复就业。

2. 困难群众就业中断下的临时性就业安置服务

尽管在重大疫情冲击下政府和社会都会支持企业尽全力稳定就业，但也难以完全避免企业出现下岗失业或不充分就业。在这种情况下，政府应该优先向困难群众提供就业服务，包括积极介绍就业，也包括直接安置就业，如临时性增加公益性就业岗位以安置更多困难群众就业。如果出现了较大规模的下岗失业现象，政府还应该通过各种政策的组合，更加积极地刺激就业。而在其中应该更多地考虑最需要就业的困难群众，各项政策制定时应该更多地考虑到为困难群众提供就业机会的目标。

3. 帮助困难群众维持就业的辅助性服务

对困难群众来说，在维持或恢复就业过程中往往会面临比其他人更大的困难，如交通方面的困难、防护设备与措施方面的困难、获取相关信息方面的困难，有些人还会遇到出行扫码方面的困难等，而家中有小孩的还可能遇到因学校或托幼机构关闭而带来的儿童照料方面的困难。为此，应该针对困难群众的具体困难，向其提供相关的辅助性服务，帮助他们克服各种困难，维持就业或及早恢复就业。

（四）对困难群众信息获得及使用的保护

在当代社会中，信息获得和信息使用越来越成为人们生活和工作中必不可少的元素，尤其是以互联网为基础的数码信息对人们生活的影响越来越大。但不幸的是，困难群众同时也是获得和运用信息能力最弱的群体。随着信息化的发展，老年人信息鸿沟的问题已引起研究者的重视①。尤其是在过去一年多抗疫行动中暴露出来的部分老年人“数码信息盲”及其生活工作的负面影响，已经引起社会的广泛关注。事实上，不仅老年人具有数码信息障碍问题，其他困难群体也在不同程度上具有这方面的困难，需要有针对性地加以帮助和解决。

① 黄晨熹．老年数字鸿沟的现状、挑战及对策［J］．人民论坛，2020（29）：126-128.

1. 困难群众信息获得方面的服务

当重大疫情汹涌而至时，掌握相关信息对于有效调动居民参与防疫行动尤为重要，它可以帮助广大群众及时了解疫情发展情况，学习科学的防疫知识，主动规范自身的行为，并积极参与抗疫活动。同时，及时掌握准确信息还会帮助群众有效识别虚假信息，防止被误导而产生不当行为。在这些方面，困难群众常常也面临更多的困难和大的障碍，因此需要更多的帮助。为此，在重大疫情中，社会工作者和社区工作人员应该充分考虑到困难群众接收和发送信息可能出现的障碍，采用现代互联网等技术高效传递信息的同时，也要关注数码信息传递中可能存在的“死角”，并及时采用多种方式加以弥补，使贫困者不至于因接收和发送信息手段不足而导致信息失联，以及由此而引发的新困境。

2. 困难群众大数据技术使用方面的服务

此次在新冠肺炎疫情冲击下，政府、社区、交通部门和其他各类服务机构大量采用现代信息技术，以提高抗疫行动的效率，取得了很好的效果。但是对于一部分老年人、文化程度较低和运用现代信息技术困难的人员也造成了出行的困难。为此，在各个部门设立信息识别和控制手段时应该充分注意到信息使用困难人员的特殊性，为他们提供特殊的管理和服务方式，尽量消除可能对他们造成的障碍。

三、进一步完善重大疫情中对困难群众保护的社会政策体系

重大疫情困难群众社会保护体系建设应该建立在坚实的法制基础上，并通过法制途径进一步完善重大疫情中对困难群众社会保护的社会政策体系。此次新冠肺炎疫情的抗疫行动中暴露出我国在此方面的法律法规和政策体系存在一定的缺陷，还需要进一步完善。

（一）进一步完善重大疫情中对困难群众社会保护的基本法律规范

1. 进一步完善《中华人民共和国突发事件应对法》中的相关规定

从重大疫情的突发性和严重影响后果的角度看，重大疫情的暴发具有突发事件的特征，因此从这一角度看应该按照突发事件对待和处理。我国在突发事件应对方面已经建立了相关的制度和行动体系，并且已经有了

《中华人民共和国突发事件应对法》作为基本的法律规范。但是,《中华人民共和国突发事件应对法》中还没有专门对突发事件中对困难群众的特殊保障作出具体规定,因此我国在突发事件应对行动中对困难群众的特殊保护行动还无法可依,重大疫情中对困难群众的特殊保护也还未能得到相关的法律支持。为此,应该对《中华人民共和国突发事件应对法》加以修改,增加突发事件应对中对困难群众特殊保护的内容,以便为重大疫情和其他突发事件中对困难群众的特殊保护行动建立坚实的法律基础。

2. 进一步完善《突发公共卫生事件应急条例》中的相关规定

实际上,重大疫情属于突发公共卫生事件,其防控应对工作应该按照突发公共卫生事件应急的法规框架进行。国务院在2003年“非典”事件之后就发布了《突发公共卫生事件应急条例》,对此领域的行动作了规范性要求。但是,《突发公共卫生事件应急条例》中也没有关于在突发公共卫生事件应急行动中如何向困难群众提供特殊保护的规定。为此,应该进一步修订这一重要法规,在其中加入在突发公共卫生事件中对困难群众提供特殊保护的内容,以弥补这一法规中在这方面的短板。

(二)进一步完善社会救助与社会福利体系中对重大疫情中困难群众的保护

从民生建设的角度看,重大疫情中对困难群众的特殊保护属于民生建设的重要内容,与社会救助和社会福利制度关系最为紧密。我国已经建立了针对困难群众的社会救助制度和适度普惠性的社会福利服务体系,但是总体上看对重大疫情特殊境况下对困难群众特殊保护的制度规范和相关政策还不够明确、不够健全,还需要加强研究,进一步完善。

1. 进一步完善社会救助制度体系对重大疫情中困难群众的保护

重大疫情中对困难群众的特殊保护大量涉及社会救助制度的内容。经过多年的发展,我国已经建立起较为完善的社会救助制度,可以在多个领域中向困难家庭提供多方面的救助。但是,从应对重大疫情冲击下向困难群众提供特殊保障的角度看,目前的社会救助制度还存在以下两个方面的不足。一方面是在《社会救助暂行办法》等社会救助相关法规和政策文件中还没有规定在突发事件、突发公共卫生事件或重大疫情等事件中对困难群众提供系统化和较大规模保障和服务的条款，平时在此方面的制度、组织和行动准备也不足。在社会救助制度中与此有些关联的项目有自然灾害救助和临时救助，但前者主要针对自然灾害造成的影响，不包括重大疫情，因此当遇到重大疫情的时候无法启用自然灾害救助的行动体系。后者主要是针对个人的急难事件，无法形成体系化、规模化的行动。另一方面，按照现行制度，目前社会救助覆盖的对象主要针对低保对象和特困人员，救助面很窄。在重大疫情的冲击下，不仅低保对象和特困人员会遇到问题，而且低保特困之外的许多低收入家庭和其他困难家庭及个人都会遇到困难，需要社会救助制度的帮助。目前救助对象覆盖范围过窄的情况，显然不利于在紧急情况下社会救助制度体系向众多有需要的贫困群众的困难作出快速反应。因此，在下一步《中华人民共和国社会救助法》的立法和其他法规政策建设中，应该在现有《社会救助暂行办法》基础上，进一步增加对重大突发事件中对困难群体社会救助的专门规定，并建立相应的具体实施体系。

2. 进一步完善社会福利服务制度体系中对重大疫情困难群众的保护

这里所指的“社会福利服务”是指由民政部门所管辖的，由政府和社会组织向有特殊困难的老年人、儿童、残疾人等提供的政府公共福利服务和民间公益性服务。此类社会福利服务主要针对存在各种困难、障碍和弱势的群体。他们在平时就需要更多的社会保护，需要政府和社会提供的服务才能维持基本生存或基本生活，在重大疫情冲击下他们往往面临更多的困难，需要更多的帮助。首先，公办和民办的各类社会福利院所，包括养老院、儿童福利院、精神病医院等往往是重大疫情抗疫防范的薄弱环节。一是因为这些院所人员集中，容易传染；二是由于这些院所的服务对象大多是缺乏防范意识和自我保护能力的老人、儿童和残疾人等，因此在重大疫情中具有很高的脆弱性。为此，主管部门应该重点加强这些特殊院所的疫情防范，以及对其中困难群众的特殊保护。其次，在重大疫情中还应该加强散居的特困老人、困境儿童、困难残疾人和重度残疾人的保护，帮助他们做好个人防护，维持基本生活，提高应对复杂情况的能力。尤其是要加强对困境儿童在重大疫情中的保护，做好孤儿和事实无人抚养儿童的抗疫防护和生活保障，以及密切关注因突发事件影响而导致监护暂时缺失的未成年人，做好对他们的应急性救助工作。此外，还应该密切关注农村留守儿童受重大疫情影响的情况，加强对他们的保护。

四、加强社会工作者在重大疫情社会保护中的作用

重大疫情困难群众社会保护的制度规范、相关政策和行动方案最终需要有具体的组织和工作人员来加以落实。因此，加强重大疫情困难群众社会保护行动体系的重要基础是建立一支有效的工作人员队伍体系，以及相关的组织和行动准则及标准。面对重大疫情的复杂影响，我们需要有足够的人员，并且需要有各类工作人员。其中，专业社会工作者应该大量参与并发挥重要的专业优势。

（一）各类社会工作介入重大疫情困难群众社会保护的主要领域

专业社会工作可以从多个领域介入重大疫情困难群众保护工作，并发挥专业作用，其中重点包括社区社会工作、公共卫生社会工作、社会救助社会工作，以及针对一些专门群体的社会工作。

1. 社区社会工作

从2020年初以来抗击新冠肺炎疫情的经验看，社区是重大疫情抗疫工作最重要的阵地，因此社区工作者首先应该积极参与社区抗疫，并在其中做好对困难群众的保护工作。社区社会工作者应该在困难群众保护中发挥重要作用，重点做好主动发现群众的困难与问题，及时施以第一救援，做好资源链接，并及时提出相关政策建议等方面的重要工作。同时，社区社会工作者应该发挥其“全科式专业工作者”的特色，面向各类困难群众，尽力解决他们所面临的各种困难和问题，在困难群众社区保护层面上筑牢第一道防线。

2. 公共卫生社会工作

公共卫生社会工作是专门在公共卫生领域发挥积极作用的社会工作领域。2020年新冠肺炎疫情发生后，我国社会工作研究者开始重视公共卫生

社会工作的作用[①][②]。在当代社会中，公共卫生逐渐演变成一个复杂的行动体系，既需要公共卫生专家和专业机构发挥专业角色的作用，也需要居民的全面参与和各类组织的有效配合。而在这一复杂过程中需要社会工作者积极介入，做好组织动员、协调配合、资源整合、政策研究等方面的工作。在重大疫情发生时更是需要社会工作者与公共卫生专家有效配合，根据各地的实际情况设计有效的抗疫方案，并在社区等基层平台上协助政府、社区和公共卫生专家提高抗疫行动的实际效能，将其与困难群众保护等社会层面的要求有机结合，以达到更好的实际效果。

3. 社会救助社会工作

社会救助社会工作是指社会工作者积极参与社会救助领域的工作，直接向各类困难群众提供帮助的社会工作领域。在当代社会中，社会救助社会工作在帮助困难群众方面可以发挥重要的作用[③]。我国的社会救助制度实施过程中也应该更多地引入社会工作，使社会救助制度发挥更好的社会效益。社会救助社会工作在平时要积极参与社会救助服务和管理工作，为贫困者和其他困难群众提供更多更好的服务，并建立辖区内各类困难家庭的信息系统。当遭遇重大疫情时，救助社会工作更应该走在困难群众保护工作的第一线，积极向政府主管部门、社会救助机构和社区组织提供相关信息和行动建议，并受委托开展一线服务。

4. 针对专门群体的社会工作

重大疫情困难群众保护工作还需要其他更多社会工作领域的积极参与，其中包括老年社会工作、儿童社会工作、残障社会工作、流浪乞讨人员社会工作等。这些针对各类特殊群体的社会工作者平时就面对各类群体中的特殊困难，在重大疫情发生时更应该积极发挥专业优势，积极配合政府、社区、公共卫生机构等方面的工作，并密切关注各类群体中特殊困难群众的实际需要，有针对性地向他们提供各方面的服务。尤其是要重点做

① 柳静虹，沙小森，吕龙军．社会工作介入公共卫生体系再思考：基于新冠肺炎疫情社会工作响应过程的反思［J］．华东理工大学学报（社会科学版），2020，35（1）：44-56.

② 刘芳，任敏，吴世友．公共卫生社会工作在应对重大突发公共卫生事件中的角色［J］．社会建设，2020，7（3）：3-14.

③ 杨荣．深入推进社会救助领域社会工作发展［J］．中国社会工作，2020（31）：1.

好孤寡空巢老人、孤儿和事实无人抚养儿童、重度残疾人、流浪乞讨人员等的保护工作，向有需要的人提供抗疫知识、危机应对、心理舒缓、社会支持等方面的服务。

（二）社会工作介入重大疫情中对困难群众社会保护的重点要求

社会工作介入重大疫情中对困难群众保护有广泛的行动内容，应该根据各类困难群众的实际需要开展介入工作。为了更好地做好介入工作策划和实施，应该为这一领域的工作提出一些重点要求。

1. 加强平时的制度建构和行动准备

重大疫情往往事发突然并来势凶猛，不会给人留出足够的行动策划时间。因此，在平时就要认真研究在应急状态下的抗疫行动中如何更好地调动社会工作参与，让社会工作能够及时有效参与并发挥专业作用。政府、社区和社会工作机构及社会工作者都应该从“平战结合”的多维角度去进行制度建构和行动准备。在平时，应该在基层社会治理中充分发挥社会工作机构和社会工作者的专业优势，在困难群众需求评估、社区服务及其短板分析、相关服务项目设计等方面都积极参与，并着力推动采用专业的方式去解决复杂问题。同时，社会工作专业人员还应该较为全面地掌握辖区内各类困难群众的基本信息，认真分析困难群众面临的各种风险，研究设计各类危机干预和应急处置的预案，设计和演练“平战转换”机制和应急响应机制，以确保一旦危机事件出现就能够尽快转入应急状态，开展快速准确有效的应对工作。

2. 重大疫情应急状态下的协调配合与主动干预

重大疫情发生后，社会工作者的参与一方面要服从抗疫行动的总体安排，积极配合政府、社区和其他专业组织，在整体抗疫行动中完成分配的任务，并在其中发挥专业作用。在此过程中，政府、社区、疾病预防体系也应该高度重视发挥社会工作机构和社会工作者的专业优势。从 2020 年我国针对新冠肺炎疫情的抗疫行动实践上看，社区是抗疫行动的主战场之一，在其中更加需要社会工作发挥专业优势。因此，在抗疫行动的整体策划和安排时就应该让社会工作者有更多的参与，发挥专业优势和积极的作用。另一方面，社会工作在重大疫情困难群众保护的行动中还应该主动发挥作用。社会工作者是专业人员，应该按照专业要求主动开展工作，发挥专业优势，在第一时间里主动发现困难群众面临的特殊问题和具体困难，主动提出解决方案，主动开展服务，并在主动服务中与抗疫行动的其他主体保持联系和协调。

（三）社会工作介入重大疫情困难群众社会保护的能力建设

社会工作者和社会工作机构要在重大疫情中发挥好困难群众保护的专业优势，需要其自身具备相关的能力，因此需要从平时就注重相关的能力建设。

1. 在社会工作人才培养中加强在重大疫情中对困难群众保护的要求

首先，要对社会工作教育部门提出相关的人才培养要求。在社会工作专业本科和研究生培养中都应该加强关于社会工作者参与重大疫情、公共卫生突发事件和其他突发事件的理论与实践内容。为此，我们应该继续跟进在此领域的国际社会工作教育、研究和实践的前沿，同时要总结本土经验，尤其是2020年初以来抗击新冠肺炎疫情中社会工作参与的经验，在理论与实践研究和相关领域社会工作人才培养方面都取得新的进展。

2. 加强一线社会工作机构和社会工作人员的能力建设

一线社会工作机构社会工作者（包括社区社会工作者和专业社会工作机构中的社会工作者）肩负着在重大疫情中向困难群众提供服务和发挥社会工作专业优势的直接责任，应该有高度的责任心和专业精神，努力通过专业手法去发现困难群众的需要，帮助他们解决所面临的各种困难和问题。为此，一线社会工作机构和社会工作者应该通过继续学习和实践锻炼而不断提高自身的专业能力。尤其是要有对重大疫情及各种社会风险的高度敏感性，对困难群众的高度责任心，具备解决应急状态下紧急响应的专业能力和复杂情况下有效服务困难群众的硬功夫，并且还要储备必要的设备、技术和社会资本。同时，社区和专业社会工作机构还应该加强演练，以形成和保持快速精准反应能力。

3. 加强政府对发挥社会工作专业优势和服务困难群众的重视

一是各级政府及其主管部门应认真分析目前的文件和规划中在此方面还存在的短板和不足，并分析建立的制度和制订的行动计划实施中的不足，并在新的规划中提出进一步改进和加强的具体措施。二是各级政府在突发事件应对、社区建设、社会工作制度建设等相关领域要注重将社会工作参与制度化，在法律法规和规划标准等层面作出相关规定，并有具体的政策行动去加以落实。在这些领域中要充分信任社会工作专业机构和专业人员，理解、尊重和重视他们的专业知识和方法，为社会工作机构和社会工作者在重大疫情应对中发挥专业优势营造更好的环境和提供更好的条件。三是在各级政府及其应急管理、公共卫生与疾病预防等部门的领导中，以及在社区负责人中要更加广泛地普及社会工作知识，要让相关的政府官员、社区负责人具备足够的社会工作知识，以便他们在平时制定相关政策和面对重大疫情制订行动方案时能够更好地考虑如何调动社会工作的参与，并有效发挥其专业优势。

Social Protection to the Poor People During the Serious Epidemic and the Related Social Policy and Social Work Involvement

GUAN Xinping

Abstract: The poor people will have more difficulties and problems during the serious epidemic, and thus need more assistance. It is an important task, therefore, to reinforce the social protection to the poor people in the public action against the serious epidemic. For this purpose, according to the related practices, this paper analyzes briefly the possible special impacts of serious epidemic for the poor people, discusses the significance of creating a special social protection system to the poor in serious epidemic, proposes an outline of the public actions of the social protections to the poor people in serious epidemic, and discusses related social policies and the requirements of social work's involvement.

Keywords: Serious Epidemic, the Poor People, Social Protection, Social Work

中国社会工作学刊　第三辑
第 53~71 页

新冠肺炎疫情防控中社会工作的专业优势研究

王　颖　陈司陶　肖秀梅*

【摘要】本研究通过对47篇以“社会工作专业优势”为主题的文献进行计量分析，并对12篇关于“疫情背景下社会工作专业优势”的文章进行综述，运用定量和定性分析的方法对“社会工作专业优势是什么”以及“社会工作如何发挥专业优势”的两大主要问题进行分析和研究。本研究首先回答了“社会工作的专业优势是什么”的问题，将社会工作专业优势定义为社会工作在专业价值理念、专业理论、专业方法技巧、专业服务模式等方面区别于其他专业或非专业领域的独特性和长处。并进一步探讨这四个维度的内涵，进而阐述社会工作在新冠肺炎疫情防控中的专业优势。其次，本研究从宏观层面的政策制度和行业组织视角探讨社会工作发挥专业优势的机制和路径，回答“如何在疫情防控中发挥社工的专业优势”。最后，提出反思和建议。

关键词：社会工作　专业优势　新冠肺炎疫情

一、研究背景与研究问题

2020年春季发生的新冠肺炎疫情，又一次给人类社会发展发出了重大警示。中国充分展现了社会主义制度的优越性，掀起了一场抗疫人民战

* 王颖，中国台湾东海大学博士生、北京社会管理职业学院讲师、中国社会工作学会副秘书长；陈司陶，中国社会工作学会职业评价部主任；肖秀梅，中国社会工作学会政策研究部主任。

争。社会工作作为专业力量，在新冠肺炎疫情防控中没有缺席，全国30多万社会工作者积极响应党和政府号召，活跃在城乡社区、方舱医院，提供资源链接、心理疏导、情绪支持等服务，为疫情防控输入“正能量”，在防疫中全面成长。2月23日，习近平总书记出席统筹推进新冠肺炎疫情防控和经济社会发展工作部署会议并发布重要讲话。讲话中，习近平总书记强调了打赢疫情防控战争，必须紧紧依靠人民群众，特别提出要“发挥社会工作的专业优势，支持广大社工、义工和志愿者开展心理疏导、情绪支持、保障支持等服务”。这是对社会工作者坚持专业立场、顽强抗击疫情的充分肯定。在疫情防控过程中社会工作者承担了重要的角色，在理论和实践上均有发挥专业优势的空间。然而，由于疫情复杂与凶险，社会工作专业优势的发挥仍面临诸多挑战，社会工作的专业优势是什么，如何能最大限度发挥专业优势，是社会工作各界共同关注的问题。

目前，我国新冠肺炎疫情已经得到初步遏制，社会工作界有不少学者、实务工作者发表了相关的文章，为总结社会工作参与疫情防控的专业优势奠定了基础。社会工作在疫情防控中发挥专业优势问题的研究涵盖范围较广，本研究尝试回答最重要的两个问题：“社会工作专业优势是什么?”“社会工作专业优势如何发挥?”，这两个问题是本研究的核心议题，也是在疫情背景下亟待探讨的主要问题。本研究首先运用文献计量研究进行现有关于社会工作专业优势的文献综述，尝试回答社会工作在疫情防控中的专业优势为何的问题，聚焦社会工作应对疫情等突发公共卫生事件中的专业优势的特点、特色；再从政策制度和行业组织层面探讨社会工作发挥专业优势的机制和路径，并提出反思和建议。

二、如何理解社会工作的专业优势

要想厘清社会工作专业优势是什么，需要先从其概念下手，并进一步剖析其内涵，再结合当前新冠肺炎疫情防控中社会工作实际表现出来的优势加以印证和阐述。本部分通过对47篇文章的计量分析和对12篇学者文章的综述，总结出关于社会工作专业优势的概念与内涵，以及社会工作在新冠肺炎疫情防控中的专业优势内涵。

为较为全面、客观地了解社会工作界对于社会工作专业优势的理解，为进一步明确、发挥社会工作专业优势奠定理论基础，本研究以 CNKI 知网和部分线上、线下媒体现有的文献为范围，开展了基于关键词的量化分析。分析内容包含两个部分：第一部分为关键词词频分析，旨在通过对社会工作专业优势内涵关键词的总结、归纳提炼出学界共识度较高的理解；第二部分为关键词比较分析，该部分重点探索新冠肺炎疫情这一公共卫生突发事件对于社会工作专业优势内涵的影响。为佐证计量分析的结果，笔者同时运用文献分析的方式，将具有代表性的 12 位学者的文章进行更为具体的内容摘要，并从专业价值理念、专业理论、专业方法技术、专业服务模式四个方面来进行阐述。

（一）社会工作专业优势的概念与内涵

1. 社会工作专业优势的概念

分析社会工作的专业优势，可以从“专业”和“优势”两个角度出发。所谓“优势”，是比较的结果，是一种比较优势，是区别于其他专业或非专业领域的独特性和长处；而关于社会工作“专业”的概念，社工界早已有许多讨论。

所谓“优势”，词典中的解释是比对方有利的形势，即是对比、比较出来的。王思斌（2020）[①] 提出，社会工作专业优势是一种比较优势。即“社会工作的专业优势是相对于其他相关专业或非专业的活动而言的，是指社会工作作为一个专业区别于其他专业或行业的，在其服务活动中表现出来的，能更有效地促进工作、达致期望效果的专业行为特点”。徐道稳（2020）[②] 提出，社会工作专业优势是指社会工作专业区别于其他专业或非专业领域在理论和方法上的独特性，以及这些理论和方法在实践中可能发挥的作用或展现出来的长处。

为进一步厘清社会工作专业优势的概念，研究者以 CNKI 知网为主要数据库，采取高级检索的方式，对全站文章以主题为“社会工作”和“专

① 王思斌．社会工作专业优势刍议［J］．中国社会工作，2020（13）：46.
② 徐道稳．怎样才算发挥了社会工作的专业优势［J］．中国社会工作，2020-03-02.

业优势”（精确匹配）的条件进行搜索；由于疫情期间多数关于社会工作专业优势的文章发表于线上媒体平台，本研究在以 CNKI 知网为主要数据来源的基础上将《社工邸报》《光明日报》等线上媒体纳入了检索范围①。再对检索出的文献进行整理，筛选出对社会工作专业优势的定义阐述清晰的文章，对符合筛选条件的文章中关于社会工作专业优势相关的关键词进行提取后，合并意思相同或近似的词语，进行归类并开展词频分析。

根据上述步骤，以“社会工作”和“专业优势”为主题，在 CNKI 进行精确检索，共得到中文文献 86 篇。删除 6 篇重复文章和 26 篇与社会工作专业优势相关度较低的文章（例如对优势视角进行论证的文章），加入 16 篇《社工邸报》《光明日报》等线上线下媒体的相关文章，共计文献 70 篇。70 篇文章中有 14 篇并未明确提出对社会工作专业优势的定义和理解。此外，王思斌（2020）②、何雪松（2020）③ 等学者曾发表多篇关于社会工作专业优势的文章。因作者一致，文章中对社会工作专业优势的定义一致，为避免关键词重复计数而对词频分析产生影响，本次研究仅选取每个作者的一篇文章作关键词分析。根据以上标准删除定义不明确的 14 篇文章和作者重复的 9 篇后，共有 47 篇符合筛选要求，用于提取关键词的文章。

对 47 篇文章中有关社会工作专业优势的关键词提取和统计后，按照词频次数排序结果如表 1 所示。约有半数的文章认为，社会工作专业优势在于其价值理念、理论知识和专业方法、技巧，同时与实务和政策的联结也是社会工作专业优势的一大特色。

---

① 文献资料搜索的截止日期为 2020 年 11 月 30 日。

② 王思斌. 社会工作要在抗击新冠肺炎疫情全过程中发挥专业优势［J］. 社会观察，2020-03-07.

③ 何雪松. 从“有为社工”到“给力社会”［J］. 中国社会工作，2020-02-29.

表 1　社会工作专业优势关键词词频统计表

关键词	词频（次）	关键词	词频（次）	关键词	词频（次）
价值理念	35	专业角色多元	5	社会资源多元	2
理论知识	23	综合评估	4	综合性视角	2
专业方法	23	政策支持	4	本土化研究	1
专业技巧	14	专业服务	4	机制方法研究	1
资源整合与链接	11	政策研究	3	人员设置灵活	1
基于实践	10	服务模式	3	人才队伍	1
调动潜能	5	实施路径多样	3	学习型	1
解决实际问题	5	强调综合能力	3	反思性	1

综上，本研究将社会工作专业优势定义为社会工作在价值理念、专业理论、专业方法技巧、专业服务模式等方面区别于其他专业或非专业领域的独特性和长处。下文将从专业的价值理念、专业的理论知识、专业的服务方法技巧、专业的服务模式等四个维度，进一步详细说明每个维度的意涵。

2. 社会工作专业优势的内涵

（1）专业的价值理念。

多篇文章提出，社会工作与其他职业和专业的不同在于其秉承助人自助、以人为本、个别化、利他主义等价值理念，对服务对象予以充分的接纳和尊重。正如王思斌所说"社会工作专业最为核心的是在于助人自助的价值观念"。价值理念可谓社会工作专业的核心和基石。所有服务、行动、政策、研究背后都有一套逻辑，而指导这个逻辑的便是价值观。史柏年（2020）①提到社会工作秉持的理念，与现代社会中人们精神层面的理想目标和助人、利他的价值追求高度契合，因而最能获得社会公众的认同和追

① 史柏年．发挥社会工作专业优势 促进经济社会平稳发展［N］．社工邸报，2020-02-25.

随。邹学银（2020）[①] 提到社会工作从发端之初就是一个贴近人民群众、贴近基层、旨在为人民群众排忧解难的职业和专业。它始终坚守以人为本、助人自助的价值和理念，倡导尊重平等接纳的社会关系，建设良性发展的社会。这与党一直以来急人民之所急，想人民之所想，尊重群众、相信群众、依靠群众的宗旨一脉相承。这既是专业社会工作发展的初心和一直遵循的价值观，也是党和人民在新时代对社会工作专业人才队伍建设提出的新要求，更是专业社会工作发展的不竭动力和源泉。

（2）专业的理论知识。

一个专业的建立，离不开完善的理论做依托，虽然社会工作在我国发展时间较短，但在国际上已有百余年的历史，社会工作理论在不断创新和完善，也形成了一些基础理论，用以解释社会问题、指导社会实践。社会工作依托的理论能最深刻揭示人类与社会的本质联系与互动机理，因而能最深刻反映社会问题的本质和人们行为的缘由。

在理论知识层面，有学者提出生态系统理论、优势视角理论、增能赋权理论等既是社会工作实践的基础，又是社会工作价值理念的体现，指引社会工作者通过科学的助人过程发掘服务对象自身潜力，提升自我效能，实现长期转变的专业作用。如邹学银（2020）[②] 提到，人与环境的互动是社会工作的基本逻辑框架，社会工作者将人置于环境（生态系统）中作整体考虑，从生理、心理、社会、精神多个方面综合看待和分析服务对象面临的问题，并帮助寻找符合其个人需求的方法。在帮助服务对象的同时，注重家庭为本，以优势视角和资源为本的取向，更好地激发服务对象的乐观情绪、希望和动机。

此外，更有三篇文章提出，虽社会工作领域部分常用的理论来自心理学、社会学、管理学等相关领域，但对其他领域知识的融合和综合运用恰恰是社会工作在理论知识层面的专业优势之一，其原因在于拥有一套完整

---

① 邹学银．发挥社会工作专业优势 提供更好人文关怀［N］．中国社会报，2020-03-05（002）．

② 邹学银．发挥社会工作专业优势 提供更好人文关怀［N］．中国社会报，2020-03-05（002）．

的知识体系使社会工作者能够从多个角度审视、介入问题，提供更科学、精准、有效的社会服务。

（3）专业的服务方法、技术。

专业的服务方法和技术，是社会工作发展过程中不断积累经验和创新的产物，也凝结了广大社会工作者的实践智慧。社会工作运用的方法，能最有效地促进人们思想和行为的改变，因而能最有效地帮助解决社会问题及满足人们的复杂需求（史柏年，2020）①。关于专业方法的讨论主要集中在两个方面：一是社会工作的六项通用服务过程；二是关于个案、小组、社区三大工作方法。多个学者提出，接案、预估、计划、介入、评估和结案六个步骤构成完整的服务过程，是社会工作者在服务过程中专业性、科学性、系统性的体现，督促社会工作者在服务的过程中不断系统地、整体性地评估、总结、反思并整合再行动。与此同时，个案、小组、社区三种工作方法能够指导社会工作者从三种不同的层面为服务对象解决问题，根据服务对象的需求进行干预层级的融合和转换，协助其恢复发展社会功能。

与专业方法相比，学者对专业技巧的讨论更为聚焦。文献中提及次数较多的专业技巧包括倾听与沟通、观察走访、实地调研、心理评估等内容。这些技巧可以帮助社会工作者通过多种方式收集信息，在此基础上引入科学的方法加以分析判断，运用一整套成熟严格的标准加以评估，得出科学、客观、参考价值较高的结论。社会工作需要由经过一定专业训练且具备专业知识和技能的人员，运用循证实践的成果，制订最优的服务方案。这些方法可以帮助社会工作者更好地界定服务对象的问题和需求、评估其可利用的资源、搜集数据和制订计划、运用沟通技巧、倡导政策和提供服务，评价项目结果和实践效果，进而帮助服务对象更好地应对人生挑战，实现人生价值。

（4）专业的服务模式。

社会工作专业的服务模式是吸收了国际社会工作实务经验并具有中国本土化特色的服务模式，主要体现在专业服务、专业督导、政策倡导、资

---

① 史柏年．发挥社会工作专业优势 促进经济社会平稳发展［N］．社工邸报，2020-02-25.

源链接等方面（徐道稳，2020）①。在文献的词频统计中，资源整合与链接、基于实践等词出现的频率也较高，呼应了具有中国本土特色的服务模式。

关于资源的整合与链接，多数学者都提到了社会工作者对于社区资源、志愿者资源、公益慈善资源、政策救助资源等的运用，通过充分链接外部资源，弥补服务对象在资源享有与使用方面的不足。此外，王振海（2015）② 提出，社会工作者在基层治理，特别是农村扶贫等领域发挥整合资源的优势，不仅提高了物质层面的保障，更是在精神、权利意识、自我意识等自我能力发展的机会和条件等方面的提升，是一种农村扶贫政策执行中协调资源的新手段，能够有效助力摆脱农村贫困的现状提供新的道路。与此同时，社会工作基于实践，解决实际问题的专业特性也被诸多学者认可。童斌（2009）③ 提出，社会工作本身既是一种实践、一种科学，又是一种社会制度。社会工作在实践中对社会有三个方面的功能——预防、治疗和发展。社会工作者能够利用自己所学的知识和专业训练对社会问题进行提前预防，并作出有效的预防措施；在问题已经形成后，可根据自己的专业知识和方法进行具体的分析和判断，制订科学可行的方案，最终解决问题；问题解决后，社会工作者可根据其他可能产生的问题进行科学、严谨的规划。值得一提的是，侯玲（2009）④、郭小牧（2015）⑤、向芯仪（2016）⑥、史正慧和夏当英（2019）⑦ 等学者提出，顶层设计与社会工作实践之间的良性循环是社会工作不可忽视的专业优势之一。近年来，

① 徐道稳．怎样才算发挥了社会工作的专业优势［N］．中国社会工作，2020-03-02.

② 王振海．社会工作参与农村扶贫政策执行研究［D］．西北农林科技大学，2015.

③ 童斌．论社会工作专业毕业生就任“村官”的优势分析［J］．社会工作（下半月）（理论），2009（05）：49-51.

④ 侯玲．专业社会工作介入突发事件精神救助的优势［J］．辽宁行政学院学报，2009（01）：166-167.

⑤ 郭小牧．发挥专业优势 实施多种干预策略［N］．中国社会报，2015-12-14（004）．

⑥ 向芯仪．农村社会工作介入“老人农业”问题的空间与对策［J］．商，2016（24）：47-48.

⑦ 史正慧，夏当英．社会工作参与乡村振兴：必要性、可行性与介入路径［J］．宜春学院学报，2019，41（10）：41-44.

我国不断完善社会工作人才培养、评价、使用、激励政策，为组建一支宏大的社会工作者队伍提供了制度保障。有关社会工作者在乡村振兴、社会救助、未成年人保护、养老等领域的政策文件也不断出台，为社会工作者提供了岗位与平台，进一步推动了社会工作者在相关领域发挥专业作用。同时，社会工作者是政府与社会的中间人，能够将政策宣传、解读、落实至基层群众；社会工作者也是基层群众的代言人，能够将基层的需求通过科学的评估与反思提升至政策研究层面，协助主管部门完善相关政策保障。在顶层设计对社会工作者的重视下，社会工作者上传下达的作用将得到更有利的发挥。可见，顶层设计对于发挥社会工作专业优势有极其重要的作用。

综上，社会工作服务模式是多元的和灵活的，可以根据服务对象、问题、资源的不同提供不同模式的服务，社会工作的专业反思也使不同模式的社会工作服务得到持续优化和创新。

（二）社会工作在新冠肺炎疫情防控中的专业优势

社会工作的专业优势既有一般性也有特殊性，一般性是指社会工作的专业特点，是在为各类人群和各种场域中提供服务都应具备的专业性；而特殊性则意指在特殊情况下，社会工作表现出的有别于其他专业或本专业的其他领域的突出特色，比如在这次抗击新冠肺炎疫情的战疫中，社会工作的特殊作用及不可替代性。

2020 年 2 月 23 日，习近平总书记在统筹推进新冠肺炎疫情防控和经济社会发展工作部署会议上指出“发挥社会工作专业优势”，这是对社会工作领域巨大的肯定与鼓舞。社会工作领域为之振奋，诸多学者纷纷针对社会工作专业优势这一关键概念进行探讨，有关社会工作专业优势的文章数量也呈井喷式增长。为更好地区分社会工作专业优势在疫情背景下与常态化背景下内涵的差异，探索疫情事件对社会工作专业优势发展的影响，本部分将符合筛选条件的文章分为疫情背景下对社会工作专业优势探索的文章和常态背景下关于社会工作专业优势的文章两种，并对关键词根据文章分类进行比较和研究。

将 47 篇文章按照疫情背景与常态背景的标准进行分类后，共有以疫情为背景的文章20篇，常态化背景文章27篇。对两类文章分别进行关键词提取后结果如表2所示。可以看出，价值理念、专业方法、理论知识等词无论是在疫情背景下还是常态背景中都占有非常突出的位置。可见，从这三个方面探讨社会工作专业优势已经在业界形成一定的共识，且在不同情境下具有一定的共通性。此外，在疫情背景下探讨社会工作专业优势的文章中对于社会工作资源整合与链接的专业作用、基于实践的专业特性以及调动服务对象潜能的专业能力等方面的探索明显高于常态背景的文章。与之相比，对于专业技巧的探讨则在疫情期间明显减少。以下就社会工作在疫情防控中的价值理念、方法技巧和服务模式方面的专业优势进行简要说明。

表2　社会工作专业优势关键词词频对比（按文章背景划分）

关键词	疫情背景词频（次）	常态背景词频（次）
价值理念	14	21
专业方法	13	10
理论知识	8	15
资源整合与链接	7	4
基于实践	7	3
调动潜能	4	1
专业服务	4	0
专业技巧	3	11
解决实际问题	3	2
专业角色多元	2	3
政策研究	2	1
政策支持	2	2
综合能力	2	1
综合性视角	2	0
综合评估	1	3

续表

关键词	疫情背景词频（次）	常态背景词频（次）
服务模式	1	2
实施路径	1	2
人才队伍	1	0
学习型	1	0
反思性	1	0
本土化研究	0	1
机制方法研究	0	1
社会资源多元	0	2
人员设置灵活	0	1

1. 专业价值理念的优势

社会工作强调价值观。这次疫情暴露出不少价值伦理的问题，特别是简单化地污名，排斥、歧视和社会达尔文主义，我们都要坚决反对（何雪松，2020）①。而社会工作者在提供服务时始终践行平等、接纳的价值理念，特别是对困难群体的关爱和帮助。

同时，社会工作的价值理念也决定了社会工作的群众性，它立足于基层，善于在群众中把大家都调动起来。社会工作者必须置身于老百姓的日常生活世界——在城乡社区，以“三同”（同吃同住同劳动）的精神与人民群众打成一片，既要体察民情民意，更要赢得民心，再运用专业理念和方法协力民众解决实际问题，就能够打开专业的天地，赢得人们对专业的尊重（张和清，2020）。社会工作的专业优势也体现在基于本土现实的价值立场上。由于物资匮乏，消息不确定性较高等多方因素，诸多群众在疫情期间都面临着多样的生活需求。王思斌（2020b）等学者提出，无论是各种信息的搜集、编辑和传递，还是心理疏导、情绪支持、实际帮助，社会工作者都立足现实、努力接近服务对象的需要，解决他们的实际困难。

① 何雪松．从“有为社工”到“给力社会”［J］．中国社会工作，2020-02-29.

这些脚踏实地、以人为本、朴实到位的服务，既解决现实困难又有坚守的陪伴，充满了真情实意，是宝贵的，也是有效的。因此，此时对社会工作专业优势的探讨更多集中在社会工作的介入是否能够切实解决生活中的实际问题，而非讨论哪种服务技巧更有效等基于理论的内容。

2. 专业服务方法和技巧的优势

社会工作专业服务方法和技巧的优势主要体现在三个方面：一是社会工作在专业服务中更关注全人的服务，从生理、心理、社会综合全面系统性的视角来看待人。何雪松（2020）提到在这次疫情中社会工作者能看到服务对象更多细节的需求和需要，并为之提供专业服务。比如说社工去评估一个人或者一个家庭的时候，是对生理、心理和社会几个方面都进行评估。二是社会工作能在物理性隔离中强化社会性连接。比如王思斌提出这一次抗击新冠肺炎疫情，社会工作者在应急反应、建构社会支持体系特别是信息网络支持方面表现突出。三是社会工作能进行有效的资源链接。比如何雪松（2020）提到社会工作者尝试了线上线下的多层次的干预，也是一个创新。突发公共卫生事件的一个明显特征在于其社会影响面之广，此次疫情对各类人群的生活各方面都有较为严重的影响。疫情期间，人民的需求是更加多样的、复杂的。在救助资源有限的情况下，社区及个人的自我救助能力就显得尤为重要。因此，“调动潜能”一词也成为疫情背景下对社会工作专业优势的重点讨论内容之一。学者对“调动潜能”一词的理解与“助人自助”理念有共通之处，均是强调通过社会工作服务对个人能力的激发。但疫情背景下“调动潜能”更是包含了从中观，即社区层面组织动员，发动居民参与的这一含义。此外，史柏年（2020）[①] 提到，社会工作专业院校发挥智力优势，为参与专业咨询服务的社会工作者、心理咨询师提供网上课程，提升专业服务水平，也是一种资源链接的体现。

3. 专业服务模式的优势

社会工作专业服务模式具有其独特的优势，其一，社会工作在运行机制上具有灵活性、机动性，且植根民间、深耕基层，在一定程度上可以弥

① 史柏年．发挥社会工作专业优势 促进经济社会平稳发展［N］．社工邸报，2020-02-25.

补政府、市场力量之不足。新冠肺炎疫情暴发初始，全国人民在政府的带领下迅速响应，进入战时状态。我国政府在应对此次疫情中有着至关重要的主导作用，但社会资源的响应在此类重大公共卫生事件中也十分重要。侯玲（2009）[①] 提到，社会工作在运行机制上具有灵活性、机动性，在自上而下的政府纵线的基础上，通过资源的多方整合与链接逐渐形成自左向右的民间横线，进一步加强以政府牵头的救助力量。因此，资源的整合与链接是疫情期间社会工作发挥专业优势的重要体现之一。其二，从专业配置看，医护专业、公共卫生专业是应对疫情的主体，但疫情引起的次生灾害以及全局性影响需要社会工作专业合力应对（李迎生，2020）[②]。社会工作服务机构也发挥其人力优势，派遣专职人员，融合到所在社区参与疫情防控社区治理中。

在这次战疫中，社会工作行业协会也发挥了组织优势，参与建立疫情防控心理咨询平台，为广大民众提供心理辅导和情绪支持。社会工作行业组织联动分布在全国各地的社会工作机构及广大社会工作者开展在线、线下立体行动，为疫区医务工作者、患者及家属、集中及居家隔离人员等提供多层次、全方位、多样化、专业化服务。

通过上述对社会工作专业优势关键词的分析与对比可以看出，从价值理念、专业方法技巧、理论知识等层面对社会工作专业优势的分析已在学界形成一定的趋势。资源整合与链接和基于实践的导向也是认可度较高的社会工作服务模式的专业优势。但在疫情背景与常态化背景的对比分析中也反映出，常态化背景中对于社会工作者专业优势的探讨相较偏于理论，而在疫情的背景下，则更加注重对于社会工作的实践导向。可见，目前业界对于社会工作专业优势的内涵的理解已形成基础框架，但保持着较高的时代需求适应性。

---

① 侯玲．专业社会工作介入突发事件精神救助的优势［J］．辽宁行政学院学报，2009（01）：166-167.

② 李迎生．发挥社会工作在疫情防控中的专业优势［N］．光明日报，2020-03-06（11版）.

三、如何在疫情防控中发挥社会工作的专业优势

在厘清社会工作专业优势的概念及内涵之后，已经回答了第一个关于“社会工作的专业优势是什么”的问题，也进一步探索了疫情背景下的社会工作专业优势为何。接下来将讨论“如何在疫情防控中发挥社会工作专业优势”的问题，即“怎么做”的问题。本研究仅从宏观层面的政策制度和行业组织视角出发，探讨社会工作发挥专业优势的机制和路径。

（一）政策制度层面

充分发挥社会工作专业优势，离不开一些制度的顶层设计。李迎生提出，在国家层面赋予社会工作在应急治理中应有的法律地位，在政府层面将社会工作纳入各级应急管理体制机制中统一调配使用。邹学银提出，将社会工作服务纳入整体防控体系中，提供社会工作发挥优势的平台和载体，明确社会工作的角色和职责。总的来说，抗击疫情期间社会工作相关的社会政策和法规制度为发挥社会工作的专业优势提供了依据和保障。为打赢新冠肺炎疫情防控阻击战，从中央到地方，各级部门积极探索、有效联动，结合疫情发展形势，先后出台多项专项政策，围绕新冠肺炎疫情重点人群、重点场域，进一步明确了社会工作服务范围、服务方法和注意事项等重点内容，有效畅通了社会工作参与渠道，扩大了社会工作服务的可及性和覆盖面。

经汇总整理，疫情期间共发布与社会工作参与疫情防控工作相关的政策文件 31 项，其中国家层面文件 10 项，地方层面文件 21 项。包括国务院应对新型冠状病毒肺炎疫情联防联控机制发布的《关于印发新冠肺炎患者、隔离人员及家属心理疏导和社会工作服务方案的通知》，民政部、国家卫生健康委、交通运输部、海关总署、国家移民管理局、民航局、国铁集团联合发布的《关于印发入境人员心理疏导和社会工作服务方案的通知》，民政部、国家卫生健康委发布的《关于进一步动员城乡社区组织开展新型冠状病毒感染的肺炎疫情防控工作的紧急通知》《新冠肺炎疫情社区防控与服务工作精准化精细化指导方案》《关于加强应对新冠肺炎疫情工作中心理援助与社会工作服务的通知》，以及民政部发布的《致全国社

会服务机构和社区社会组织的新冠肺炎疫情防控倡议书》等。这些文件从顶层设计上对社会工作者、社会工作服务机构参与新冠肺炎疫情防控工作提出了要求和指引，明确了社会工作的地位和角色，提出了重点服务范围应围绕心理援助、情绪疏导、减压支持等人文关怀服务，主动链接物资和服务资源，协助开展疫情防控宣传和人员排查等工作，服务方式为广泛动员群众、组织群众、凝聚群众，切实做好疫情监测、信息报送、宣传教育、环境整治、困难帮扶等工作。文件中还提到了社会工作的服务场域包括社区、定点医院、方舱医院、隔离点等抗疫的第一线，服务对象包括新冠肺炎感染者、隔离点人员（含境外人员）、居家人员、困难人员、病亡者家属、一线工作人员及其家属等。

在地方制度保障层面，北京、河北、河南、湖北、湖南、四川、陕西、甘肃、青海、江西、福建、江苏、上海、内蒙古、浙江、安徽、贵州、广东等18个省（自治区、直辖市）出台了关于社会工作参与疫情防控工作的文件，要求各地社会工作者、社会工作服务机构积极投入抗疫工作中，给予社会工作发挥专业优势的空间和机会。

虽然无论是从全国层面还是从地方层面都出台了关于支持社会工作参与新冠肺炎疫情防控的文件，进行了制度设计，但地方政策的覆盖面仍显不足，且政策多为要求社会工作要怎么做，但是关于人力、资金、相关资源的支持仍需加强。

（二）行业组织支持

在此次抗击疫情期间，中国社会工作学会、中国社会工作教育协会、中国社会工作联合会等三大全国性社会工作行业组织，以及各省市地区的社会工作行业组织等社会组织和专业机构，凝聚专业力量、提供专业指引、进行跨专业合作、提供线上服务和督导服务，开展教学和研究，为发挥社会工作的专业优势凝聚力量、提供智力支持和安全保障。

1. 凝聚专业力量

各地社会工作行业组织通过发挥平台作用，积极向各社会工作服务机构、社会工作者等会员单位和个人发出号召和倡议，鼓励其在增强自身安全防范意识，做好个人防护和机构防疫的基础上，积极参与街道、村/居社区等开展的疫情防控工作，通过热线、网络等方式为受疫情影响的个人和家庭提供心理疏导和陪伴服务；积极链接社会资源、动员社会力量参与，为有需要的地区和单位筹措疫情防控急需物资，不断强化社会工作专业支持和保障支持作用。根据不完全统计，疫情期间，包括中国社会工作学会、中国社会工作教育协会、中国社会工作联合会以及各省市社会工作行业组织共发布了15封倡议信，向广大社会工作同人发出号召，传递正能量。

2. 提供智力支持

各地社会工作行业组织充分发挥智库作用，集合社会工作行业领域专家、高校学者、督导、一线社会工作者的专业智慧和实务经验，纷纷围绕服务伦理、服务原则、重点场域服务、公众倡导及资源组织、社会工作者自我保护等方面的内容，制定专业流程指引和操作指南，为抗疫在一线的社会工作者开展专业服务提供样本和参考。据统计，全国层面由中国社会工作联合会、中国社会工作教育协会等牵头，地方层面有包括北京、上海、福建、河北、江苏、山东、湖北、广东、贵州、陕西、黑龙江、四川等省市地区的社会工作行业组织、社会工作服务机构、高校、团省委等部门制定了16个服务指引/手册。为社会工作者在疫情期间开展工作提供了有力支持和依据，也有利于社会工作专业优势的发挥。

社会工作行业组织、社会工作院校、新闻媒体等积极整合社会工作专业资源，搭建社会工作线上学习平台，为抗疫一线社会工作者提供智力支持和专业指导。如中国社会工作学会、中国社会工作教育协会、全国社会工作专业学位研究生教育指导委员会通过线上社会工作资料库的形式，免费提供社会工作专业学习资源，建成社会工作专业理论和实务在线资源库和社会工作参与疫情防控在线课程资料库；南京大学社会学院MSW中心和社会工作与社会政策系开设国际名校社会工作公开课程集锦，为抗疫中的大学师生、社会政策与社会服务界的同行以及相关人士送上线上课程；中国人民大学出版社免费开放电子教材，共开放了约100种社会学、社会工作教材的教师版教材电子样书，以及50种学生版教材电子样书，为广大高校社会学、社会工作在线教学提供支持。

3. 提供安全保障

在上海、浙江、湖北、深圳、南京等地，社会工作行业协会、联合会等组织链接保险公司或基金会资源，为奔赴一线的社会工作者提供专项保险服务，让社会工作者们在顶着巨大压力工作的情况下多了一份安心，为参与抗疫一线的社会工作者免除后顾之忧。在这些提供安全保障的省市地区，有些是由社会组织来统筹安排，如上海市社会工作者协会动员社会工作和心理咨询机构组成“战疫情——上海社工服务团”，社会工作者可以通过“公益上海”为自己申请“公益护照”，护照持有人在护照有效期内，可获得涵盖人身意外、意外医疗、第三者责任险等 7 项年度保额高达 150 万元的公益活动意外保障。有些是由社会工作行业组织联合保险公司为社会工作者投保，如浙江省社会工作师协会联合中国平安（集团）股份有限公司浙江分公司为参与抗疫一线的社会工作者提供疫情专项保险。湖北省社会工作联合会联合中国平安保险公司，免费为从事疫情防控社工机构的社工以及社工机构组织的从事疫情防控工作的志愿者赠送公益保障。江苏省南京市玄武区民政局、玄武区慈善协会联合泰康养老保险股份有限公司为全区社工免费提供疫情险保障，保额 20 万元，保障期为一年。还有一些是通过行业组织联合基金会共同行动，如深圳市社会工作者协会、深圳市关爱行动公益基金会、《深圳晚报》通过“微医保 · 新冠肺炎保障（升级版）”为抗疫一线的社会工作者打造最高保额 50 万元的专属保障。深圳市社会工作者协会还与深圳市社会公益基金会发起“溪流行动——深圳抗击疫情社会服务支持计划”，面向全市社会工作机构提供社区基层防疫工作小额资助以支持社工机构购买防护物资，支持全市社会工作开展的社区基层防疫工作和社会服务的相关物资需求。

四、研究反思及建议

本研究通过分析社会工作专业优势的概念、内涵以及发挥专业优势的路径可以看出，疫情防控期间，从中央到地方，从机关到基层，从行业组织到高校学界，从专业机构到一线社工，大家立足岗位，倾力奉献，将社会工作的专业作用与优势发挥到最大，确保新冠肺炎疫情时期社会工作服务安全、有序、有效开展。但是在疫情之下，也凸显了社会工作发挥专业优势的阻碍和不足，特别是从宏观保障的层面来看。

首先，虽然在全国层面和地方层面出台了相关的制度文件，但对于社会工作的角色定位以及相关资源的支持还有待完善。按照社会工作的传统来说，社会工作既有社会照顾的作用又有社会控制的作用，一方面是对困难群体和最需要的服务对象提供服务，以满足其社会需要，恢复其社会功能；另一方面则是协助政府和相关部门做好社区防控，做好相关人员的心理疏导等。虽然这两项职能看似矛盾，但又协调统一，也视不同情境、不同环境以及不同问题而提供解决方案。现有的文件中似乎更为强调社会工作者社会照顾的职能，如“要求加强新冠肺炎感染者心理援助与社会工作服务、开展被隔离人员心理援助与社会工作服务、强化一线工作人员心理支持与社会工作服务、做好服务管理和效果评估、加强组织保障等工作”。关于社会控制的功能并没有给予社会工作者一定的职业合法性，而是协助、帮助相关单位和部门的配角。这样的制度设计也在一定程度上阻碍了社会工作专业优势的发挥。

其次，现有制度侧重于疫情突发时期应急情形下对社会工作者的要求和动员，缺少系统性、全面性的指导，虽然行业组织已有多个实务工作指引，但其权威性要低于政策文件。只有在顶层设计中将社会工作进行精准的定位，才能够充分发挥社会工作专业优势。

最后，相对于政策保障，安全保障的范围更小，覆盖的社会工作者群体较少，且相关的安全保障无论是经费还是发起动机多来自行业组织和民间，尚需更广泛和更为周全的保障。社会工作者参与重大公共卫生服务的安全性仍需给予高度的关注，社会工作者与医护人员一样，也是冲在第一线的工作者，其自身安全的保护也是十分重要的，只有给了他们安定的保护才能让他们没有后顾之忧地开展服务，也才能够真正发挥社会工作的专业优势。

Research on Social Work Professional Advantage in Covid-19 Pandemic Control

WANG Ying, CHEN Sitao, XIAO Xiumei

Abstract: This is a study analyzing and researching the questions of what is social work professional advantage and how to apply social work advantage. It is composed of quantitative analysis of 47 articles on the theme of social work professional advantage, and literature review of 12 articles on social work professional advantage in the Covid-19 pandemic. This research first answers the question "what is social work professional advantage" by differentiating social work with other professions via analyzing and defining professional values, theories, techniques and service modes. Secondly, the question "how to apply social work advantage in Covid-19 pandemic control" is answered via discussions on policies and professional organizations. In the end, reflections and suggestions are proposed.

Keywords: Social Work, Professional Advantage, Covid-19 Pandemic

中国社会工作学刊　第三辑
第 72~90 页

国际社区抗疫社会工作-志愿行动：跨文化整合性介入模式研究

金英爱　彭华民*

【摘要】 在 2020 年初由中国社会工作教育协会和中国社会学会社会福利研究专委会联合发起的国际社区抗疫社会工作-志愿行动中，韩国大邱项目组在面向韩国大邱地区 3600 余名在韩华人开展跨国界社会工作-志愿服务干预初期、中期、后期的不同时序中，基于行动研究视角，依据整体性治理理论，构建“公助+互助+自助”系统干预机制，通过对组织结构、功能以及系统进行一体化整合，将来自不同地区、专业、类别、层次的社会工作者和志愿者进行分类筛选和有机融合，实现了有限的“人力+物资”资源和无形的“线上+线下”服务的最优配置，其较强的系统性、适用性和可操作性，为国际社会工作服务提供了可复制的模式。

关键词： 整合性社会工作　国际社区抗疫　实践逻辑　行动研究　案例研究

* 金英爱，青岛科技大学法学院社会工作学系副教授，主要研究方向：生活环境福利；彭华民，南京大学社会学院社会工作与政策系教授，主要研究方向：社会福利，社会政策。本研究是彭华民主持教育部项目（ZT20201037）的阶段性成果。本项目得到国家社科基金的支持。感谢马凤芝、彭华民、关信平、高春兰教授等专家对韩国大邱团队开展国际社区抗疫社会工作-志愿行动的支持和指导！感谢韩国国立庆北大学喻传洋博士生和国立全南大学胡述耀、李金晏博士生等在韩对接人的无私奉献，感谢韩国大邱项目组的近百名志愿者以及青岛科技大学社会工作系刘姝伶、周芷晴、史冬梅、迟梦霞、李瑞蕊、于瀚清、石苗苗、杨伟迪等助理们。

一、国际社区抗疫社会工作-志愿行动的社会背景及其现实意义

国际化社区是与本土化社区相对而言的。随着全球化的进一步发展，现代化进程的加速，改革开放日益深入，对外交流持续扩大，越来越多的人开始离开本国赴异国他乡工作、生活。因为在语言和习俗上具有趋同倾向，大部分外国人选择抱团居住，经过不断流动、聚集，一个个国际化社区逐渐形成。有学者从动态发展的角度将国际社区定义为，由来自世界各地不同国籍的人们因为学习、生活、工作、旅游、婚姻等原因，从一个国家的社区来到另外一个国家的社区，在一定地域范围内形成具有一定比例的社会生活共同体①。也就是说，当国外或中国的一个城市（或农村）社区，所居住的中国籍或外籍人士数量达到一定程度，并能够和谐地生活在一起，就可称作空间意义上的国际社区。

本案例中的国际社区特指在2020年抗击新型冠状病毒肺炎疫情背景下，由居住在韩国大邱市的中国籍留学生、劳务人员、职员和多文化家庭中国籍成员组成，与中国国内抗疫服务志愿者之间通过文字、图片、语音、视频等语言和非语言的形式，进行在线求助、信息沟通和情感共享，获得心理、医护、物资、信息等福利支持的网络社交群②。

根据韩国法务部《出入境和外国人政策统计月报》2021年1月号发布的数据，目前在韩滞留的外国人总数为2014433名，其中中国人作为在韩最大移民团体约880897名，占整体外国人总数的43.7%（朝鲜族约638196名）。在442460名赴韩劳务移民中，中国籍移民者为138462名，相比其他国家总人数排在第一；作为在外同胞的身份来韩进行访问就业（H-2）的总人数为146718名，其中中国籍公民人数为123705名，约占84.3%；作为韩国籍配偶身份来韩国生活的国际婚姻移民者（168735名）中，中国人60046名，其中男性为13853名，女性为46193名；以外国人

---

① 林移刚，谭霞．社会工作介入国际社区治理的模式与路径研究——以重庆市红岩村社区为例［J］．社会工作与管理，2016，16（06）：49—56.

② 金英爱，彭华民．国际社区抗疫社会工作-志愿行动总报告，2021-01-21.

留学生身份在韩学习的共151414人，中国留学生49948名，整体人数排名位列第二。但是，以留学签证（D-2）来韩进行正式学习学位课程者中，中国留学生数量常年保持第一①。通过以上数据可以看出，中国人在韩国多元文化社会的构成中充当着极为重要的角色。无论是劳务人员、国际婚姻移民者还是留学生，他们作为在韩生活的移民主体，为中韩两国的经济、外交、人口、文化等各方面都作出了积极贡献。但是，在适应当地生活的过程中，特别是新冠肺炎疫情对国际流动人口的生活和工作产生了巨大冲击。

因此，中国社会工作教育协会和中国社会学会社会福利研究专委会在第一时间联合发起的“国际社区抗疫社会工作-志愿行动”所提供的“线上+线下”服务，通过与移民团体支援网络、当地华人资源的及时有效联动，以及和韩国福利制度圈之间的持续性协商，维护了海外中国公民的安全与正当权益，惠及被韩国社会忽视掉的移民社区内的“死角地带”，进而在一定程度上为在韩华人起到了“福利兜底”的重要作用。

二、“国际社区抗疫社会工作-志愿行动”的理念框架与指标体系

（一）整体性治理理念下整合性干预机制及变量操作化

整体性治理是一个广义的治理理念。整体性治理实质上就是在政策、规则、服务供给、监控等过程中实现整合，体现于不同层级或同一层级内部，不同职能间，政府、私人部门与非政府间等三个维度中。提供优质的公共服务是整体治理的根本目的，强调的是一种新型的政府改革治理模式，即在公共政策与公共服务的过程中，采用交互的、协作的和一体化的管理方式与技术，促使各种公共管理主体（政府、社会组织、私人组织以及政府内部各层级与各部门等）在共同的管理活动中协调一致，达到功能整合，消除排斥的政策情境，有效利用稀缺资源，为公民提供无缝隙服务

① 韩国法务部．出入境和外国人政策统计月报［DB/OL］．（2021-01）．https://www.immigration.go.kr/immigration/1569/subview.do.

的思想和行动的总和。整体性治理具备一个总体特征，即强调制度化的跨界合作，具体包括：第一，政府与公民对公共生活的合作管理；第二，超越组织边界的整合行动；第三，以公众意愿出发的公益服务。

整合性干预机制依据整体性治理理论，强调从组织建设、制度规范和运作机制上指导社会工作依据介入情境的实际情况以及服务对象的现实需要，通过优化运行体系和管理结构，促进各项资源的有效运用与干预效果，避免陷入因主体职责不清、组织间合作效能不高而导致的资源浪费、效率低下等困境。整合性干预机制的构建途径具体体现在以下几个方面：一是多元主体的整合；二是主体功能的整合；三是服务供给的整体化。

“国际社区抗疫社会工作-志愿行动”韩国大邱组依据整体性治理理念，根据福利输送系统应秉持的社区参与、易接近、责任性、专业性、充分性和适当性等原则①，参考了组织因素、人力因素、预算因素分层标准②。本行动为重大公共卫生事件背景下社会工作-志愿服务活动，在研究设计时省略了对福利服务数量进行的精准预测和要求，以及相应的人力资源、物力保障和资金预算等来源保障，对国际社区抗疫福利输送系统成效评价时，只选取了组织因素中的“可及性”“持续性”和人力因素中的“责任性”“专业性”共4个变量（见表1）。

① Lee Jae Man. “A study on the evaluation of child care delivery systems：focused on the evaluation of the effectiveness & satisfaction of Dong－gu district，Daegu metropolitan city”. Hanyang University. 2012.

② Park Soon Ja. “A Study on the Performance Evaluation of the Aged Leisure Service Delivery System：Focused on the Effectiveness from the Perspective of Provider and the Satisfaction from the Perspective of Beneficiary”. Hanyang University，2015.

表 1　整体性治理理论及其干预机制的具体操作

理论依据	理论分解	具体操作化	测量维度	判断（成效）指标
整合性干预机制	主体结构整合	相对独立的主体间协作互补信任的工作方式	组织因素	可及性：接受服务便捷 持续性：服务可延续
	主体功能整合	主体责任、组织参与、团队建设的合作原则	人力因素	责任性：职责分工明确
	服务供给整体化	专业化的服务流程、监督体系、评估制度		专业性：具备专业资格并实时接受督导

（二）基于研究取向的服务分期和变量操作化

根据相关的研究结果发现，防灾减灾视角下的社区韧性虽有涉及治理结构和制度安排，但更偏重空间、物理和管理过程方面的考虑。同时，基于治理体系现代化的视角，社区韧性主要来源于社区治理体系的结构、过程、能力与文化四个方面，并对应不同的作用机制。

在非常态治理情境下，社区韧性在危机应对的过程准备贯穿社区灾前、灾中、灾后三个阶段，具体表现为防减灾（prevention/mitigation）、准备（preparedness）、响应（response）、恢复和重建（recovery/reconstruction）。有韧性的社区治理体系还应建立健全反思机制，并形成迭代升级的循环，即适应性循环（adaptive cycle）。

本案例将全周期管理理念引入基层治理，提升社区的过程韧性，在国际社区日常管理中建立从危机预警到决策、行动、再到恢复、总结、学习适应的闭环治理思路，保障各环节紧密相连、各主体权责明确，保障治理体系适用于不同阶段并持续发挥作用（见表 2）。

表 2　基于研究取向的服务分期和应激时程变量与赋值设定

一级变项	变量分解	服务分期（维度）	解释	相关服务期界定
服务阶段	介入初期	应激探索期	调查服务需要，建立良好的信任关系	2020.2.28—3.15（15天）
	介入中期	发展成熟期	提供常态咨询服务，增强组员间的联结	2020.3.16—4.25（40天）
	介入后期	评估结案期	评估服务成效，巩固提升服务效果	2020.4.26—5.30（35天）
应激反应时程	疫情应激非适应期		心理应激反应过程中出现警惕和消极防御	2020.3.20 以前
	疫情应激适应期		心理应激反应达到现实适应和恢复成长	2020.3.20 以后

目前，尚缺乏重大突发公共卫生事件对人们心理影响时程的系统研究文献。应激过程受刺激物与应激反应、认知评价、应对方式、社会支持等多种因素的影响①，虽然每个人对严重事件都会有所反应，不同的人对同一性质的事件反应强度及持续时间不同，但根据 Hans Selye 提出的应激三阶段经典理论中关于一般适应综合征（General Adaptation Syndrome，GAS）应激反应模型（后称为应激反应）也用于解释身体对低温、过劳等这样的应激源产生的反应及变化②，结合面对传染病心理应激反应过程中出现的警惕期、消极防御期、现实适应期和恢复成长期等四个阶段中第一阶段和第二阶段的重要性③，本案例尝试将国际社区在韩华人对疫情的应激反应

① 《新型冠状病毒感染的肺炎疫情下心理健康指导手册》编委会．疫情影响下常见的心理应激反应之三：常见的心理应激反应［EB/OL］．纵横中文网，（2020-02-05）．http://www.zongheng.com/chapter/929187/59545708.html.

② 席居哲，宋兰君，佘壮，侯湘铃，彭雅楠，李妍，左志宏：抗逆力视角的重大突发公共卫生事件心理服务理论模型与实践模式——以新冠肺炎疫情为例［J］．首都师范大学学报（社会科学版），2020（03）：11-25.

③ 杨甫德．面对传染病的心理应激反应过程的四个阶段［EB/OL］．澎湃新闻，（2020-02-03）．https://www.thepaper.cn/newsDetail_forward_5756634.

时程（以下简称疫情应激反应时程）特征分为非适应期和适应期。

本案例采用该测度的原因在于，考虑到国际抗疫福利服务输送过程中当地的疫情危机程度和同质性群体在面对疫情时的应激反应规律将对个案志愿管理服务效果具有关键性的影响，这一变量主要考察以个案管理服务所处的疫情时程距离，即“韩国政府宣布大邱市为疫情重灾区”① 的间隔时长（以 2020 年 3 月 20 日为分界线）作为评价标准，将间隔时长在四周之内即 2020 年 3 月 20 日之前称为非适应期，2020 年 3 月 20 日之后称为适应期。

三、介入初期：韩国大邱社区华人需要评估和社区资源分析

（一）国际社区抗疫社会工作-志愿服务输入地：韩国大邱社区概况

2020 年 2 月中下旬，中国国内疫情态势总体趋于平稳，此时韩国的疫情却持续升级。韩国大邱市就是继中国疫情发生后，在东北亚地区内发生的极为严重的社区性感染地区，以 2 月 18 日大邱地区第 31 号感染者确诊为标志，大规模聚集性社区疫情暴发，在不到 3 周的时间内新冠肺炎疫情确诊者就超过 5000 余人，是韩国国内最为严重的疫情受灾区②。2 月 23 日，韩国政府将疫情预警提升到最高级别“严重”③，再次将大邱、庆北地区划为特别管控区域，韩国国内的抗疫物资一度难以周转④，处于社会保障边缘的华人社区内中国公民的日常生活受到极大冲击，加上缺乏对相关信息获取的途径，由此所产生的负面情绪、生活和学习环境迫切需要得到改善。

大邱是首尔、釜山、仁川之外的韩国第四大城市，属广域市级别。位于韩国东南部，面积 883.52 平方千米，2019 年人口总计 2468222 人。以

① 新京报网．韩国一天新增 100 例，大邱为何突变疫情“重灾区”？［EB/OL］．（2020-02-21）．http：//www.bjnews.com.cn/world/2020/02/21/693134.html.

② 新华社海外网．韩国提升新冠肺炎疫情预警至最高级别［EB/OL］．（2020-02-24）．http：//korea.haiwainet.cn/n/2020/0224/c3541812-31725509.html.

③ 韩联社．详讯：韩国发布新冠肺炎疫情最高级别“严重”预警．［EB/OL］．（2020-02-23）．https：//cn.yna.co.kr/view/ACK20200223002700881.

④ 韩联社．韩国确诊新冠病例 31 例 12 人治愈出院．［EB/OL］．（2020-02-18）．https：//cn.yna.co.kr/view/ACK20200218008300881.

“丰富多彩的大邱——Colorful Daegu”为口号的大邱市是一个具有多样性、包容性，同时是一个充满发展活力、激情四射的城市，具有“多文化移民社区”这一明显特征。根据大邱市市政府网站公布的 2018 年外籍人士人口数据，在大邱长期居住和生活的持有外国国籍的总人数为 35280 名，中国国籍 5356 名，中国同胞（朝鲜族）3601 名。在大邱地区内获得韩国国籍的外国人中，中国人 1792 名，占其他国籍外国人数的首位。劳务工作者中，中国人为 1323 名；国际婚姻移民者中，中国人为 1363 名，整体人数排名在越南之后位居第二位，中国留学生为 1678 名，整体位居所有留学输出国的首位①。

“国际社区抗疫社会工作-志愿行动组”通过对这一地区居住人群的构成、疫情的特殊性、危机性的综合判断，决定立即筹备相关骨干人员，在第一时间启动对韩国大邱地区内华人群体的抗疫志愿介入行动。

（二）疫情期间在韩华人社区需要的评估方法

韩国大邱项目组通过对相关文献和实时信息查询，组织相关人员进行疫情形势分析，与大邱地区几所高校的中国留学生代表、多文化家庭中心负责人等多个华人比较集中的团体组织进行沟通，采取社区（网络群）观察、个案访谈、座谈会问卷调查和听取专家意见等多种方式，对韩国大邱社区的资源分布情况及其目标对象开展前期需求调研。

（三）疫情期间在韩华人的多元需要

经过前期调研发现，在韩大邱华人社区的移民者有以下六个方面的需要②（其中，前三项是共同需要，后三项为个别化需要）。

1. 对于防疫物资的迫切需要

在韩国疫情暴发初期，防疫物资尤其是防疫口罩的需要达到了“一罩难求”的境地。在韩中国人在信息共享、社会资源分配上处于边缘地带。再加上留学生等一部分移民群体未能加入韩国国民健康保险，失去了合法

---

① 韩国大邱市市政府网站．外国人居民现况［EB/OL］．https：//www.daegu.go.kr/woman/index.do？menu_ id＝00050105.

② 金英爱，喻传洋，胡述耀，迟梦霞，石苗苗．“国际社区（韩国大邱）抗疫社会工作-志愿行动”需求问卷调查数据分析结果，2020-05-31.

购入和分配“政府廉价口罩”的资格。因此，寻找和调配社会资源，及时解决这一燃眉之急，成为当时情境下社会工作者的重要任务。

2. 对于心理支持的迫切需要

由于中国疫情发生的时间点早于韩国，进而在韩国疫情暴发初期，整体的社会氛围让中国人相对紧张。韩国大邱市在重大疫情发生后，社会的不稳定因素急剧上升，处于社会保障边缘的华人社区内中国公民的日常生活受到极大冲击。因此由社会环境所产生的负面及消极情绪迫切需要得到改善。

3. 对消息获取的迫切需要

韩国国内新冠肺炎疫情暴发后，医疗、出入境、公共设施的使用情况、航空等诸多领域的信息在不断更新。但是，在韩中国人中有很大一部分由于受到语言的限制，缺乏对相关信息获取的途径，或是获得的资讯相对滞后，进而导致在诸多层面上难以获得改善生活条件的最佳机会。因此，及时准确获取与疫情相关的信息是这一群体极为需要的支持链接。

4. 对于工作机会平等及工作环境安全的需要（在韩务工人员方面）

疫情的发生对韩国国内各产业的正常运营起到极为负面的影响，甚至在韩国俗称的3D（Dirty，Dangerous，Difficult）职业上，外国劳务工作者也开始难以涉足。此外，很多高强度的生产工作都是在相对密闭的空间内进行，对在韩中国劳务工作者的生命健康产生一定程度上的威胁。

5. 对于子女照顾及缓解家务劳动的需要（在韩国际婚姻移民女性方面）

疫情的长期化形态对多文化家庭尤其是国际婚姻移民女性的负面影响较为明显。首先，韩国的教育机构开始实施网络授课，子女在家里的时间被延长的同时，已婚移民女性的劳动时间和强度都会提高。移民女性原本可以参与线下的多文化支援中心也由于疫情的影响不再支持线下访问，这导致线上的链接对移民女性的介入极为有限，在长期化的疫情状态下，对移民女性生活质量的提升极为不利。

6. 对线上学业压力调节及生活自律的需要（在韩留学生方面）

在韩中国留学生在此次疫情下也同样面临着极为严重的情形。大学里几乎所有的课程改在线上进行，授课教师也相应提高对学生的学习要求。由于受到语言沟通的限制，加之周围缺乏与韩国学生间的互助机会，进而在一定程度上加重了中国留学生的学业压力。此外，疫情导致留学生的日常生活内容更为单一，进而要求有高强度的自律意识，但很多留学生缺乏这一能力。

四、介入中期：项目服务设计与介入行动

（一）服务实施：在地化“公助”韧性社区

基于疫情急速发展变化的特殊背景，为了打破空间上的限制，韩国大邱项目组充分利用网络技术，依靠和联合本地华人团体的支持力量，入驻当地网络社区（微信群），组建含有多个子网络社区的服务型网络社区，组织大型社区活动：“游子‘疫’他乡 家国‘益’留香”抗疫物资对接行动，提供需要多元化、时空立体化、过程韧性化的全方位支持，使社区全体成员接受信息共享、物资对接、心理抚慰、关系互动、知识共享等应急性公共福利服务。

（二）服务实施：云介入“互助”群组场域

在行动探索阶段，项目组通过问卷调查、线上访谈、在韩对接人反馈等途径，发现服务对象具有群内成员同质性强，特别是后期阶段的疫情需要具有常态性、普遍性、非应急性的特点，客观上存在服务跨界性和人员分散性的困难。为有效整合专业人员技术力量，降低志愿者和服务对象由于过度服务带来的情感消耗，项目组以“专才专用，团队协作”为原则，在证据为本方法论指导下，以互联网为服务场域和介入载体，创新运用网络社会工作方法，开展“云端”书写并分享缓解压力的“肯定性日志”，在组员分享过程中，向服务对象“输入”解决问题的策略和方法，形成了“云端介入”特色群组服务模式。

（三）服务实施：嵌入式“自助”个案管理

在开展线上咨询服务过程中，韩国大邱项目组发现，教科书上的个案管理社会工作方法与疫情背景下的虚拟线上个案服务不能完全吻合，项目组对嵌入式线上个案服务概念进行了进一步明确的界定，认为服务对象在线上提出了明确或交流中影射出隐性的问题需要，经过心理、医务、社会工作者（三者或任意一方），运用专业方法帮助其解决物资、心理、医疗、

信息咨询等问题，并以语言文字、微信表情、通话记录截图作为证据，对服务对象问题改善进行有效评估的过程就是一个完整的个案。

通过以上嵌入式在线个案、云介入支持小组、在地化网络社区等三大直接行动方法的创新运用，既精准满足了服务对象的需要，同时也提升了志愿者专业服务技能，发挥人力资源的主体效能，实现志愿主体和服务客体效益的最大化。

（四）服务实施：技术支持、文化咨询、法律援助顾问和专业督导

韩国大邱项目组的督导团队由技术支持、专业督导、中韩文化咨询顾问、涉外法律援助组成。

在团队组建初期，项目组邀请武汉大学郁之虹博士的“社工伴行”团队提供技术支持，延边大学心理健康教育与咨询中心总督导刘惠善博士担任中韩文化咨询顾问，韩国驻青岛总领事馆中方律师代表崔明浩律师提供涉外法律援助，在项目开展初期为志愿者们进行岗前培训，强调中韩文化背景下志愿服务的着眼点和侧重点，以及多方合作协同工作的重要性，提出应加强对文化敏感性、专业伦理和对助人者自身关怀能力的关注。

在服务成熟期，由我国香港无国界社工总监周甜女士担任总督导的8名督导专家组成5个工作小组，分别入驻8个微信社交群，专业督导团队以志愿者为服务对象，在每天志愿者工作时段持续观察志愿者的工作状态及其与服务对象之间的互动情况。专业督导团队共组织23次志愿者线上督导会议，从跨境（国际）服务的工作理念出发，通过重大事件减压策略（CISM）交流对志愿者的状态进行评估和跟进，为志愿者提供情绪支持和专业方法传授，维护着同样经历着危机的志愿者的自然抗逆力，系统提升了项目组整体服务水平。

五、介入后期：服务评估及效果

（一）服务过程和目标的评估方法

本案例认为，跨国福利输送系统的评价权应在于福利服务的接收者和使用者，在韩华人的获得感、服务体验和满意度及使用意愿在理论研究和实践探索中应得到重视。因此，本案例依据过程评估和目标达成度评估两

种形式对服务效果实施评估。其中，过程评估包括服务对象对小组干预效果和个案管理成效的评价，为小组服务干预问题是否得到解决、群组成员的个别需要是否得到满足作出判断；目标达成度评估主要通过群组成员对志愿服务满意度水平进行最终评估（具体变量设定表5）。

1. 个案管理过程及其效果评估方法

根据既有的相关理论、研究成果和经验判断，本案例在开展个案管理过程中，设定疫情应激反应时程、服务对象间关怀互助和志愿者归属/学科领域等对个案管理成效有影响的条件变量。根据服务对象表达或感受困难并发出的求助需要，由社会工作、心理咨询、医疗护理专业或在地对接人等志愿者开展专业介入服务。

项目组在开展的33项个案服务结束后，收集服务对象以文字或语音等形式在社交群内或者与志愿者一对一作出“所求助问题是否已得到解决”的肯定性信息反馈，并以此作为个案管理效果判定标准，如果反馈为“问题已解决”则赋值为1，“问题没有解决”或“无明显反馈”则赋值为0。

2. 小组活动过程及其效果评估方法

心理安全感是一种从恐惧和焦虑中脱离出来的有信心、安全和自由的感觉，是人面对所处内外环境的安全境况持有的一种追求平稳、不受威胁的应对性心理机制①。本案例在国际社区抗疫行动中志愿者们投入专业情感，在氛围营造中开展理性实践，选择以人为中心进行规划、设计和管理公共空间的行动模式，把激励人们共同想象和再造公共空间作为核心，使服务对象融入其公共领域，从而使共享资源与价值最大化。

韩国大邱项目组按照临近地域范围、相同从属社团、相似疫情状况和求助需要表达的原则，依托原有社交群并通过互联网站、移动互联网应用程序成立了在线交流网络群组空间，成立了8个服务群组（具体见表3）。

① 曹羽鹤，王坚．安全感研究述评与展望［J］．中国健康心理学杂志，2016，24（12）：1914-1917.

表3　韩国大邱社区服务群组人员结构情况统计表①

组别	建群日期	主要成员	成员数	隔离	在韩华人组织及对接人
A	2020.3.12	QB大学中国留学生	500	否	留学生会主席
B	2020.3.6	QB大学中国留学生	431	否	留学生会主席
C	2020.3.14	QB大学中国留学生	295	否	留学生会主席
D	2020.3.5	QB大学中国留学生	30	是	留学生会主席
E	2020.3.11	QM大学中国留学生	50	否	留学生会主席
F	2020.3.12	Q1多文化家庭成员	105	否	汉语教师
G	2020.3.20	Q2多文化家庭成员	495	否	侨民会会长
H	2020.3.20	Q2多文化家庭成员	454	否	侨民会会长

韩国大邱项目组志愿者“下沉”网络社交群组后，通过观察服务对象的生活、工作、休闲和互动情况，发现部分组员的相似问题或共同需要之后，依据疫情感知的不同信息，分类营造专业型和生活型小组氛围，采取心理治疗和行为指导两种方式，从细小而可行的个体成员改善开始，通过打造公助-互助-自助的网络空间，重建在韩华人的心理安全感。在每个小组活动结束之后，由服务群组内专业观察员采用观察法和问询法评估参加者的满意程度（见表4）。即通过观察小组组员在活动中的投入度来了解活动设计和开展过程的合适性，根据服务对象在对话记录里留下的文字、表情和语音等形式提供的反馈，评定服务对象内心“轻松或平静”或者“消极或沉默”的状态，综合评定小组干预效果。

表4　韩国大邱项目组小组干预的赋值设定

目标达成度	测量维度	判断说明	赋值
小组干预效果	心理安全感	服务对象表示“感到内心轻松或平静”	1
		服务对象表示“态度消极或表现沉默”	0

① 金英爱，喻传洋，王新家，郑兰姬，方桂梅，殷浩杰．“国际社区（韩国大邱）抗疫社会工作-志愿行动”服务对象统计表，2020-05-31.

3. 韩国大邱社区抗疫福利服务目标达成度的评估方法

本案例采用问卷调查法对项目服务目标达成度进行整体评估，将服务对象在疫后的个体疫情适应（包括个人心理适应和社会心理重建）水平和志愿服务满意度变量作为福利输送系统成效的总体衡量标准（见表5）。韩国大邱项目组在本次志愿服务结束前向服务对象发放调查问卷，运用社会统计软件（SPSS19.0）对回收的数据进行分析。问卷采用自陈式、五级评定方法，得分越低表示越不赞同，得分越高表示越赞同。经过检验，各变量的信度系数均为0.60以上，表明问卷的可靠性和稳定性较好。

表5　韩国大邱社区抗疫福利服务目标达成度的调查指标

考察变量	分项/分值	完全不符合	比较不符合	一般	比较符合	完全符合
个人心理适应	本次疫情让我的意志变得更加坚定	1	2	3	4	5
	我相信下一步确定的目标多数能够实现	1	2	3	4	5
	我开始清楚自己一生所做的事情有意义	1	2	3	4	5
	即使遇到不愉快的事，我也能振作精神	1	2	3	4	5
	我比较满意自己现在应对危机的能力	1	2	3	4	5
社会心理重建	开展对华人志愿活动让我有了安全感	1	2	3	4	5
	感觉社会为人们战胜疫情提供很多帮助	1	2	3	4	5
	我支持中韩为应对疫情采取的联控措施	1	2	3	4	5
	我对韩国早日战胜疫情充满信心	1	2	3	4	5

（二）服务效果评估结果

1. 个案管理成效分析结果

韩国大邱项目组开展的33例（其中心理类14例、医护类10例、信息类9例）个案服务过程中，有18例个案处于疫情应急反应非适应期，15例处在适应期，通过社会工作、心理咨询、医疗护理和在地对接者之间相互配合，联合开展情绪支持、资源链接、防疫咨询以及心理健康教育与辅导等专业介入，当服务对象求助时有一半以上（17例）的群组内成员之间有相互回应。

根据个案评估结果（见表6），除7例个案的服务对象在当次服务结束时默认或者没有直接的效果反馈外，26例（78.8%）个案的服务对象明显对志愿服务持有有效、肯定的评价。

表6　韩国大邱项目组33例个案服务过程及管理成效评估表①

应激反应时程	个案数	有无关怀互助	社工介入	心理介入	医护介入	在地对接介入	个案管理成效评估
非适应期	2	无回应	是	否	否	是	“有效”反馈
非适应期	5	无回应	是	是	否	否	“有效”反馈
适应期	1	无回应	是	否	是	否	“有效”反馈
适应期	2	有回应	是	否	是	否	“有效”反馈
适应期	1	有回应	是	是	是	是	“有效”反馈
适应期	1	无回应	是	是	否	否	“有效”反馈
适应期	1	有回应	是	是	否	否	“有效”反馈
适应期	1	有回应	是	是	是	否	“有效”反馈
非适应期	1	有回应	是	是	否	否	“有效”反馈
非适应期	1	有回应	否	是	是	否	当次无反馈
适应期	2	有回应	是	否	是	否	当次无反馈
适应期	1	有回应	是	否	否	是	“有效”反馈
非适应期	2	有回应	是	否	否	是	“有效”反馈
适应期	1	有回应	是	否	否	否	当次无反馈
非适应期	1	无回应	是	否	否	否	“有效”反馈
非适应期	1	有回应	是	否	是	是	“有效”反馈
非适应期	1	有回应	是	否	否	是	当次无反馈
适应期	2	无回应	否	否	是	否	“有效”反馈
适应期	2	无回应	否	否	是	否	当次无反馈
非适应期	2	有回应	否	否	是	否	“有效”反馈
非适应期	1	无回应	是	否	是	否	“有效”反馈
非适应期	1	无回应	否	否	是	否	“有效”反馈

① 金英爱，刘姝伶，周芷晴，杨伟迪．“国际社区（韩国大邱）抗疫社会工作-志愿行动”个案管理效果分析结果，2020-05-31.

2. 小组活动评估结果

韩国大邱项目组在8个群组开展专业小组服务过程中，依据疫情感知的不同信息，发现有3个工作组成员明显遇到了防疫物资匮乏的现实逆境，5个工作组服务对象的压力多来源于疫情条件下的焦虑情绪，通过分类营造专业型和生活型支持氛围，采取心理治疗和行为指导两种方式，其中5个小组的心理安全感呈现“轻松平静”，3个工作群的小组氛围维持原有状态，没有发生太多变化，一半以上（62.5%）的小组氛围整体表现积极（见表7）。

表7　韩国大邱项目组8个群组的小组服务过程及成效评估表①

组别	成员数	是否隔离	逆境感知	支持条件	干预方式	氛围营造	心理安全感评估
A	500	否	物质逆境	自主型	行为指导	生活型	表现沉默
B	431	否	精神逆境	自主型	心理治疗	行为指导	轻松平静
C	295	否	精神逆境	自主型	行为指导	生活型	表现沉默
D	30	是	精神逆境	互助型	心理治疗	行为指导	表现沉默
E	50	否	精神逆境	互助型	心理治疗	行为指导	轻松平静
F	105	否	精神逆境	自主型	心理治疗	生活型	轻松平静
G	495	否	物质逆境	自主型	行为指导	行为指导	轻松平静
H	454	否	物质逆境	互助型	心理治疗	生活型	轻松平静

3. 韩国大邱社区抗疫福利服务目标达成度分析结果

韩国大邱项目组对8个服务群组内232名在韩华人进行的线上随机抽样问卷调查结果（见表8）显示，服务对象的总体满意度为3.92（SD=0.88），个人心理适应和社会心理重建水平分别为3.45（SD=0.88）和3.99（SD=0.91），超出平均值3.00。可见，通过接受本次抗疫志愿服务，服务对象“变得意志更加坚定”，“有能力应对和处理危机”“相信今后确

① 金英爱，刘姝伶，周芷晴，杨伟迪，迟梦霞．“国际社区（韩国大邱）抗疫社会工作-志愿行动”小组活动效果分析结果，2020-05-31.

定的生活目标多数能够实现"，志愿服务增强了服务对象在疫后的个人心理适应能力，感受到"社会为人们战胜疫情提供了越来越多的解决之路""支持中韩为共同应对疫情采取的联控措施""让自己有了安全感""对韩国早日战胜疫情充满信心"，服务对象的社会心理重建能力明显提升。

在韩对接志愿者与服务对象的线下深度访谈中，得知国际抗疫志愿服务效果已惠及服务对象实际生活之中，通过跨国界连锁效应，影响到服务对象远在中国的每个家庭。这种跨国界超链接式的国际抗疫服务模式通过移民者间的社会联络网，将服务的影响范围扩展至潜在对象，实现并超出了项目启动之初预期的 N 级效果。

表 8　韩国大邱社区抗疫福利服务目标达成度评价分析结果①

考察目标	分项	均值/标准差
志愿服务满意度	对韩国大邱项目组志愿服务的整体评价	3. 92/0. 88
个人心理适应总平均/标准差=3. 45/0. 88	本次疫情让我的意志变得更加坚定	3. 45/0. 85
	我相信下一步确定的目标多数能够实现	3. 46/0. 82
	我开始清楚自己一生所做的事情有意义	3. 47/1. 07
	即使遇到不愉快的事，我也能振作精神	3. 49/1. 07
	我比较满意自己现在应对危机的能力	3. 39/0. 91
社会心理重建总平均/标准差=3. 99/0. 91	开展对华人志愿活动让我有了安全感	3. 91/0. 94
	感觉社会为人们战胜疫情提供很多帮助	3. 88/0. 89
	我支持中韩为应对疫情采取的联控措施	4. 12/0. 93
	我对韩国早日战胜疫情充满信心	4. 06/1. 02

综合以上的小组干预、个案管理成效、个体疫情适应水平和志愿服务总体评价分析结果，可以研判韩国大邱项目组成立之初的"协助在韩华人脱离由疫情带来的危机""缓解在韩华人因疫情导致的负面情绪""在韩华人链接资源并建立支持网络"等预期目标均基本实现。

① 金英爱，喻传洋，胡述耀，李瑞蕊，史冬梅．"国际社区（韩国大邱）抗疫社会工作-志愿行动"社区服务效果分析结果，2020-05-31.

六、项目反思：服务可持续性和社会工作重构

本案例是在突发重大公共卫生事件背景下进行的一次线上线下、跨越国界的国际社区志愿行动，无论是这一实践行动自身的价值，还是对介入对象及参与服务的志愿者个人来说都具有重大意义。这一志愿服务行动的尝试，将中国社会工作的本土化发展与国际社会相连接，在一定程度上拓展了中国社会工作服务的输送范围，可以说是民间外交的“软实力”体现。

首先，中国社会工作教育协会和中国社会学会社会福利研究专委会高度的国际社会责任感、顶层设计和精心指导及其相关专家高水平的专业支持是本项目可以继续得以发展的重要智囊团，在跨国福利输送的资源整合、行动方向等方面都起到了重要决定作用。其次，韩国大邱项目组在极短的时间内组织起了一支高水平的跨专业、跨区域、跨文化的志愿团队，在工作期间不仅职责分工明确，还能精诚高效合作，并且建立了长效联络机制，为今后针对类似突发重大公共事件，做好了相关人力资源上的储备和保障。再次，作为中国社会工作志愿者对国际社区的专业支援及介入的行动项目，是一次较为成功的尝试，具有一定的代表性。特别是韩国大邱项目组在疫情危机的情况下，不仅持续提供三个月的在线支援，还及时链接和转运防疫物资资源，将口罩精准送达服务对象手中，在一定程度上改善了在韩华人心理上的负面情绪。最后，每位团队成员具备多语言、跨文化、高素养，极强的沟通力、感知力、行动力、科研能力和奉献精神是今后这一项目得以持续发展的重要动力，凭借以上团队优势，可以尝试介入中国国内的外国人社区、少数民族社区及其他海外华人社区。

韩国大邱项目组在实施过程中遇到的困难主要体现在以下方面：第一，本项目作为重大公共卫生危机事件背景下探索性的跨国实践项目，在人员筹备、需要评估、转介形式、介入方法及效果评价数据收集等环节的组织化过程中难免受到影响。第二，受国际社区福利服务研究的参考文献不足等条件所限，本案例的实施框架和指标设定依据不够充分，这些都有待于在今后作进一步的研究。第三，由于在疫情背景下，受到服务对象的

不安心理、隐私保护和参与程度等客观条件所限，导致案例的样本数和代表性较弱。基于以上局限性，本研究建议政府相关部门和学术界，应全力支持相关研究者和实务者开展进一步的挖掘和整理，以本次突发重大公共卫生危机事件下国际华人社区系列项目的实践经验和研究成果作为借鉴，为后续跨国界跨文化领域的抗疫社会工作发展提供重要的指导意见和专业规范，并逐步构建日常化、常态化、标准化的国际华人社区应急服务体系。

Fighting Against COVID-19 in International Community: A Study of Cross Cultural Intervention Model

JIN Yingai, PENG Huamin

Abstract: In the international community anti - epidemic action jointly launched by China Association of Social Work Education and China Committee of Social Welfare Research in March 2020, we organized our work team of Daegu project team of South Korea and carried out cross-border volunteer service intervention for more than 3600 ethnic Chinese in different time sequence of initial, middle and later stages. Our service action was based on the perspective of action research and according to the whole process governance theory and built "public aid - mutual aid - self-help" intervention mechanism, through the integration of organizational structure, function and system, classified and organically integrated volunteers from different regions, majors, categories and levels, and realized the optimal allocation of limited "human - material resources" and intangible "Online - offline services". It has accumulated valuable experience for the social work service of the international community.

Keywords: Integrated Social Work, International Community, COVID - 19, Action Research, Case Study

中国社会工作学刊　第三辑
第 91 ~ 105 页

社会工作应对新冠肺炎疫情的案例研究

——基于“五社联动”的社会工作服务案例

向德平　柳　芳　卢晓琴①

【摘要】“五社联动”是以社区为平台、社会工作者为支撑、社区社会组织为载体、社区志愿者为辅助、社区公益慈善资源为补充的新型社区治理和服务机制。本文介绍了“五社联动”的背景、内容及运作机制，通过“五社联动”社会工作服务案例的介绍，分析了“五社联动”模式的服务过程及特点。

关键词：社会工作　“五社联动”　案例研究

一、服务背景

2020 年初，一场突如其来的新冠肺炎疫情席卷荆楚大地，打乱了人们宁静祥和的生活节奏。武汉作为最早的疫情风暴中心，面对未知的病毒，在全国人民的帮助下，通过封城守家等措施，取得了疫情防控的阶段性胜利，进入常态化防控阶段。

但是，在抗疫胜利的背后，部分新冠肺炎病亡者家属、新冠肺炎康复患者家庭、受疫情影响的特殊困难家庭、一线社区工作者及医护人员家庭，他们的生活和心理陷入了危机之中，积累了较为严重的心理问题。这些问题不仅影响个体的身心健康，同时也影响地区的和谐稳定。他们亟须

①　向德平，华中科技大学教授，武汉市社会工作联合会会长；柳芳，武汉 ZY 社会工作服务中心社工；卢晓琴，社工督导。

社会伸出援手，需要专业力量的帮助。

2020年2月23日，习近平总书记在“统筹推进新冠肺炎疫情防控和经济社会发展”工作部署会议上明确提出，要“发挥社会工作专业优势”。2020年3月10日，习近平总书记在湖北武汉考察新冠肺炎疫情防控工作时，指出“要加强心理疏导和心理干预”。国务院应对新冠肺炎疫情联防联控机制印发了《新冠肺炎疫情心理疏导工作方案》，对新冠肺炎疫情心理疏导工作提出了明确的要求。

在民政部支持下，湖北省暨武汉市在“三社联动”基础上，充分发挥志愿者和公益慈善资源的作用，构建“五社联动”模式。“五社联动”是以社区为平台、社会工作者为支撑、社区社会组织为载体、社区志愿者为辅助、社区公益慈善资源为补充的新型社区治理和服务机制。“五社联动”以党建为统领，以居民需求为导向，以政府购买服务为牵引，以社会工作为驱动，赋能社区社会组织和社区居民，发掘和利用社区在地及社会资源，“五社联动”是创新基层社会治理、激发社会活力的内在要求，是完善社区服务体系、回应居民服务需求的重要途径，是完善共建共治共享的社会治理制度的重要方法。

“阿里公益·五社一心·爱满江城”武汉市心理疏导社会工作服务项目是武汉市引入慈善组织资金支持，对重点人群开展心理疏导社会工作服务的具体举措，希望通过社会工作的专业介入，帮助受疫情影响的人群缓解心理问题，让受疫情影响的个体更好融入生活的社区及社会，有利于化解社会矛盾和问题，创造良好的社会环境。

二、五社联动的运作机制及内容

为统筹发挥社会力量在社区治理中的协同作用，促进社区、社会工作者、社区社会组织、社区志愿者、社区公益慈善资源联动、融合发展，武汉市社会工作联合会委托湖北省标准化研究院制定了“五社联动社会工作服务指南”，界定了五社联动的内涵，明确了五社联动的工作原则，探讨了五社联动的工作机制和内容。

（一）五社联动的含义

五社是指社区、社会工作者、社区志愿者、社区社会组织、社区公益慈善资源。联动是指在共同需求的基础上互相联系、相互帮助，为促进社区发展而行动。“五社联动”社会工作是指以社区为平台、社会工作者为支撑、社会组织为载体、社区志愿者为辅助、社区公益慈善资源为补充，以满足社区居民需求为导向，通过社工提供专业化、针对性服务，把矛盾化解在社区、把多元服务供给实现在社区。

（二）五社联动的原则

（1）服务对象主体原则。尊重社区居民的主体地位，以社区居民的利益和需求为导向，有针对性地提出困难解决方法。

（2）过程目标统一原则。强调服务过程与目标一致，引导“五社联动”机制的良性运行而非单一目标的实现。

（3）联动原则。链接社区主体、社区志愿者、社区社会组织，集中社区公益慈善资源，打破单位、系统的界限，整合推进人力、财力、物力，以最少的资源达成最大目标。

（4）可持续原则。推进“五社联动”机制可持续化，在社区治理过程中穿针引线，对社区项目的运营总结经验，以达到持续进步。

（三）五社联动的机制

依托街道社会工作服务中心和社区社会工作服务站，以社区为阵地，组建包括社区工作者、社会工作者、志愿者在内的服务团队，采取“五社联动”服务方式，发挥社区工作者服务协调作用、社会工作专业人才支撑作用、社区志愿者辅助作用、社区社会组织载体作用、社区公益慈善资源补充作用，着重为目标人群提供心理疏导与社会工作服务。

结合各社区实际状况和服务对象及其家庭的特点，采取线上和线下相结合的方式，准确评估服务对象的需求，制定和实施个性化的服务策略，并及时接受督导，整合和协调多种资源，满足服务对象的特定、复杂性需求。

（1）明确五社职责权限。社区应营造服务社区居民的氛围，开展针对性的服务活动，并做好宣传和动员工作。社区社会组织作为服务提供方，应深入了解社区，精准定位服务需求，提供专业有效的服务。社会工作者、社区志愿者应为平台搭建提供智力支持，为社会组织提供专业指导。社区公益慈善资源来源于向居民、企业等的募捐，用于资助社区服务项目，提升社区服务的能力建设。

（2）搭建五社联动平台。应建立“五社联动”信息平台，同步录入社会组织、服务机构、志愿服务组织的信息，提供在线便民服务。根据社区居民需求，在信息平台上发布服务项目，促进社会工作服务精准化、多样化、制度化。

（3）促进五社服务协同。五个主体应统一思想。共同做好顶层设计，推进行业标准化和体系化建设。五个主体应相互促进，明确各主体实际需求，相互驱使，共同行动。五个主体应整合资源，充分链接政府、企业、社会力量等多渠道资源，倡导公益理念，促进多方参与，进一步扩充联动主体，增强服务力量。

（4）突出社工引领作用。社会工作者应帮助社区工作者提能增效。社会工作者应参与培育社区社会组织。社会工作者应与社区志愿者联动服务，组织社区志愿者开展志愿活动。社会工作者应链接整合社区公益慈善资源。

（5）强化基层党建引领。充分发挥党建在基层治理中的引领作用，应把基层党组织贯穿于社区治理和服务创新的全过程。可积极组织党员干部走进社区、走进群众、组织群众，促进形成基层党组织与社会组织价值同向、目标同向，工作联议、项目联作、党员联管及场地、资金、人才相互支持的格局。

三、基于五社联动的社工服务过程

武汉市 ZY 社会工作服务中心承担“阿里公益·五社一心·爱满江城”武汉市心理疏导社会工作服务项目，承接了 T 社区的专业服务，L 女士是该项目的服务对象。ZY 社会工作服务中心按照“五社联动”模式，为 L 女士提供心理疏导与社会工作专业服务。

（一）接案预估

L 女士，70 岁，失独、丧偶，甲状腺癌患者，某医院药剂师岗位退休，独自抚养外孙女。

在社会工作者接案前，L女士基本每个月都向社区反映缺乏经济来源以及人际关系等方面的问题。此前社区居委会多方协调，已经通过政策解决了一部分经济问题，为L女士申请了780元/月的失独补贴，并且在春节、元宵、端午、中秋等重要传统节日上门探访慰问。

但L女士仍然继续到社区哭诉吵闹，只要关于家庭或周围环境以及人际关系发生了变化，事情最终的解决结果与L女士期望的不同，她就到社区哭闹，并经常将“我就死在社区”挂在嘴边。社区考虑到L女士的状况，将其转介给社会工作者，社会工作者随后紧急介入建立服务关系。

1. 家庭基本情况

L女士与丈夫育有一女，女儿结婚后也育有一女Q。10年前，L女士的丈夫因患病离世，女儿5年前也离世了。女婿K在武汉无房，月收入3000~4000元，经常出差。女儿离世后，L女士认为女婿K工资低、出差频繁且在外租房居住、生活条件差等，无法对外孙女提供较好的抚养照料，于是将外孙女Q（现为初二学生）接到身边亲自抚育。L女士前几年确诊甲状腺癌，通过吃药，目前病情控制良好。L女士是医院退休职工，每月退休工资5000元左右。L女士和外孙女Q的生活来源、L的就医花费以及Q的课外辅导全靠L女士的退休工资支持。女婿K只能偶尔探访照看，无法提供经济支持。

L女士平时对自己的身后事非常忧虑，比较害怕自己突然死亡，身后事无人料理，因此希望通过对自己侄子M的援助，换得M对自己身后事的料理。M有过两次婚姻，育有一子，但早年生意失败，欠有外债，L对M的援助方式是经济援助，每月帮助M还一部分欠债。因此L的经济压力也比较大，希望找一份工作贴补家用。

2. 问题分析与诊断

（1）问题。

生理方面：L患有甲状腺癌，该类癌症通过治疗，后期不易复发，目前L病情控制良好。但是L已经70岁，身体机能日渐下降，全力操持自己和Q的生活，还是感到较为疲劳，尤其是对一些生活中的琐事感到力不从心；同时L还有睡眠障碍，经常失眠、整夜睡不着觉。

心理方面：L经历了丈夫、女儿相继去世的双重打击，在心里留下巨大的创伤，始终无法走出失去亲人的痛苦阴影，感到非常孤独，产生了抑郁、焦虑情绪。

L经常产生自己突然离世的担忧，对死亡非常恐惧。一是恐惧自己突然离世，后事无人料理；二是恐惧离世后，女婿K无法照料Q。

Q正处在青春期，加上非正常的家庭结构影响，Q有一些叛逆。L对此感到伤心和失望。

家庭关系方面：在目前的家庭结构中，女婿K偶尔上门照料。但L认为K收入不高，对K的未来发展不看好。在女儿去世后，L认为K是外姓人，不能将自己的身后事托付给K。疫情期间，K失业了，因此三口人的衣食住行全靠L的退休金，L在疫情期间产生了对未来生活的巨大焦虑感，更是认为未来自己的养老和Q的抚养不能指望K。

外孙女Q正处于青春期，出现了一些叛逆的现象。L与Q在日常生活中也存在隔代抚养、沟通不畅等问题，经常对Q的叛逆举动感到伤心，但是无处下手去解决。

侄子M，是L认可的可以托付后事的亲人。但是M身负债务，L对其提供经济资助。

社会交往方面：L与除K和M之外的亲戚来往较少。

L在疫情发生前有一好朋友H，H与L有相同的经历，因此两人产生了惺惺相惜、相互扶持的心理，H是L日常生活的主要来往人员和情绪宣泄、倾诉对象。但是疫情过后，H到社区反映，H认为L的退休工资很高，一些社区补助不应该给L发放。与此同时，L正在向社区申请是否有公益岗位提供给L，能够让L补贴家用。社区考虑到L的年龄、身体情况、退休金、失独补助以及其他政策帮扶情况，拒绝了L的要求。L认为是H在社区说的那番话导致社区拒绝自己公益岗位的申请，因此，L和H的关系破裂，并产生对H的强烈怨恨情感。L的社会交往活动在此之后逐渐减少，几乎为零，生活相对封闭。

（2）优势资源。

个人方面：L女士高职文化水平，退休前曾就职于武汉某顶级医院，担任药剂师岗位。因此L女士对自己的健康状况比较了解，在自己的疾病治疗方面能够有很好的自我觉察和督促作用。

家庭方面：虽然L女士对女婿K没有太多期待，但是女婿K主观意愿上是愿意承担Q的照料责任的。

社会方面：社区居委会非常关心和关注L的情况，会定期上门探访L，并帮助L争取一些除了失独家庭补助之外的救济。2020年暑假期间，社区为L申请了一张价值300元的购书券。

3. 需求分析

（1）保持身体健康和改善睡眠的需求。各种负面情绪严重影响了L的睡眠，需要帮助舒缓情绪，提高睡眠质量；同时由于L是癌症患者，需要定期到医院体检，保持身体健康。

（2）日常生活照料的需求。L居住的环境为楼梯房，日常生活会出现搬运重物、修理家电的需求，需要及时帮助和照料；同时受疫情以及长期的封控政策影响，L害怕各种意外的出现，特别关注自己的身体状况，生病时需要有人帮助送医。

（3）家庭内部健康沟通的需求。Q正处于青春期，存在隔代抚养的沟通问题；女婿K不善言辞、沉默寡言，L与K之间一直没有就L的身后事如何处理以及L去世后，Q如何抚养进行深度沟通交流。

（4）生命规划的需求。L一直对自己突然去世这件事非常焦虑，担心Q年纪幼小，无法处理自己的离世。因此L有完成生命规划、妥善处理身后事的需求。

（5）心理疏导的需求。L虽然与Q生活在一起，但生活上遇到的困难，丧夫、失独的苦闷、哀伤无法对Q诉说，再加上在疫情期间产生的恐惧、抑郁等负面情绪以及对经济状况的焦虑堆积在一起，有情绪宣泄和心理疏导的需求。

（6）社会支持网络的需要。L的社交半径狭窄，无法从朋辈群体处获得支持，无法及时接收社会相关信息，她有扩大社会交往、重新构建社会支持网络的需求。

（二）服务计划

1. 理论支持

心理社会治疗模式是个案社会工作传统的治疗方法之一。心理社会治疗模式的基本假设包括5个方面。一是人在情境中。人不能被看作一个完全独立存在的个体，研究一个人，一定要同时了解其所处的环境。二是个人成长经历对当前状况的影响；个人过去所经历的事情、观念，所学习得到的技巧、知识和态度都会有意无意地影响着个人当前的一切。三是个人与其环境的互动；了解服务对象的沟通能力和技术有助于理解服务对象的问题以及作出正确的诊断。四是每个人都被视为有价值和有待发展潜质的个体；心理社会治疗模式的宗旨是协助个人达到健康的发展和充分运用个人的潜力。五是人类的行为不仅可以被了解，而且也可以用预测的方法来加以影响和改变，从而产生系统性的影响。

服务对象L女士现阶段产生的问题都与她的个人经历有关。她个人早期的成长环境、生活经历都影响着她目前的行事准则。社会工作者介入后，发现L女士有很强的大家长式的负责观念，希望自己能够有能力处理好一切事情，对自己的能力也很自信。这从她接外孙女Q亲自抚养，并未要求女婿K支付抚养费以及帮助侄子M就可以看出来。但是随着年龄增加，个人能力退化，困境就出现了。再加上突如其来的新冠肺炎疫情影响，加剧了她内心的冲突，放大了负面情绪。社会工作者需要整合五社资源，运用专业工作方法为L女士提供服务。

2. 服务目标

（1）总目标。帮助服务对象抚慰创伤，缓解困境，提升能力，构建新的社会支持网络，以积极的态度展开生活。

（2）具体目标：

一是提供心理辅导。通过链接心理服务人员，缓解服务对象抑郁、焦虑、恐惧等负面情绪，建立对自我的正确认知。

二是链接社会资源。社工与社区、社区组织、志愿者建立更紧密的联系，对接社区资源，为服务对象提供经济援助、心理辅导、政策咨询等服务。

三是赋权。社工邀请L参与社区活动，同时也积极鼓励L参与社区组织和志愿服务活动，重构新的关系网络和支持网络。

四是进行生命规划，协助L寻找妥当处理身后事的方式，提高她对生活的掌控感。

（三）介入策略

在本案例中，社会工作者运用的是心理社会治疗模式，既有对L女士的直接治疗，也有通过周围环境来介入的间接治疗。直接治疗是指运用非反映沟通动力技术（支持、直接影响和探索—描述—宣泄）和反映沟通动力技术（人在情境中反映讨论、心理模式动力反映、人格发展反映）来帮助社会工作者与服务对象建立关系，同时顺利探讨案主的处境和心态。间接治疗也叫环境技术。这种方法不是直接通过与案主会谈进行治疗，而是通过作用于案主的生活环境而达到治疗案主的目的。案主的环境中最重要的就是与他的生活发生关系的形形色色的人，其中包括重要他人与并行者。整个服务过程，社会工作者一直遵循个别化、接纳、案主自决、非评判、真诚、保密的原则。

（四）服务实施

1. 第一阶段：开始接触

初次会谈。在L又一次找社区哭诉后，社会工作者主动向L介绍了自己的身份，表示愿意倾听L遇到的麻烦。在这次会谈中，社会工作者以倾听为主，通过充分披露同理心、澄清等专业技巧，引导L谈话。L谈到了自己的病情，家庭的变故，与H的矛盾，同时表达了对自己可能突然离世的担忧，并着重描述了家庭经济方面的困难。

建立关系。在初次会谈中，社会工作者所表现出来的态度让L觉得很安全和温暖。初次会谈后，社工通过电话以及邀请L到社区来，在接触中逐步取得了L的信任，并建立了专业关系。值得注意的是，在其中一次会谈中，L说到动情处，社会工作者也流泪了。这次会谈让L觉得社会工作者能理解她，是顺利建立专业关系的关键。

签订服务协议。经过几次接触，社会工作者向L介绍了专业服务的方法、性质（公益性），明确了案主、社会工作者各自的权利义务，尤其申明了社会工作者伦理守则中的保密条款，与L签订了服务协议。

2. 第二阶段：心理社会分析

收集资料。社会工作者和心理援助人员在这一过程中对L女士进行了心理疏导。L年轻的时候属于事业和生活条件都非常优秀的人，L本身也对自己的家庭和事业感到骄傲。因为年轻时的经历，L对自己的能力充满自信。女儿去世后，认为自己应该承担养育外孙女的责任。但随着疾病缠身和年龄增加所导致的身体机能退化，L发现自己的能力达不到自己的期望，内心产生了强烈冲突。失独、丧偶的痛楚一直无人倾诉，得不到宣泄释放。同时女婿K的能力一直没有得到L认可，以及传统思维影响，L认为不能把身后事托付给K，进而由此产生了自己死亡后可能没有人管的强烈的焦虑和恐惧。疫情的突然出现，对这个非正常结构家庭带来经济冲击，加剧了L对经济的担忧。H与L关系出现问题，唯一的社会活动关系破裂，开始产生对“塑料姐妹”的愤恨情绪。K的不善言谈，Q的偶尔叛逆更是时不时刺激着L的神经。

在进一步与L的接触过程中，社会工作者尝试谈论关于L的退休金和失独补助是否能够覆盖L与Q的日常生活这个问题，L非常肯定地表达能够覆盖生活，但是对未来Q高中的培优、大学的学费和生活费十分忧虑。在谈到社区拒绝L做公益岗位（社区支付一定的收益，但目前并没有该岗位）这件事时，L则完全忽略了自己高龄、体力不支以及患癌的事实，认为全部是H在社区说她坏话的错。

协助案主进行自我发现。在一次谈话中，社会工作者主动提到了L向社区申请公益岗位的事情，向L说明了当时社区拒绝L的原因，进一步澄清社区公开公正的立场，并不是因为H说的“坏话”而拒绝L，而是社区充分考虑了L自身的身体因素。同时社区考虑到L的期望，一直在链接其他的资源，优先帮扶L。在谈话过程中，社会工作者一直在仔细地观察L的反应，确认L已经认识到了“社区拒绝L做志愿者公益岗位”的真正原因，但L出于维护自尊的立场，没有在社会工作者面前明确表达和承认。L在与社会工作者的接触过程中，反复提到了对经济情况的担忧。社工向其了解了退休金额度（5000元/月），加上社区每月发放的760元失独补贴，已经能够让L和Q过上衣食无忧的生活；而且除了需要接济M，并无其他开支。社会工作者向L询问，是否K真的没有余钱支付Q的学习开支，还是L认为K自己不够花而不愿意主动向K要求其支付Q的开支。L脱口而出，K的工资很低的，自己估计都不够。面谈后，社会工作者告诉服务对象，K在法律上是Q的监护人，他有责任和义务照料Q，并且妥善处理Q的培优开支，以及后续升学带来的生活费等；从目前来看，K身体完全健康，他完全有能力负担起这个责任，而且K也是愿意承担这个责任的。社会工作者让L不要给自己太大的压力，一代人有一代人自己的责任和义务，长辈有能力的时候可以帮忙，但是不要把自己的角色错位，让自己承受过多的压力。

3. 第三阶段：问题诊断

根据霍利斯（Hollis）的观点，诊断是指整理、归纳、分析在研究中所收集的资料以便对问题的性质作出一些评估和推理的过程。她强调诊断并非只是给案主一个标签，而应该是一个科学化的过程。在这个案例中，社会工作者运用的诊断方式是分类式诊断。社会工作者尝试将L个人方面的功能按照生理状况、情绪状态和社会功能进行了分类，同时由于L处于非正常结构的家庭中，因此，社会工作者将家庭中的问题单独拎出来作了分类。具体诊断结论详见上述的问题分析。

4. 第四阶段：专业治疗

心理社会模式下的治疗是指结合案主成长过程中的生理、心理、社会等各方面的因素及相互之间的互动作用，运用专业技术和方法，促进案主问题的解决和个人的全面成长和发展。

（1）释放情绪、舒缓身心。社会工作者在前4次的面谈过程中一直鼓励L大胆表达当下的感受、诉说自己的困扰。在此过程中，社工一边安慰L，一边分享自己的一些痛苦经历以及最终是如何走出来的。社会工作者通过适当的自我披露，和L共情，引导L释放自己的情绪，寻找转移、排解不良情绪的方法。与此同时，在机构的支持下，社会工作者向L推荐了公益心理咨询师，进行了1次一对一辅导，情绪得到充分宣泄。

（2）保持身体健康和改善睡眠。社会工作者通过链接资源的方式，邀请 L 参与社区的诸如医疗保健讲座、体检活动，定期掌握自己的身体状况。同时社会工作者也向其介绍一些解决失眠的方式，比如适当增加日常锻炼活动，通过音乐舒缓情绪、创造轻柔的入睡环境，或者采取理疗的方式等。

（3）参加集体活动。根据 L 的情况，社工邀请 L 参与了疫后康复课程，听取了医生讲解新冠肺炎康复后的健康知识；动员 L 参加"线上心理社会支持群"，每天可以看到社工以及其他居民准备的运动健康、旅游、美食等方面的小知识分享。

社工邀请服务机构园艺治疗师举办园艺治疗课程。园艺治疗师向 L 介绍园艺治疗的方法，解释线上上课的方式，L 跟随园艺治疗师参与了 6 期课程。参加园艺治疗课程，L 反馈植物让家里的空气更加清新，自己也感觉呼吸方面更加舒服，还发现自己有很多以前不知道的能力，也在课程中与其他的参与者建立了友谊。

（4）建立关系网络。社工与社区、志愿者联系，帮助 L 建立朋辈关系，回归社区群体，规划新的生活。社工与社区舞蹈队取得了联系，介绍了 L 加入社区舞蹈队，参加社区舞蹈队的活动。得知社区"星光志愿者"团队的成立，社工鼓励 L 主动报名参加，为社区居民提供防护及药品方面的知识。在活动过程中，L 结交了朋友，一起参与社区爱心慰问等活动。

（5）重构支持网络。社会工作者充分整合社区、社会工作者、志愿者、社会组织和慈善团体的力量，帮助 L 重构支持网络。

首先是社工与社区网格员、社区组织以及志愿者对接，约定一起定期上门探访 L，及时了解 L 的身体心理状况。

其次，社会工作者通过链接慈善公益力量，为 L 送去一些生活必需品；社区书记也叮嘱网格员多照料和关注 L，帮助 L 争取政策扶持。这类举动，让 L 感受到她是被很多人关心的，大大增加了她的安全感。

最后，社会工作者引导社区社会组织定期举行关于家庭教育、亲子沟通、手工制作等方面的活动/小组，并邀请 L 携带 Q 参加。在参与活动的过程中，L可以结识新朋友，扩大社交圈，建构其新的朋辈关系，建立社会支持网络；同时也帮助L发展兴趣爱好，让L在感到孤单的时候可以排遣。社会工作者引导L发展的兴趣爱好有园艺种植和手工衍纸。每次活动开展，L都兴致勃勃，精神面貌有较大转变。在活动中还可以更好地觉察自我，比如亲子类活动，家庭教育类活动，能够帮助L觉察Q的成长特点，改善亲子沟通方式。

（6）做好生命规划。在整个服务过程中，社会工作者一直在引导L思考“身后事”。L担心自己死亡以及安葬的处理，还有Q的照顾问题。社会工作者和L一起讨论：Q的照顾完全没有问题，再有4年，Q就成年了，已经具备了照顾自己的能力，同时L留下的房子能够解决Q住的问题。Q成年后主要的问题是经济问题，K是愿意为Q提供经济方面的支持的，L不用过多担心。至于对死亡的处理，则可以具体到疾病的治疗、钱财的处理、墓地的购买等具体事务。这些都可以提前规划好。社会工作者建议L细化具体的事务，提前与K和M做好沟通。通过讨论，L的担心减轻了很多，认为自己是有Q、K和M可以依靠的。

（五）总结评估

在结案时，机构和督导从个人、家庭、社会关系发展三方面入手，对L的服务效果进行评估。

个人方面，通过各个主体的共同努力，L的焦虑、抑郁、悲伤、愤怒等负面情绪得到释放，睡眠有了改善，并发展了新的兴趣爱好，对生活有了较为明确的规划，态度变得乐观、积极。通过参与社区志愿组织，为社区居民提供服务，个人的价值感、效能感明显提高。

家庭方面，与外孙女的关系更加亲密，与女婿、侄子的关系显著改善。

社会关系发展方面。L加入了园艺治疗小组、舞蹈队，认识了新朋友，增强了自信心，也不再找社区“麻烦”。

从上述成效可见，基本达成了服务目标，取得了较好的服务效果。

四、专业反思

（一）社会工作的角色担当

社会工作者担任使能者、倡导者、中介者角色。在社会工作者与服务对象交往时，充分做到尊重、倾听服务对象，认真研究服务对象的问题，设身处地地了解服务对象的处境、情绪、感受，采用心理社会治疗模式及多种专业方法与技巧，尽最大能力帮助服务对象解决问题，调动案主的内驱动力和潜力，帮助服务对象增强自信、链接资源、提高能力，最终实现助人自助的目标。同时，社会工作者发挥倡导者、中介者角色，充分调动社区组织、居民骨干、志愿者社会慈善资源，发挥各治理主体的作用。

（二）基层治理的专业介入

要将社会工作嵌入社区治理和社区服务之中，突出专业介入，不断提升社区治理和服务的专业化水平。在本案例中，社工充分发挥了尊重、理解、支持、同理心的原则，通过个案访谈、小组讨论、心理课程、志愿活动、社会支持等多样化形式的介入，让案主感受自己是受尊重的、受关注的，引导案主选择积极的方式来应对问题。

（三）五社联动的机制建设

在基层社会治理和社区服务中，要坚持五社联动，优势互补、协同共治。充分发挥社区广纳各方、包容共享的平台优势，发挥社会工作者以人为本、助人自助的专业优势，发挥社区社会组织立足公益、机制灵活的载体优势，发挥社区志愿者扎根基层、乐于奉献的群众性优势，发挥社区公益慈善资源凝聚爱心、引领向善的社会化优势，推动建立有效的社区协商机制，完善基层社会治理和社会服务网络。

The Case Study of Social Work Response to COVID-19
—— Based on the Social Work Service Case of "Five Society Linkage"

XIANG Deping, LIU Fang, LU Xiaoqin

Abstract: The " Five Society Linkage" is a new type of community governance and service mechanism with community as the platform, social workers as the support, community social organizations as the carrier, community volunteers as the assistance, and community charity resources as the supplement. This paper introduces the background, content and operation mechanism of " Five Society Linkage", and analyzes the service process and characteristics of " Five Society Linkage" through the introduction of social work service cases.

Keywords: Socialwork, Five Society Linkage, Case Study

中国社会工作学刊　第三辑
第 106~125 页

专业与治理：社会工作参与新冠肺炎疫情社区危机治理的过程研究

童　敏　刘　芳　许嘉祥*

【摘要】 在常态化新冠肺炎疫情防控下，社区危机治理已成为社区治理的重要一环，社会工作不仅需要回答如何参与多元主体共治的社区危机治理，而且需要解答如何在其中保持自身的专业性。通过对厦门市 H 社会工作机构的个案研究发现，社会工作参与新冠肺炎疫情社区防控经历了紧急管控、渐进有序、常态防控三个阶段，呈现出变式“社区危机治理”的实践逻辑，需要根据“时间-处境”的过程框架平衡行政的应急管理与专业的福祉保障双重实践，放弃专业给定的想法，把新冠肺炎疫情防控视为历史和社会的挑战，在参与社区危机治理过程中通过专业自觉的实践生产出社会工作的专业性，完善“三社联动”的社区危机治理机制。显然，社区治理中社会工作的专业性是社会工作者挖掘和调动社区多元主体的自主性和能动性的过程。

关键词：专业性　社区危机治理　三社联动　社会工作

一、问题提出

2020 年 2 月，在新冠肺炎疫情突发的严峻态势下，国家多次强调社区

* 童敏，男，厦门大学社会与人类学院社会工作系教授、博士生导师，邮箱 bula2ratu@126.com，主要研究领域：精神健康社会工作、健康照顾社会工作、社会工作理论；刘芳，女，厦门大学社会与人类学院在读博士，主要研究领域：健康社会工作；许嘉祥，男，厦门大学社会与人类学院在读博士，主要研究领域：基层治理、社会工作理论。

在疫情防控中的阻击作用，把它确定为联防联控的“第一线”①。这样一种推动防控资源和力量下沉社区、充分调动社会力量共同参与，把“联防联控”与“群防群控”相结合的策略，获得了社会的广泛肯定，被认为是基层社会治理的一种良好展现②。值得一提的是，社会工作作为基层社区治理的一支重要力量，在新冠肺炎疫情突发后很快就投入防控工作中③，并且在“开展心理辅导、情绪支持、保障支持等服务”中提供了有力补充④。不过，尽管社区作为社会治理体系的基本单元，强调多元主体参与治理，但是，由于缺乏完善的风险防控机制和应急治理体制，当社会工作作为“三社联动”一方参与社区新冠肺炎疫情防控时，却面临“体系之外”的尴尬处境，出现专业孤立和行动边缘化的情形⑤。在这样的处境下，有学者认为社会工作仍是以一种“嵌入”式的方式参与政府统筹、相对集中、自上而下的疫情防控体系，由此，社会工作陷入既要“服从政府统筹”又要“发挥专业能动性”的危机治理处境中，出现对专业身份的摇摆、专业空间的妥协以及实践路径的迷思等现象⑥。

国内有关危机处境中社会工作实务的研究最早是从个体和群体惯习变迁的视角开始的，认为突发事件解构了居民的惯习并把他们带入陌生场域

① 本刊编辑．习近平在北京市调研指导新型冠状病毒肺炎疫情防控工作时强调 以更坚定的信心更顽强的意志更果断的措施 坚决打赢疫情防控的人民战争总体战阻击战．人民日报，2020 年 2 月 11 日（第一版）．

② 本刊网络版．战“疫”中国策九字诀之“群”：群防群控 习近平为构筑“人民防线”指明方向．人民日报，http：//politics. people. com. cn/n1/2020/0415/c1001-31674579. html？form=re-ct，2020-4-15.

李强，卢尧选．疫情防控与我国基层社会治理创新．江苏社会科学，2020（04）：24-31+241-242.

③ 王勇．防控疫情，全国社工在行动．人民网，http：//society. people. com. cn/n1/2020/0204/c1008-31570785. html，2020-2-4.

④ 李迎生．发挥社会工作在疫情防控中的专业优势．光明日报，http：//news. gmw. cn/2020-03/06/content_ 33623466. htm，2020-3-6.

⑤ 徐选国．专业自觉与体系之外：社会工作介入新冠肺炎疫情初期防控的双重逻辑及其反思［J］．华东理工大学学报（社会科学版），2020（2）：10-20.

⑥ 王思斌．面对重大疫情社会工作要主动与政府的总体部署相协调［J］．中国民政，2020（6）：52-53.

柳静虹，沙小森，吕龙军．社会工作介入公共卫生体系再思考：基于新冠肺炎疫情社会工作响应过程的反思［J］．华东理工大学学报（社会科学版），2020（1）：45-56.

从而使他们面临风险，作为社会工作者应广泛动员社区群众恢复和重构社区的惯习①。其后，有学者从联合防控的角度出发，强调社会工作者应广泛加入与卫生部门、政府机构、营利机构和公众的合作，发挥“最佳绩效”的保障价值，建立多部门合作模式②，既要发挥扎根社区的优势开展人本服务，也要发挥组织优势跨社区开展社会支持③；有学者从多专业合作的角度对此进行补充，坚持认为社会工作者不应局限于志愿服务和心理辅导，还应在医治防控和救援等方面实现跨专业合作，处理好行政权威与专业自治之间的矛盾、专业技术和地方性知识的关系协调④。也有学者从公共卫生视角出发，注重采用流行病学的方法评估影响人们健康状况和社会功能的因素，强调社会工作者需要承担初级预防、积极社区生活方式培养、评估服务对象卫生需求以及倡导健康的社区环境和提升健康福祉的作用⑤；有学者提出分时序参与的观点，建议在服务初期采用评估逻辑进行适度干预，在服务中期运用整合逻辑开展综合服务，在服务后期则依据发展逻辑注重恢复重构⑥。有学者从应急管理视角来审视社会工作，把新冠肺炎疫情视为灾害的一种，强调介入的时序要求，包括参与灾中的紧急救援、过渡安置和灾后的恢复重建，主张社会工作发挥物资链接、加强心理社会支持、建立互助网络、化解社会矛盾等方面的专业优势⑦。此外，也有学者从风险防控的视角出发，相信社区作为一个系统具有应对风险的复原力，社会工作应借助系统视角创新风险应对的知识实践体系，从风险识

---

① 花菊香．突发公共卫生事件的应对策略探讨——多部门合作模式的社会工作介入研究［J］．学术论坛，2004（4）：162-166.

② 花菊香．突发公共卫生事件的社会工作介入时序研究［J］．社会科学辑刊，2005（1）：36-41.

③ 文军．疫情防控中的社会工作：可为与不可为［J］．社会工作，2020（1）：12-15.

④ 郭伟和．跨专业联合防控新冠病毒疫情：问题界定、专业权威和干预能力问题［J］．社会工作，2020（1）：60-69+109.

⑤ 刘芳，任敏，吴世友．公共卫生社会工作在应对重大突发公共卫生事件中的角色［J］．社会建设，2020（3）：3-14.

⑥ 方琦，范斌．突发公共卫生事件中社会工作的实践机制：结构性组织与阶段性服务［J］．华东理工大学学报（社会科学版），2020（1）：33-43.

⑦ 陈涛．灾害社会工作在疫情防控中的专业优势［J］．社会工作，2020（1）：19-22.

别、社会政策、社会心理建设入手建构韧性社会①。

总之，已有研究强调，社会工作的专业知识存在“一般”日常与“危机”处境的“情境鸿沟”，因而需要以危机的时间轴为线索、以空间改变为策略，关注居民的需求，从完善风险防控机制来建构社区风险预防、危机应对、生活重建的能力。这些研究对于建构社会工作在危机处境的参与路径有一定的参考价值。然而，在强调多元主体“共治共建共享”的社区危机治理格局中，特别是在目前常态化新冠肺炎疫情防控下社会工作到底可以发挥什么作用、如何在社区危机治理中保持自身的专业性，是一个非常值得探索的问题。这一问题的解答不仅有利于社会工作的专业身份的确立，而且让社会工作能够真正融入国家社会治理体系的创新实践中，拥有自身专业发展的现实的历史和社会基础。

二、研究设计

因为基于新冠肺炎疫情防控中社会工作者参与社区危机治理的动态实践过程来考察他们参与疫情防控的具体实践以及“三社联动”机制的运行情况，所以本研究采用个案研究法，选取了厦门市 H 社会工作机构作为研究单位。选取的原因有三：一是福建是最早清零本土新冠肺炎病例的省份，而厦门在全国重点疫情防控能力评估中位居榜首，在新冠肺炎疫情防控中的社区治理经验有一定的借鉴意义；二是厦门是最早通过购买服务推动社会工作嵌入社区治理的城市之一，H 社会工作机构较早地开始承接政府购买社区服务的项目，与诸多社区建立起了紧密的合作关系，积累了多年的“三社联动”实践经验；三是新冠肺炎疫情突发之后，该机构组织起包括行政人员、医护、社会工作者和助老员在内的员工在第一时间参与到防控工作中并获得合作社区的好评。因此，H 社会工作机构在实践与合作方面的经验具有借鉴意义。

本研究采用访谈法、文献法收集该机构的社会工作者在社区新冠肺炎

① 王思斌．社会韧性与经济韧性的关系及建构［J］．探索与争鸣，2016（3）：4-8+2. 邓锁．疫情危机中的社会韧性建构与社会工作定位［J］．社会工作，2020（2）：62-69+111.

疫情防控中体会到的政策要求、困难挑战、对策经验等。为了使社会工作者作为行动者的能动性更具借鉴意义，被邀请访谈的社会工作者需要具备两个条件。第一，具有社会工作专业专科以上学历，或者初级社工师以上的资格认证；第二，从1月底就开始线下参与社区防疫，并延续至5月末。根据这两个条件，从H社会工作机构筛选出6名社会工作者进行访谈，他们的基本信息如下：

表1　访谈人员情况表

编码	性别	职务	所在社区	社区服务项目	参加抗疫起始时间
SWa	女	主管	a（纯社区）	居家养老	2020年1月26日
SWb	男	主管	b（纯社区）	企业服务	2020年1月27日
SWc	女	主管	c（纯社区）	社区营造	2020年1月27日
SWd	女	一线员工	d（村改居）	社区营造	2020年1月27日
SWe	女	一线员工	e（纯社区）	居家养老	2020年1月27日
SWf	男	一线员工	f（村改居）	青少年服务	2020年1月26日

为了确保资料的丰富性和客观性，本研究还访谈了社会工作者所在d社区的工作人员，分别编码为Ma、Mb、Mc、Md、Me、Mf；此外，本研究还收集国务院及各部委、福建省和厦门市在响应新冠肺炎疫情防控过程中的各项政策法规，以及该市各大社区在防控新冠肺炎疫情期间的微信公众号推文（编码为L1、L2），以及H社会工作机构的微信公众号推文（编码为H1）。此外，需要说明的是，由于在有关社区新冠肺炎疫情防控的文件中“社区”不单指城市社区，同时还包含农村的村居①。因此，本研究继续沿用“社区防控”这一用语，当时它实际上考察的是基层社区和村居的防控情况。

① 国家卫健委．关于加强新型冠状病毒感染的肺炎疫情社区防控工作的通知，http：//www.nhc.gov.cn/jkj/s3577/202001/dd1e502534004a8d88b6a10f329a3369.shtml.

三、研究发现：社区危机治理的“三社联动”

1月20日，国家卫健委发布了对新型冠状病毒采取预防和控制的公告①，之后，基层各单位陆续接到新冠肺炎疫情防控通知。1月24日，国家卫健委针对社区防控提出，充分发挥社区动员能力，实施网格化、地毯式管理，采取群防群控这种“内防扩散，外防输入”“稳防稳控”的综合性防控措施。这一要求对基层社区工作网络的建构提出了挑战。

（一）突发紧急处境：管控“精准化”

为第一时间响应“稳防稳控”的要求，基层社区选择既有的工作网络来铺设新冠肺炎疫情防控的任务。L区的社区居委会就是通过社区内的党支部、网格员、小组长等来落实工作。其中，最为紧急的任务是对人员的流动情况进行摸排，并及时传达新冠肺炎疫情的防控消息给辖区居民，这些工作要求“精准到每个居民”，从而能够为后续的防控工作铺设应急处置的网络。

居委会主官：“我们社区面积广、乡村多，党委通知各村小组的党支部要花很多时间。村里规划比较复杂难封锁，辖区内都是自建房，按门牌号很难找到住地，大部分出租给外来务工人员，人员流动大，导致摸排困难。为了加快防控任务的落实，我们只好动员社区小组长一起摸排，但其中很多是妇女而且年纪偏大、身体比较不好，有些人不识字，让她们去做宣传、摸排工作，就要向她们讲清楚情况，还要确保她们的安全。”（Md、Mf）

居委会主官说：“我们在本地的工作人员都回社区加班，但人手非常紧缺，一个人就要身兼数职，既要做消杀、上门摸排……没几天，居民群里传谣说粮食库存不够了、哪些药物有用，大家都去超市和药店抢物资，氛围一度很紧张，但实在腾不出足够精力控制这些不理性的行为。”（Ma、Mc、Me）

---

① 国家卫健委．中华人民共和国国家卫生健康委员会公告（2020年第1号），http://www.gov.cn/zhengce/zhengceku/2020-01/21/content_5471164.htm.

2020年的新冠肺炎疫情突如其来，到来的时间又恰逢春节放假，基层社区能投入防控工作的人手、物资都非常紧张，这是普遍性存在的问题。1月26日前后，厦门市的一些社区居委会利用先前与社会组织的合作渠道，向社会工作机构和社区内的其他社会组织发出了参与新冠肺炎疫情防控的号召。1月29日，民政部与卫健委正式发文，要求动员社区组织，充分发挥城乡社区组织工作优势和社区、社会组织、社会工作联动机制的作用，做好新冠肺炎疫情的监测、信息报送、宣传教育、环境整治、困难帮扶等相关工作①。

社会工作者："年初二，机构开会动员复工紧急参与防疫工作，一线社工进入到原本的社区，项目主管则投入到那些工作人员未到岗并提出了支持要求的社区，积极配合社区居委会开展工作。在封锁期间，社工都是在社区上班的，几乎没有回过机构。"（Sa、Sb、Sc）

社会工作者："社区防控工作哪块缺人，主官就让我们补上这一块，我们现在都是社区的'自己人'。有的社区人口流动数量太大，主官看我们年轻人比较熟悉软件，让我们负责台账数据的报备。"（SWd）

社会工作者："村改居社区没有物业和业委会，全靠党员、小组长在做封锁与巡查。社区给我们布置的任务是下社区站岗值班，还有陪同医务人员入户，用闽南语同村民解释这次疫情管理的要求，宣传防疫知识。为了顺利通过社区设置的封锁线，社会工作者脱下了机构分发的工作服，长期佩戴社区工作者的工作证。"（SWd、SWf）

社会工作者："在封锁期间，防控工作量很大，我们的行动也受限制，其实很难比较早就进入一些小区和家庭去查看困难群体和服务对象的情况。"（SWb）

居委会作为基层社区管控的一线工作单位，吸纳社会工作者的力量并将其视为强有力的"补充"。正是通过社区居委会的赋权，社会工作者开始加入新冠肺炎疫情防控系统的内部，从而拥有了参与疫情防控工作的合

---

① 民政部、国家卫生健康委关于进一步动员城乡社区组织开展新型冠状病毒感染的肺炎疫情防控工作的紧急通知，http：//www. mca. gov. cn/article/xw/tzgg/202001/20200100023792. shtml，2020年1月29日发布.

法身份，并被居委会的主官们称之为“自己人”。此时，社会工作者的身份是社区行政防控的工作者，而非专业服务提供者。显然，跟进困难群体的社会服务开展需要具备两个条件。一是在新冠肺炎疫情防控任务之余有一定精力；二是符合新冠肺炎疫情防控的合法流程。不过，在新冠肺炎疫情强调“高效”之时，将服务“嵌套”在困难群体的新冠肺炎疫情防控中为提供专业服务打开了可能。

社会工作者：“在协助防控任务过程中，居委会的主官也希望我们这些‘自己人’能够做更专业的事。我们这时候才以社工的身份与服务对象联系，跟进这些服务对象，了解他们的生活情况。这才发现，有些老人存在看病的需求，我们就及时链接机构的医护人员进行探访……所以，在居家养老项目的社区，社区主官希望我们能够做好老年人防疫宣导工作，确保高危老人的居家安全。”（SWa）

社会工作者：“虽然他们认为微信公众号的宣传与科普宣传上的文字工作是辟谣和安定人心的关键，但是文字的整理和文案的编辑令他们感到力不从心，社区的主官就把这些工作交由我们社工来负责了。”（SWe）

在一种以行政手段为主的疫情防控阶段，社区疫情防控任务的落实由居委会主导。社会工作者经过居委会赋权，主要参与新冠肺炎疫情防控任务的两方面。一是作为熟悉社区情况的“帮手”，协助居委会补足疫情防控工作中难以顾及的工作，如辟谣、台账处理等任务，这些任务事关“应急处置”的要求，具有紧急而且严格的特点；一是社会工作者凭借既有服务项目的渠道，在对项目服务人群开展疫情防控的同时，协助他们应对在封锁期可能存在的困难和风险，如对慢性病老人、吸毒人群、监护缺失的未成年人开展风险识别与管理。总而言之，在这一阶段社会工作者是社区风险治理中应急处置和风险管控的“好帮手”。可见，社会工作者的参与一定程度上有利于弥合危机处境下基层政府的失灵，形成社会帮扶和自救的机制①。值得一提的是，正是社会组织的参与使得社区在新冠肺炎疫情紧急防控的基础上开始有了人本服务的补充。

① 朱健刚．疫情催生韧性的社会治理共同体［J］．探索与争鸣，2020（4）：216-223+291.

（二）渐趋有序处境：保障“精细化”

2020年2月3日，国家卫生健康委牵头建立应对新冠肺炎疫情联防联控机制，疫情突发下的治理工作有了全国性的机制保障，各项工作的发布有配套合作的单位和渠道下达到基层①。这期间，社区的新冠肺炎疫情防控网络已然铺开，从政策落实、文件宣教、台账报备再到小区封锁、卫生消杀、值班排岗等已成为日常工作来展开，疫情防控工作渐趋有序。但是，在封锁期间，日常所需物资如何保障、人力的极度缺乏仍旧是各社区需要直面的难题，社会工作者开始运用原先服务项目的渠道动员辖区内的企业单位、居民以及社会组织来协助疫情防控工作的落实。

居委会主官：“辖区是由写字楼、商住两用楼和工业园区组成，厦门市规定企业在2月9日之后复工，我们从2月5日开始就要确认和摸排返厦复工的员工名单，发短信提醒政策变动、返厦事项和确认到厦名单；还有，安排社区重要卡点24小时轮班站岗，对每个楼道走访，建立所有居民的健康台账。台账数据量非常大，并且需要根据不同部门的要求来提交和第一时间修改……人手和物资都不够，大家的压力都挺大。”（Mb）

社会工作者：“签订社区营造和企业项目合同的社区，居委会主官要我们一起参与台账数据整理，以及动员社区内的单位和居民参与，解决疫情防疫物资不足、志愿者人数不够等问题。”（SWb）

面对人力短缺的问题，a、e两个社区由居委会牵头分别于2月7日、9日起利用微信群、公众号等媒介向居民发出志愿者招募的通告（L2）。其间，社会工作者协助居委会参与了志愿者的招募与组织工作，除确定招募标准公开招募外，还直接从原来的棋牌社团、助老志愿者等社区组织中招募。此外，社会工作者还对志愿者服务的岗位作了细分，包括秩序维护、防疫宣传、摄影志愿、专业医护、心理疏导和其他服务等（L2）。

社会工作者：“前段时间，一个老人不接受劝阻在居家隔离期外出买菜被邻里举报。老人觉得是邻居在故意找碴儿，自己也很无奈，不出门买菜就没菜吃了。社区对此没办法，就转介给了社工。社工不仅联系物业送

① 国务院应对新型冠状病毒感染的肺炎疫情联防联控机制，http：//www. nhc. Gov. cn /xwzb.

菜上门，而且链接志愿者每天询问他的生活和身体情况，社工自己也每天打电话关心老人，给他介绍如何做好居家疫情防控。社区看到成效后，就把更多类似的案例转给了社工，要我们来打通‘最后一公里’的帮扶。”(SWa)

社会工作者：“我们以社会工作者的身份直接与服务对象联系，了解他们的生活困难，并向他们的亲朋好友、我们自己的机构以及居委会反馈他们的生活情况。很快，我们机构想办法解决了老人的用餐问题。社区主官则通过联防联控机制上传居民这一民生保障的需求。”（SWa、SWe）

居委会主官：“大部分居民都玩微信，有谣传说某小区某楼有住户被感染了，居民就一直联系物业、居委会，让我们工作人员赶紧去处理。为了辟谣，我们会让住在那个小区的志愿者帮忙转发正式的消息。由他们宣传效果更好、更快。”（Me）

社区居民力量的加入不仅为社区开展新冠肺炎疫情防控提供了人力保障，而且为社会工作者在困难帮扶服务时提供社会支持，打通从社区到居民的“最后一公里”。不过，由于社区的疫情防控工作繁杂，需要长期轮班轮岗，加之可能参与到诸如“聚集打牌引谩骂”“邻居噪声引争吵”等紧张关系的协调事件中，一定程度上影响了志愿者的积极性（SWc）。截至3月8日，全国就有53位社区工作者倒在一线（《人民日报》，2020）。针对这种情况，居委会根据社会工作者在动员志愿者和疏导情绪方面的专业优势，对两家社会工作机构进行任务分工，负责社区工作人员以及志愿者的心理疏导（Mc）。值得注意的是，长时间的疫情防控引发了社区工作人员和居民之间的矛盾，缓和社区邻里关系的问题开始被提上议程。

社会工作者：“春季厦门气温骤降，很多值夜班的志愿者们都感冒了。工作多、时间紧，所有人都很累。而且，他们经常需要面对来自各方的指责。上级部门觉得他们工作不到位，居民不理解他们的难处，觉得他们滥用权力。这些参与社区防控的一线战士们，感到孤独、委屈、愤怒又无奈。”（SWc）

社会工作者：“有人返厦没有报备，卡在收费路口或者动车站，打电话给社区时，脾气不好的人就会指责，甚至说话带有‘火药味’。还有，小区居民不赞同社区，强烈反对已经合法隔离完毕的居民返回小区，还通过市长热线投诉社区和街道，甚至在微信群散布谣言，煽动负面情绪。我们社工这时候就需要在居民中去平衡他们的关系，平时也会通过公布疫情现状、防疫指南推出软文倡导、好人好事等来缓解居民和社区工作人员的紧张心理。”（SWa）

居委会主官：“社会工作者发动组织的社区心理援助微信群和社区线上文娱活动，是从心理层面的‘精细活’来补充社区治理的不足。”（Ma）。

社会工作这种以伦理为导向的专业服务能够兼顾多方主体利益的立场，在社区有序开展疫情防控阶段能够持续动员志愿者和社会组织参与心理援助、关系调节以及加强困难人群的社会支持服务，从而在社区危机治理的物资、人力保障方面打通“最后一公里”，弥补社区危机治理中普遍存在的心理援助不足的短板。借助社会工作这样的专业服务，社区就能够把疫情防控的风险保障工作延伸到其他社会风险的保障。这些实践呈现出社会工作在风险保障方面的“精细化”的专业优势，得到国家层面的认可。

（三）疫情防控常态：防治“共建化”

4月8日，习近平总书记提出在常态化疫情防控中加快推进生产生活秩序全面恢复的要求①。这样，一方面需要强调完善应急处置与常态化防控相结合的机制与措施，这是整个社会生产生活秩序恢复的保障；另一方面“社区防控”“社区服务”“群众参与”“信息化建设应用”则成为社区应急管理体系建设的内容②。

居委会主官：“我们社区‘两委’专门负责入境人士的居家观察，每天都要与卫生服务中心工作人员一起上门查访。其他社区工作人员已经基

① 新华网．中共中央政治局常务委员会召开会议，分析国内外新冠肺炎疫情防控和经济运行形势，研究部署落实常态化疫情防控举措全面推进复工复产，http：//www.xinhuanet.com/politics/leaders/2020-04/08/c_ 1125829634.htm，2020-4-8.

② 民政部、国家卫健委（2020b）．新冠肺炎疫情社区防控与服务工作精准化精细化指导方案（2020 年 4 月 14 日发布），http：//www.gov.cn/zhengce/zhengceku/2020 - 04/16/content _ 5503261.htm.（民政部、国家卫健委，2020b）

本上都回到自己的岗位，处理各个口的申请和补助。最近，上级很重视社会救助这一块工作，助老员和社工很熟悉贫困家庭、高龄高危老人、残障人员这类居民群体的情况，因此安排他们一起负责收集资料和开展申报的工作。”（Swa）

社会工作者：“在社区疫情防控最严格的阶段，我们社工就关注到社区贫困家庭因疫情防控出现的经济问题，给他们链接了基金资助，还帮助小区内的杂货铺转发微信群销售生活用品……链接辖区内的卫生服务中心为老人配药，社会工作者负责取药、送药。后来，国家政策也提出要关爱扶助这些困难群体，给了我们专业很大的鼓舞。现在，我们观察到治愈患者和入境人士在社区内的污名化问题，想要做个这方面的宣传，让居民能够更加理性、包容地对待他们。”（SWa、SWc、SWf）

显然，对于社区而言，常态化防控工作有三个部分的重要内容。一是重点场所与重点人群的定点防控，尤以境外输入人群和痊愈患者的居家观察最为重要；二是以防护为主的公共健康与安全教育，这一部分涉及安全生产、公共卫生、环境治理等内容；三是社区日常便民利民服务，着重开展困难人群以及特殊困难群体的社区照顾和社会支持方面的服务。新冠肺炎疫情的复杂性决定了不论是社区的管理、服务还是健康教育都与每个居民息息相关，这些工作的“精准化、精细化”的落实意味着有越多居民的参与，常态防控与应急处置就越有保障。

居委会主官：“黑龙江和吉林不是暴发聚集性疫情吗？大家都比较紧张，区里就下达了任务，让社区一定不能放松，尤其是要做好社区公共场所的疫情防控工作。社区每天进进出出，人员流动性很大，我们也比较担心，我们比较急切做的就是劝导居民做好个人和邻里卫生。这方面工作我们都安排给了社工、助老员，鼓励社区医生、物业、业委会、社区骨干参与帮忙，用居民喜欢的方式宣传这些内容。”（SWe）

社会工作者：“我们与社区主官们在倡导公共健康的目标上不谋而合。我们整合一些大医院的医生、社区医生、社会服务机构的医护人员作为我们社区健康互助队的成员，针对不同居民需求分主题定期在线上开讲座。有业委会找我们帮忙开展疫情防控和生活健康知识竞赛，活动人数达到

500 多人。而这一季度的长者生日会，我们小规模地动员志愿者和社区骨干在线下给 14 个老人准备生日礼物，然后分批送入户祝福，社区主官还录制了祝福视频，某小区的康福小组组织了小规模线下诗朗诵录制，祝福长者们生日快乐。”（SWc、SWd）

社会工作者：“除了收集志愿者和居民自助互助的故事之外，我们还在每个小区的微信群里征集与抗击疫情相关的作品，好多居民提交了书法、绘画、音乐等作品，放到了社区的微信公众号上。社工还转行当起了直播，给大家讲解健康饮食、居家运动、亲子游戏等内容，甚至给周边的餐饮店铺做推销。”（Sa）

在社区疾病预防与应急处置的空间建构上，社区公共空间的建构开始向线上拓展，频率高、主题广，形式和内容多样，这截然不同于疫情防控之前的情况。截止到 10 月，a 社区线上的健康讲座主题包括了新冠肺炎预防和应急教育、用眼卫生、小儿消化保健、老人慢性病管理、家园环境保护、垃圾分类等，还有线下定期义诊、自助互助事迹（H1）。在资源使用上，从社区内的居民自发性的社团、公益团体向业委会、单位党组织、社会组织横向拓展。这种以疾病预防与应急处置相结合，重新整合社区服务的内容、资源和媒介形式，是重构社区危机治理机制的重要组成。

社会工作者：“在最危急的阶段，我们发现如何第一时间与小区所有居民取得联系，这‘最后五十米’的及时动员是短板。我们在一些活动中网络了一些党员、网格员、志愿者，以楼宇为单位把他们组织起来，与业委会、物业、居委会对接，帮助跟进环境卫生、消息落实、困难帮扶等工作。主官觉得社工之前提的楼宇治理的想法非常好，让社工专心把这个治理框架做成社区品牌。社工以前认为做行政的事情不仅没有专业性，还会增加项目的负担，但现在觉得社区行政的一套方法在危机的应对上很有意义，尤其是在动员群众方面，由于它有更高的权威性，所以居民有比较快的响应。”（SWb、SWc、SWe）

值得关注的是，在常态防控的处境中出现了一系列社区居民互助或者日常协同的网络，如“最后五十米”的居民“楼宇治理”、党建结合的“厝边治理”、居民互助的“厝边帮帮团”（H2）等机制。这些有着“在地性”特色，并且以公共卫生、应急处置为核心的合作机制，俨然成为基层社区危机治理机制的有机组成部分。这样，风险与危机意识淡薄、危机应对的机制不完善、服务能力不足、法治思维不强等方面的短板和弱项，在这次疫情中呈现出来，并进而在优化多元主体参与的社区治理中得到进一步完善①。最值得一提的是，经过社区居委会的赋权，社会工作者成为社区行政的“自己人”以及服务的“专业人”身份，这种独一无二的身份，在把危机的应急防控向危机常态自治的转化过程中发挥了重要作用。

四、研究讨论：多元主体共治的历史自觉

在上述的研究发现中可以看到，要想在社区疫情防控的三个阶段处境中解释社会工作参与社区危机治理的路径，就需要考虑三个重要元素：时间性、主体身份、实践聚焦和成效。换言之，社会工作者参与社区危机治理的专业性就表现为新冠肺炎疫情突发之后，社会工作者在什么时间、用什么身份、能够为危机的社区治理做什么，以及这样的做法不会被其他角色取代的问题。

（一）“三社联动”：重联而动的变式“社区危机治理”

事实上，当以多元主体的视角重新审视社区疫情防控的能动过程时就会发现，这一过程与“三社联动”有着密不可分的关系。社区、社会工作与社会组织在疫情管控期间并非“联而不动”，只是在不同“时序–处境”下联动的程度和方式有所不同罢了，防控渐趋有序后联动更深入、形式更加多元，内容也更为广泛。在“三社联动”的重构行动中，社会工作的专业性有着不可被取代的作用和意义。

回顾“三社联动”的“社区危机治理”从无到有、重联而动的过程就会看到，社区居委会是整个社区疫情防控工作的牵头者、组织者，尤其是在突发紧急阶段，居委会通过基层行政权力执行应急处置的工作，首要的是建构疫情防控的工作网络，社会工作者以居委会“自己人”的身份开展

① 陈振明．新场景与新思考：新发展阶段的公共治理前瞻［J］．国家治理，2020（33）：18–23.

实践，此时不是专业与否的问题而是对“防控”落实是否“精准”的问题，而居民和社会组织则成为维稳防控的对象。随着疫情防控渐趋有序，社会空间逐步被释放出来，长期防控所需的人力、物力紧缺，困难群体、特殊人群的生活问题，以及社区心态的紧张等，亟待引入社区社会力量来解决。防控工作中释放更多的空间给居民、社区社团等社会组织参与其中，社会工作者作为该阶段社会力量的动员者，在防控工作、社会支持、社区积极心态维护上发挥着“精细”化保障作用。疫情防控常态化之后，防控工作成为居委会与基层卫生机构在社区公共卫生管理与服务方面的常态内容，社会工作者则通过一系列社区服务项目动员居民共同建构以“健康”为主题、线上线下相结合的公共空间，这种“共建”还包含建立有在地特色的“协同网络”。

这种不同于先前一般的“三社联动”机制，在一定程度上打破了先前的联动形式。使之有一个重构的准备阶段。它接受国家应急管理机制的行政指导，兼顾防控保障与社会福利保障的要求，并且注重在适宜的时间、处境中动员多元主体的参与。正因围绕“危机”应对展开联动，因而本文将其称之为“三社联动”的“社区危机治理变式”（详见表2）。这样，用什么视角探寻和解释社会工作参与社区危机治理的时间性、身份性、实践的策略就成为研究的焦点。

表2　三社联动的“社区危机治理变式”及其多元主体参与情况

时序-处境/参与主体	居委会	社会工作		居民/社会组织		三社联动的形式	
	居委会防控主题	社工身份	参与路径	居民/社区需求	参与状态	联动状态	联动特点
突发紧急处境	“硬核”模式的防控	防控精准化的“帮手”	纵：参与管控政策的落实；横：紧急宣传和链接物资	物资紧缺	配合封锁	重构前的准备	①居委会赋权进入防控系统；②开展服务不具备合法性，需要嵌套在防控中实施服务

续表

时序-处境/参与主体	居委会	社会工作		居民/社会组织		三社联动的形式	
	居委会防控主题	社工身份	参与路径	居民/社区需求	参与状态	联动状态	联动特点
渐进有序处境	协同参与保障	保障精细化的“能手”	纵：落实社会福利保障工作；横：开展社区动员、社区心态的疏导	困难帮扶、社区关系与心理的调适	按序参与	处境中的整合	①志愿者及居民群众开始加入社区防控；②在防控的物资保障和社会福利保障上帮助打通“最后一公里”
防控常态处境	常态防控共建	防治共建化的“倡导者”	纵：建构危机治理的日常机制；横：打造常态化防治的健康空间	困难帮扶、健康预防、文化活动	公共空间	常态下的重构	①多元主体参与健康空间，疫情防控广泛嵌套在日常生活主题上；②衔接社区与居民的“最后五十米”，建立协同联络和应急处置的常态化机制

（二）应对危机的实践：时间-处境、身份自觉、横纵策略

显然，社区的危机治理有着时间性的特征，但它与应急管理视角所强调的时间有所不同。后者把时间阶段作为突发事件状态评定的变量，以此来划分政府应急管理体系中纵向多层级、横向跨部门的协调行动。由于应急管理本身更关注科层化治理机制的协调性，因而缺少社区层面以及社会群体参与的特点①。确切地说，社区危机治理所强调的多元主体参与依据的是不同风险阶段下社区需求和资源的状况，以此来安排多元主体的参与。因此，多元主体参与社区危机治理的时间性应当解释为“时间-处境”过程框架。

“社区危机治理变式”注重疾病管控与健康预防的整合。尽管它与公共卫生视角同样都强调以“社区为本”自下而上地发动居民建构在地知识

① 廉思．“游隙群体”如何深度嵌入应急管理体系——用好关键人群激发社会“免疫力”．人民论坛，2020（10）：88-93.

的公共健康空间，以提高社区居民健康的福祉与公平，但是这样的行动主要集中在社区健康促进项目当中①。在突然发生的本土新冠肺炎疫情防控工作中，社会工作者其实一开始并不具备这样的专业素养和实践经验，只是需要应对来自应急管理体制的行政权威的要求，以及带动社区福祉发展的专业诉求②，具有双重实践的身份③。这种强调有用性的实践扎根于现实生活场景并能带动危机处境的改变，以其成效来诠释其“半专业”的专业性④。简而言之，在新冠肺炎疫情防控中，社会工作者能够根据“时间-处境”过程框架适时地从应急的行政性身份向服务的专业性身份转化，这样的过程展现了社会工作者的专业自觉。

从社会工作者实践的策略和成效来看，“社区危机治理变式”展现的是多元主体在危机场景变动中重构联动机制的过程，这种主张通过回应压力和限制激发变化、适应和改变能力的观点，与社会韧性视角有着相同的关注⑤。具体来说，社会韧性着重强调系统的非物质层面，关注个体、群体、组织等各类主体之间的相互关联和共识行为，强调社会能动力的增进，它不仅依赖更有连接性、团结性的民众，通过多层次的民众参与网络和多样化的社会组织，以及诉求表达缓解对立情绪和冲突行为，而且依赖自治活动培育民众的自我管理与自我服务能力，从而帮助民众提高面对不确定因素的应对能力，或者通过社会心态的调适维持社会系统的均衡与稳定⑥。韧性视角呈现了社区作为一个多元主体系统自有的创造性，它对于

---

① 徐选国，刘莹，王艳红．公共卫生社会工作的理论框架、实务模式与本土取向［J］．社会建设，2020（3）：15-27.

John W. Murphy. Communtiy-Based Interventions：Philosophy and Action. New York ：Springer, 2014：1-15.

② 郭伟和．新冠肺炎疫情中的社区治理：模式、优势与短板［J］．社会治理，2020（3）：32-37.

③ 方舒．协同治理视角下“三社联动”的实践反思与理论重构［J］．甘肃社会科学，2020（2）：157-164.

④ 童敏，周燚．“半专业”的专业性：本土社会工作督导清单及知识观考察［J］．社会工作，2020（3）：16-26+109.

⑤ 蓝煜昕，张雪．社区韧性及其实现路径：基于治理体系现代化的视角［J］．行政管理改革，2020（7）：73-82.

⑥ 赵方杜，石阳阳．社会韧性与风险治理［J］．华东理工大学学报（社会科学版），2018（02）：17-24.

社会工作者通过“三社联动”机制在纵向上协助风险的应急管理、在横向上动员社区居民参与的实践策略有了更为具体的解释。不过，韧性视角仍不能诠释社会工作者在这种应对过程中如何保持专业性，即其中什么样的实践是无法被取代的。

（三）社会工作的专业：活化机制的社会能动性

在回顾社区疫情防控已经发生的历史客观事实，寻找社会工作的专业性时，如果漠视已经发生的经验和现有的客观条件，一味地认为这是社会工作专业的一个新领域，这样的解释是一种舍本逐末的做法；相反，如果不关注处境中多主体之间的差异以及各自不同的位置，一味强调社会工作的专业性，这样的观察立场则缺少场景觉察的能力，容易陷入自说自话的困境中，而这样的专业反思与理论建构也就缺少现实生活的土壤和根基。一旦关注疫情防控之前社区已经存在的现实条件，并且注重社区疫情防控中多元主体参与的治理要求，那么“三社联动”机制的实践则是社会工作追寻专业性过程中不能避开的现实条件。

“三社联动”是指“建立健全社区、社会组织和社会工作专业人才联动服务机制，探索建立以社区为平台、社会组织为载体、社会工作专业人才为支撑的新型社区服务管理机制”①。本质上，这样的一个社区治理机制，是要从“三社”的多元主体和“联动”的机制两个维度进行解读，回答多元主体如何共同参与、社区治理如何互动协同②。事实上，尽管“社区危机治理变式”不同于一般常态的“三社联动”，但是这样的变式解释了历史客观条件下机制的活化和生产的过程，真正呈现了社会工作的专业性是如何生产的。显然，如何促成多元主体的协同互动是这一“三社联动”机制的核心意义所在。因此，不论是公共卫生视角还是应急管理视角抑或是韧性视角，对于“社区是社会的基本单元”的理解都局限于“社区是应对新冠肺炎疫情的基本单元”，并没有从社会发展的历史中审视社区

---

① 关于加快推进社区社会工作服务的意见，http：//www.gov.cn/gongbao/content/2014/content_ 2600242.htm.

② 方舒．协同治理视角下“三社联动”的实践反思与理论重构［J］．甘肃社会科学，2020（2）：157-164.

是如何被生产的。

如果转换视角，把社区看作是社会生产的基本单元，那么“三社联动”机制在危机遭遇中的深度发展，并非把危机看作是挑战，而是作为人们内省和主体自觉的契机。这样，危机就不能简单地理解为是“逆境”，它是帮助人们“看清楚”短板和不足的机会。正是通过一种多元主体协同的社会生产过程，社区中历史性的内容、社会性的内容就能够得到进一步改进和延续，从而促进既有机制的完善。这样一种从嵌入实践转换成在地化的自觉实践，不仅是“三社联动”“在地性”的实践过程，而且是多元主体在变动的社会处境中强化责任感、历史文化感的过程。社会工作者的实践也因此才能与社区其他多元主体有更深度的协同，它的专业性发展才具有内省、自觉的维度。可见，因新冠肺炎疫情出现的危机遭遇以及随之而来的突发事件应对成为推动“三社联动”社会机制能动性发展的过程。

因此可以说，没有客观的疫情防控社会实践就没有“三社联动”社会机制改善的机会。正是由于站在多元主体的社会历史和社会生产的视角看待危机，这样的一种社区危机治理实践才有了主体性、协同性和现实性。显然，专业自觉在专业性的生产过程中发挥着至关重要的作用，就像新冠肺炎疫情防控中的社会工作，没有自身的主动参与，没有适时的应对策略调整，没有专业位置的内省，就不可能出现新冠肺炎疫情社区危机治理中的社会工作的专业性。当然，社会工作者的专业自觉在造就社会工作专业性的同时，也在增强自身的专业自觉意识，两者是同步增长、相互促进的。我们不能就社会工作的专业性来谈专业性，而需要把专业性放在社会治理的现实处境中审视自身的专业自觉意识，视专业性为历史社会条件下专业能动性的生产过程。

五、结论

随着我国新冠肺炎疫情防控阻击战的胜利，新冠肺炎疫情常态化防控逐渐成为社区日常工作的重要组成部分。由于新冠肺炎疫情防控不同于社区其他日常事务，存在很高的风险，危机识别和危机处置也就转化为社区治理的重要任务，社区危机治理成为新冠肺炎疫情常态化防控机制建设的重要一环。这样，社会工作参与新冠肺炎疫情防控也就自然不是一种静态的服务安排，而是动态的主动参与过程，需要根据新冠肺炎疫情防控的过程适时调整服务策略，呈现自身的专业性。

通过对厦门市 H 社会工作机构的个案研究发现，社会工作参与新冠肺炎疫情社区防控经历了紧急管控、渐进有序、常态防控三个阶段，呈现出“社区危机治理变式”的实践逻辑。为此，社会工作需要根据“时间-处境”的过程框架平衡社区的行政应急管理与专业福祉的要求，放弃专业预先给定的想法，把新冠肺炎疫情防控视为历史和社会的挑战，在参与社区危机治理过程中通过专业自觉的实践生产出社会工作的专业性，完善“三社联动”的社区危机治理机制。显然，社区治理中社会工作的专业性是社会工作者挖掘和调动社区多元主体的自主性和能动性的过程，社会工作既需要参与社区的事务，也需要推进社区的发展，其参与过程是社区治理机制的创新和完善过程。

Professionalization and Local Governance: A study on the Participation of Social Work in the Local Community Crisis on the New Crown Pneumonia Epidemic

TONG Min, LIU Fang, XU Jiaxiang

Abstract: When the new crown pneumonia epidemic is under control, the crisis prevention becomes the top priority of the local community govern, in which the social workers would promote the local participation to deal with the crisis in the professional way. Through the case study, it is found that the social workers in the process of dealing with the crisis caused by the new crown pneumonia epidemic must hold the framework of "time-situation" to balance the needs between the government and the profession, and build up the profession in the real daily life situation facing the challenge of social life. So it is very important for social workers to keep up the self-awareness of profession in the process of promoting the participation of local citizens in order to improve the local community crisis prevention system.

Keywords: Professionalization, Local Community Crisis Governance, Social Work

中国社会工作学刊　第三辑
第 126~141 页

社会工作者动员志愿者参与基层社区疫情防控的经验研究

吴　骏　杨峥威　孙　莹*

【摘要】在新冠肺炎疫情暴发和常态化疫情防控期间，各地社会工作者动员不同类型的志愿者积极投入，开展服务，成效显著。但在动员实践中，社会工作者也面临着动员能力不足、无法明确志愿者身份地位、参与持续性有待加强和志愿者激励保障措施有待完善等挑战。未来社会工作者需要在完善志愿者参与基层社区疫情的动员机制、提升志愿者的参与意愿和参与能力，并将动员志愿者参与疫情防控与引导志愿者参与社区建设方面有机结合，共同推进基层社会治理创新。

关键词：社会工作者　志愿者　基层社区　疫情防控

习近平总书记在《在统筹推进新冠肺炎疫情防控和经济社会发展工作部署会议上的讲话》中指出，要发挥社会工作的专业优势，支持广大社工、义工和志愿者开展心理疏导、情绪支持、保障支持等服务①。在疫情重灾区的湖北省有 6300 余名社会工作者、60 多万名志愿者奋战在疫情防控一线，与广大社区工作者、下沉干部、群团组织、社会组织一起，构筑

* 吴骏，广西科技大学职业技术教育学院讲师，从事社区社会工作、基层社区治理研究；杨峥威，北京青年政治学院青年工作学院讲师、中国人民大学社会学理论与方法研究中心博士研究生，从事反贫困社会政策、基层社会治理研究；孙莹，中国青年政治学院社会工作系教授，从事社会工作发展、社会福利政策研究。

① 习近平．在统筹推进新冠肺炎疫情防控和经济社会发展工作部署会议上的讲话［EB/OL］．新华网，http：//m. xinhuanet. com/2020-02/23/c_ 1125616016. htm（2020-02-23）．

了专群结合、群防群治的坚固防线，成为一支作用独特的生力军①。在首都北京的社区防控一线，有9.9万名市、区下沉干部与广大社区工作者一起担纲挑梁，带动物业保安、楼门长、志愿者等162万余人参与社区防控，共同构筑起一道守护城市、守护生命的坚强防线。② 从全国各地基层社区防疫抗疫的情况看，无论是新冠肺炎疫情暴发的应急处置期间还是常态化疫情防控期间，社会工作者积极介入、协调统筹，有序开展志愿者动员、管理、志愿服务能力培训等工作，协助社区工作者做好疫情防控群众动员、人员信息排查、疫情防控情况监测、抗疫宣传等社区疫情防控工作，更切实开展了相应的宣传倡导、困难救助、情绪疏导、心理支持、危机干预、服务协调、协同值守、资源链接等多元化的服务，有效动员社会力量，在线上和线下共同抗击疫情。

一、社会工作者动员志愿者参与基层社区疫情防控的现状和经验

（一）社会工作者动员志愿者参与基层社区疫情防控的现状

社区防控是疫情防控的基础环节，是打赢疫情防控阻击战和疫情防控歼灭战的决定性因素。各地在基层社区疫情防控过程中，充分发挥城乡基层群众自治组织的优势，发挥社区、社会组织、社会工作联动协同作用，通过“社工+志愿者”工作机制，整合社会工作与志愿服务资源，鼓励社会工作者和志愿者依法有序参与疫情防控工作，形成了“社会工作者引导志愿者开展服务、志愿者协助社会工作者改善服务”的良好抗疫防疫局面，从而实现“联动双赢、互补互惠、互动共进”，有效地动员群众、组织群众和凝聚群众，构筑起群防群治的严密防线，为遏制疫情扩散蔓延、保障群众生活作出了重要贡献。根据中国社会工作联合会发布《新型冠状

① 姚韦伟．湖北近70万社工和志愿者奋战在抗击疫情第一线［N］．中国社会报，2020-04-23（1）．

② 涂铭，乌梦达，王君璐，侠克．首都再战“疫”，难忘40天——写在北京应急响应级别降级之际［EB/OL］．新华网，http：//www.xinhuanet.com/local/2020-07/20/c_1126258487.htm（2020-7-20）．

病毒感染的肺炎防控社会工作支持手册（第一版）》的指引，在新冠肺炎疫情集中暴发的应急处置期，社会工作者要“在动员原有志愿者的基础上，根据需要基于当地情况有序地进行志愿者招募，本着‘帮忙不添乱’的原则，做好志愿者甄选、培训，组建以老带新的志愿者服务小队，敦促他们在做好自我防护的同时开展志愿工作”。疫情常态化防控期间，社会工作者积极转变角色，引导志愿者规范有序参与疫情防控，以服务困难困境人群，解决基本民生问题和助力经济社会全面恢复正常秩序为主，积极配合开展好疫情防控宣传倡导、城乡社区疫情日常防控。

1. “社会工作者+一般志愿者”参与基层社区疫情防控

社区一般志愿者是基层社区疫情防控的基础性力量，多由社区公益爱心人士、属地或返乡大学生志愿者等群体组成，他们承担着基础而又十分重要的社区抗疫防疫工作。从2020年1月中央文明办、中国志愿服务联合会发出《关于号召广大志愿者、志愿服务组织积极有序参与疫情防控的倡议书》到2021年1月团中央青年志愿者行动指导中心、中国青年志愿者协会秘书处发布《关于寒假期间组织动员大学生志愿者参与疫情防控等志愿服务的工作提示》，一系列通知、文件都一以贯之地体现了鼓励和支持普通志愿者力所能及地参与疫情防控的工作理念。全国各地社会工作者在基层政府的支持下，深入乡村（社区），动员组建抗疫防疫志愿服务队、大学生战疫志愿服务队等，就近参与居住地防疫志愿服务。在疫情集中暴发时期，社会工作者组织一般志愿者坚持在抗疫一线，协助居（村）委会做好出入登记、体温检测、信息录入、医疗和生活等物资无接触配送等基础性工作。进入到常态化防控时期，则辅助居（村）委会开展电话回访、环境清洁、防疫健康知识宣传等工作。服务形式主要以线下直接服务为主，线上间接服务为辅。

表 1 “社会工作者+一般志愿者”参与基层社区疫情防控的内容与形式

	疫情集中暴发时期	常态化防控时期
服务内容	社区出入登记、体温检测、信息录入、医疗和生活等物资无接触配送	电话回访、环境清洁、防疫健康知识宣传
服务形式	线下直接服务为主，线上间接服务为辅	线下直接服务为主，线上间接服务为辅

2. “社会工作者+社区骨干志愿者”参与基层社区疫情防控

社区骨干志愿者是基层社区疫情防控的中坚力量，多由居民小组长、楼门栋长、社区社会组织带头人等群体组成。全国各地社会工作者发挥其熟悉社区、扎根社区的优势，积极配合各街道（乡镇）、村（居）委会和相关单位加强基层社区疫情防控。在疫情集中暴发时期，社会工作者带领社区骨干志愿者奋战在抗疫一线，协助做好重点人群疫情防控工作，承担关卡值守、秩序维护、生活保障、协助核酸检测等任务，发现疑似或与患者密切接触人员立刻向相关部门报告，并做好信息收集、信息沟通和日常工作记录。进入到常态化防控时期，除了疫情排查、信息收集和报送外，社会工作者更多的是带领社区骨干志愿者参与社区防疫宣传倡导、协助核酸检测、劝导聚众聚集活动、整治环境卫生等。服务形式是以线上线下服务和直接间接服务相结合的方式开展。社会工作者带领社区骨干志愿者在线下直接为社区居民或服务对象提供相应的支持保障性服务，而在线上则主要动员社区骨干志愿者建立和完善线上小区居民群，并与社会工作者一起开展信息咨询、科普宣传、政策解读、人员排查、工作动员、疫情监测等工作，对接有需求的社区居民、居家隔离人员、集中隔离人员家属、疑似患者、严重焦虑者，开展“线上专业咨询服务”。

表 2 “社会工作者+社区骨干志愿者”参与基层社区疫情防控的内容与形式

	疫情集中暴发时期	常态化防控时期
服务内容	关卡值守、秩序维护、生活保障、协助核酸检测、实时进行信息收集和报送等	疫情排查、信息收集和报送、防疫宣传倡导、协助核酸检测、劝导聚众聚集活动、整治环境卫生等
服务形式	线上线下服务与直接间接服务相结合	线上线下服务与直接间接服务相结合

3. “社会工作者+专业志愿者”参与基层社区疫情防控

专业志愿者是基层社区疫情防控的专业力量，主要由医务志愿者和心理咨询志愿者构成，他们多是具有丰富医务医疗经验、持证心理咨询师和富有个案咨询经验的志愿者。社会工作者充分整合专业志愿者资源，发挥专业优势，为有需求的患者及其家属、留观人员家属、居家隔离人员及其家属、社区工作者、社区志愿者和其他有需要的人员提供医疗卫生健康、心理疏导、危机干预、情绪疏导和心理支持等方面的专业服务。在疫情集中爆发时期，社会工作者与专业志愿者坚守在抗疫一线，以线上直接服务为主，线下间接服务为辅，社会工作者主要是帮助服务对象链接专业志愿者在线问诊、提供病理咨询、在线答疑，纾解服务对象焦虑情绪、提供心理支持，协助危急服务对象及时转介等。进入到常态化防控时期，社会工作者链接专业志愿者为服务对象提供医疗健康咨询、防护知识宣教、情绪安抚、心理疏导、情感支持、压力舒缓、协助危急服务对象及时转介等线上线下服务。北京、上海、湖北、浙江、广东、河北等地采取“社会工作者+专业志愿者”线上线下协作抗疫模式收效显著，展现了协同抗疫的凝聚力。陕西省社会工作协会则编写了《陕西抗击疫情专业服务支持体系（SMPC）服务手册》，开发了“1+2+5”抗疫模式，通过云端，让线上的专业志愿者与线下的社区工作者相互呼应与配合，快速回应服务对象需求，分担现场工作人员工作压力，实现了远程增援。[①]

表 3 “社会工作者+专业志愿者”参与基层社区疫情防控的内容与形式

	疫情集中暴发时期	常态化防控时期
服务内容	在线问诊、提供病理和心理咨询、心理健康服务、医疗保障服务、协助危急服务对象及时转介	医疗健康咨询、防护知识宣教、情绪安抚、心理疏导、情感支持、协助危急服务对象及时转介
服务形式	线上间接服务为主，线下直接服务为辅	线上间接服务为主，线下直接服务为辅

4. “社会工作者+社区党员志愿者”参与基层社区疫情防控

社区党员志愿者是基层社区疫情防控的核心力量，主要由党政机关、群团组织、事业单位等下沉党员干部、基层社区属地化管理的居民党员、社会服务组织的党员组成。在社区疫情防控中，他们充分发挥党员的先锋模范作用和示范引领作用。在疫情集中暴发时期，社会工作者统筹协调社区党员志愿者值守在抗疫一线，全面参与疫情防控的排查登记、政策宣传、消毒管理、巡逻值守、服务保障等各环节工作，带头积极落实疫情联防联控各项措施，合力构筑群防群治抵御疫情的严密防线。进入到常态化防控时期，除了积极参与到基层社区疫情防控的各环节工作中外，逐步开始以社区困难群众和特殊群体为服务对象，采取线上线下服务与直接间接服务相结合的方式，对社区独居孤寡老人、低保低收入家庭、残障人士、困境儿童等服务对象提供实际关爱和支持，特别对生活困难的愈后患者，通过协助落实国家有关政策、链接社会资源，在物质上、心理上提供援助。北京、湖北、福建、河北等多个省市纷纷发挥党员“双报到”机制作用，组织在职单位和社区党员积极投身社区疫情防控工作，充实基层社区防控力量，有效缓解了基层一线工作人员的防控压力，对合力打赢疫情防控阻击战和疫情防控歼灭战起到了积极作用。

---

① 高薪翔．社工志愿者是抗击疫情的“线上逆行者”——陕西省社会工作协会抗击疫情纪实［EB/OL］．中华社工网，http：//www.chinasocialwork.cn/content/6796（2020-02-26）．

表 4 “社会工作者+社区党员志愿者”参与基层社区疫情防控的内容与形式

	疫情集中暴发时期	常态化防控时期
服务内容	基层社区疫情防控各环节	基层社区疫情防控各环节、帮扶社区困难群众和弱势群体
服务形式	线上线下服务与直接间接服务相结合	线上线下服务与直接间接服务相结合

（二）社会工作者动员志愿者参与基层社区疫情防控的经验

1. 党建引领，着力激发志愿者参与意愿

在疫情危及人民生命安全的危难关头，共产党员冲在最前面。中国共产党460多万个基层组织，筑起一座座抗击疫情的坚强堡垒，3900多万名党员、干部战斗在抗疫一线，1300多万名党员参加志愿服务，数百名党员、干部为保卫人民生命安全献出了宝贵生命。[①] 社区疫情防控的核心动员主体和领导力量是党组织，社会工作者介入基层社区疫情防控和社区治理势必要与党员联动，统筹协调社区党员志愿者参与疫情防控服务，在这个过程中更要强化和体现党建引领作用。一是社会工作服务机构上级党委及时倡导行业内各党支部有效发挥党组织的战斗堡垒作用，组织社会工作服务机构党员和入党积极分子带领社会工作者和志愿者参与基层社区疫情防控工作。二是社会工作者与街道党组织、社区（村）委、居（村）委接洽合作、协同抗疫，充分发挥街道社区基层党组织在疫情防控中的主导作用，提升基层抗疫防疫凝聚力与战斗力。三是成立防控疫情临时党支部，召集党员先锋队，共击疫情。社会工作者中的党员、社区党员骨干、下沉社区的党员干部根据基层疫情防控需要，因时因地制宜成立临时党支部，用实际行动将党旗插在了疫情防控的最前线，指引志愿者积极有序参与抗疫防疫工作。四是社会工作者充分调动社区党员志愿者及党员志愿服务队伍的抗疫积极性、主动性和能动性，例如全国多地采用社区“积分制”、

① 国务院新闻办公室．《抗击新冠肺炎疫情的中国行动》白皮书［EB/OL］．http：//www.scio.gov.cn/ztk/dtzt/42313/43142/index.htm（2020-06-07）．

社区“爱心银行”的方式激发党员志愿者和社区志愿者的抗疫热情和参与意愿，把一切可以团结的抗疫资源和力量吸纳进来，形成抗击疫情的强大合力。

2. 专业带动，着力提升志愿者参与能力

志愿者队伍是社会工作在防疫服务领域的一支重要联动力量。面对疫情，社会工作者凭借自身的专业使命与专业敏感性，第一时间关注并积极介入突发公共卫生事件中，成为抗击疫情不可或缺的专业力量，并通过自身的专业带动，不断提升社区志愿者的参与能力和水平。一是开展抗疫志愿者培训。专业社会工作者在疫情期间为社区志愿者赋权增能，制定以志愿者为对象的社会工作服务指南，有序开展主题为志愿者管理、志愿服务能力提升、志愿者抗疫知识普及、防疫设备技术操作、社区突发性应急事件模拟演练等内容的培训，并结合志愿者参与基层社区疫情防控的需要，开展线上线下新志愿者基础培训、特定防疫岗位志愿专题培训及骨干志愿者的领袖训练等，把社区疫情防控经验化为持续发展的知识动力，深化志愿者对于抗疫志愿服务的认知，提升志愿者综合服务能力，促进抗疫防疫志愿者的持续成长以及社区志愿服务的可持续发展。二是培育抗疫志愿者组织。社会工作者发挥其在社区社会组织培育方面的专业优势，把一线志愿者进行组织化、把志愿者组织规范化、把志愿服务专业化，为基层社区培育了从事疫情防控服务的志愿者团队，并带动其良性运转。例如，专业社会工作者可以根据社区志愿者特长和防疫需求培育不同类型的志愿服务团队，包括医疗卫生保障志愿服务队、物资筹集发放应急志愿服务队、心理干预志愿服务队、信息采集志愿服务队、环境整治消杀志愿服务队、疫情排查志愿服务队等。最终，专业社会工作通过动员带领和孵化培育，促使社区志愿者和志愿服务组织成为基层社区疫情防控服务的有效载体，并在进入常态化疫情防控时期，逐步转型成为社区治理的“生力军”，社区建设的“助推器”。

3. 后勤保障，着力维系志愿者持续参与

志愿者不顾个人安危、自愿奉献，坚守在抗疫防疫服务一线，是无愧于时代的平民英雄，做好社区抗疫志愿者的后勤保障是社会工作动员志愿者参与基层社区疫情防控工作的重要工作。具体包括：一是政策倡导者，社会工作者积极倡导政府相关部门和志愿者招募单位为全部上岗志愿者购买人身意外伤害保险和新冠肺炎专项险，切实保障直接参与疫情防控一线的社区志愿者健康安全。二是资源链接者，社会工作者整合链接政府部门、医疗卫生单位、社会服务组织资源，争取社会各界爱心人士、爱心企业支持，积极筹措、协调和落实志愿者个人防疫物资和生活必需品，切实做好志愿者就餐、御寒、避暑、值夜、交通等联防联控后勤保障。三是服务提供者，社会工作者积极为奋战在一线的社区志愿者开展线上线下相结合的心理健康支持服务，为持续加班、疲于执勤的社区志愿者提供情绪疏导、压力宣泄服务，在非常时期给予最美逆行者特别关爱和温暖，让志愿者无后顾之忧地协助开展抗疫防疫工作。总之，社会工作者只有做好志愿者的后勤保障，及时满足志愿者的诉求，才能真正激发其做好抗疫志愿服务的后劲，保证其参与基层社区疫情防控的可持续性。

二、社会工作者动员志愿者参与基层社区疫情防控的挑战

（一）从需求角度看，新冠肺炎疫情常态化防控任务要求基层社区志愿者持续且长期参与

疫情防控不减压，需要社会工作者和志愿者持续服务、长期参与。在此次抗击新冠肺炎疫情中，当处在疫情集中暴发时期，社会工作者和社区志愿者在工作一线不仅服务工作强度大、持续时间长，还面临着感染风险，而且应激状态下人的心理困扰也会随时且集中发生。因而，社会工作者和抗疫志愿者面临身体和心理双重考验。进入到疫情常态化防控时期，疫情传播的非预期性和防控常态化对社会工作者动员志愿者持续参与基层社区疫情防控也提出了挑战。常态化疫情防控期间，从北京、山东、新疆、天津、上海、河北、黑龙江、吉林等地区发生的小范围疫情传播事件来看，一方面对当地基层社区疫情防控形成了重大压力，社区志愿者不得不随时上岗应对人员排查、执勤值守、信息统计、物资配送等繁复工作，另一方面对其他地区的社区疫情防控工作提出警示，常态化防控措施常抓不懈，久而久之也会令志愿者持续参与的热情下降，参与的主动性减弱，

且产生服务倦怠心理，影响了基层社区疫情防控效果。

（二）从动员能力看，社会工作者动员志愿者参与基层社区疫情防控的能力有待提升

社区动员能力是社会工作参与基层社区疫情防控的核心能力。在疫情防控期间，无论是居家隔离的普通居民、社区特殊和困境人群，还是处于超负荷状态的社区志愿者，都可能是社会工作者的服务对象。在这一特殊境遇下，社区动员要面对社区疫情发生的差异、服务对象数量与类别，服务时限的变化等复杂状况，深度考验社会工作的专业能力。从各地反馈的社会工作动员志愿者参与基层社区疫情防控的实际情况来看，仍存在志愿者的组织动员策略弹性不足、专业化应对较弱的问题。具体表现在：一是与基层组织的合作关系一般。社会工作者与所服务社区没有建立持续的、密切的合作关系，无法精准有效识别和带领不同类型的社区志愿者，社区动员仅停留在表面不深入。二是与基层群众的信任关系一般。社会工作者对于当地社区居民和社区志愿者熟悉度不高，志愿者队伍自身的不稳定性导致社会工作者和志愿者联动抗疫缺乏默契，动员沟通途径不顺畅，出现合力抗疫效果不佳的情况。三是对潜在志愿者的了解认识一般。一些社会工作者在动员过程中往往避重就轻，仅动员那些积极参与抗疫的社区骨干志愿者，不能有效调动潜在的人力资源而缺乏动员的广泛性，导致部分志愿者工作任务繁多，心力和精力消耗过大，不利于抗疫志愿者队伍建设的可持续发展。

（三）从持续发展看，志愿者参与基层社区疫情防控的福利保障和激励机制有待完善

福利保障和激励机制关系到志愿者参与基层社区疫情防控的主动性、积极性和可持续性问题。虽然公民参与志愿服务主要目的是获得精神上的满足，带有自愿和公益性质，但随着志愿服务事业的不断深化开展，志愿者管理的专业化程度有待加强。一些志愿服务内容与志愿者能力不相匹配，部分志愿者在参与服务时感觉力不从心，服务令志愿者没有成长和收获等，都会降低志愿者参与公益服务的积极性；同时在全民抗疫防疫的大背景下，志愿者的参与不仅要付出时间和精力，而且还会面临感染，危及

健康等风险。在疫情防控期间，全国出现了社区工作者和志愿者因感染新冠或工作强度过大诱发其他疾病，甚至殉职的个案，也普遍存在志愿者人力资源不足的情况。虽然民政部、国家卫生健康委 2020 年 2 月 16 日联合印发《关于深入学习贯彻习近平总书记重要指示精神 进一步做好城乡社区疫情防控工作的通知》，要求各地切实做好社区防控各项工作，进一步关心基层工作人员，争取为参与社区防控工作的专职城乡社区工作者适当发放临时性工作补助，并为参与疫情防控工作的社区志愿者适当发放补贴。[①]但是对于特殊情况下的志愿者福利保障措施要更明确，激励机制要更完善。对志愿者除了精神性、物质性和保障性激励以外，其发展性需求也要适时予以满足，如何动员全社会给予志愿者更多尊重、关爱和温暖，也是一个重要的议题。

（四）从制度规范看，社会工作者的带领身份和志愿者的服务地位模糊问题有待解决

社会各界对社会工作、志愿者的认知度、认同度需要提高。社会工作者、志愿者在抗疫期间与医护人员一样扮演着重要的角色，为抗疫防疫以及社会秩序的恢复贡献力量，但受社会工作和志愿服务事业在我国发展水平的影响，人们对社会工作者和志愿者的认知，与其所作出的贡献不匹配，导致社会工作者动员志愿者参与基层社区疫情防控的工作遇到诸多困难。例如一些社会工作服务机构和志愿服务组织的合法性遭遇质疑，加上激励保障机制不够健全或执行不到位，导致社会工作者的带领地位和志愿者的服务地位较为模糊。还有就是社会工作服务机构、志愿者服务组织与基层社区组织的信任合作状况差异较大，也影响着其在基层社区疫情防控中的作用发挥。部分基层政府和村（居）委会，认为社会工作和志愿者组织是“体制外”的“第三方”、是“外人”，而不是“体制内”的“自己人”，在合作中表现出疑虑和不信任。更有甚者，在抗疫过程中出现了“王副主任事件”“卢书记事件”等公然违反疫情防控纪律的个案，特权思

① 民政部，国家卫生健康委．民政部国家卫生健康委关于深入学习贯彻习近平总书记重要指示精神 进一步做好城乡社区疫情防控工作的通知［EB/OL］．http：//www.mca.gov.cn/article/xw/tzgg/202002/20200200024631.shtml（2020-02-18）．

想作祟，试图通过“打招呼”的方式谋求方便，拒不配合志愿者进行防疫登记，扰乱疫情防控工作秩序，严重影响志愿者工作积极性。因此，社会工作者和志愿者更应该通过在疫情期间所提供的优良服务以及对于其广泛的宣传报道，提升社会大众对于社会工作和志愿服务的认知度，不断扩大社会影响力。

三、疫情常态化时期社会工作者动员志愿者参与基层社区疫情防控的路径创新

（一）动员机制：优化社工引领志愿者参与基层社区疫情的动员机制

社会工作在引领志愿者参与基层社区疫情的动员机制有待完善。一是发挥动员主体的作用。动员主体是志愿动员机制的发动者，并且在整个动员过程中起推动作用。因而社会工作在参与基层社区疫情防控时须有意识地通过专业服务强化动员主体的行动能力，配合党和政府落实好志愿者动员工作，争取更多的人力、物力、财力资源的支持，同时社会工作者要自身发挥好动员主体的示范作用，精细抗疫志愿活动的服务内容，提高抗疫志愿活动的效果。二是发掘动员客体的长处。社会工作者在动员志愿者参与疫情防控过程中需要充分考虑志愿者的职业、专业特长、服务水平、服务类型、参与志愿服务时间等因素，对其分类分级进行动员，实现最优的“人岗匹配”，最大限度提升抗疫志愿者的满足感。三是促进动员客体的成长。社会工作者要善于将受助者培育成为志愿者，将志愿者培养成为专业助人者，使动员的客体得以进步，得以成长，将抗疫防疫的有益经验和奉献爱心的精神不断延续和传递。四是优化志愿者动员环境。良好的动员环境是保障志愿者动员机制良性运行的重要基础。社会工作者应通过社区资源项目化运作、政府购买社会服务等多元化方式，整合和链接街道社区、政府、市场、公益慈善类组织等资源，为动员志愿者提供抗疫服务营造优良环境，同时不断提升其参与志愿服务的规范化水平，确保无论是在疫情集中暴发时期还是常态化防控时期，志愿者动员机制依然能够在制度框架下规范持续运行。五是激活联动抗疫服务平台。社会工作者不仅要通过孵

化、陪伴、支持等方式培育好志愿服务组织和志愿者服务队伍，而且更要积极倡导发挥志愿者枢纽组织、社会工作行业组织和枢纽型公益性社会组织的作用，为社工与志愿者协作抗疫防疫提供良好的平台。社会工作者更要在其中发挥好统筹协调、资源链接的功能，整合社区内外心理、医务、物流、文体等具备专业知识的志愿者队伍，组建线上线下抗疫帮扶群，运用专业知识和经验，协助做好疫情科普、患者心理疏导以及家属安抚等工作，并为专业医护人员提供心理疏导和减压支持性服务。①

（二）协同治理：促进服务传递、防控参与同基层社区治理有机结合

党的十九届五中全会审议通过的《中共中央关于制定国民经济和社会发展第十四个五年规划和二〇三五年远景目标的建议》指出要“发挥群团组织和社会组织在社会治理中的作用，畅通和规范市场主体、新社会阶层、社会工作者和志愿者等参与社会治理的途径”。“十四五”时期，社会工作者应更加积极地参与社会治理尤其是基层社会治理创新工作，不断改进参与社会治理的方式、方法，不断优化社会工作服务机构嵌入基层社会治理体系的路径，与城乡村（居）委会和社区居民建立密切合作关系。把社会工作者的成长、项目的实施、机构的发展与社区治理创新、社区服务实施、基层社会治理现代化的推进有机结合起来，实现机构与社区、社工与居民、服务与治理同进步、共发展。②

在疫情常态防控的背景下，尤其要注意将传递社会服务与参与社区疫情防控有机结合，使社会服务与社区治理有效地融合，把将要实施的社会服务项目视为社区治理的重要组成部分，思考项目对于当地社区发展和建设的整体意义，避免短期性简单执行社会工作服务项目，与社区“两委一站”、社区工作者和社区志愿者保持长期联系。例如，在服务困境人群及其家庭时，社会工作者的紧急性服务是关注其疫情防控的需要，为社区志

① 江西省民政厅．关于动员全省慈善、志愿服务和社会工作力量依法有序开展新型冠状病毒感染的肺炎疫情防控工作的通知［EB/OL］．江西省民政厅网站，http：//mzt.jiangxi.gov.cn/art/2020/2/3/art_34686_2680115.html（2020-02-03）．

② 杨峥威，孙莹．社会工作服务机构参与基层社区疫情防控探讨［J］．学术交流，2020（12）：146-154.

愿者提供相应的培训，帮助其有针对性地开展疫情防控指导、教育或物资捐赠，将服务实施与疫情常态化防控结合起来；同时也立足长远，把服务实施与志愿者培育工作结合起来、与当地社区困难群体帮扶、低保低收入群体救助服务工作结合起来，这样既有利于争取当地社区工作者的支持、协助动员志愿者合作执行社会服务项目，也有利于从整体上提升当地社区困难群体的帮扶工作水平、改善困境人群的福利状况。总之，在参与疫情防控过程中，社会工作者要运用专业技术与社区工作者、志愿者通过共同防疫结成“战斗友谊”，并将其延续到常态化防控时期，日后与组织使命、岗位分工合作实施社会服务，打造协同治理、合作共赢的局面。

（三）模式探索：创新动员志愿者线上线下混合抗“疫”的服务模式

疫情防控期间的特殊情境，让不少服务提供者与服务对象主动或被动开始了解、接触、参与线上服务，对线上服务的认可程度和接纳程度也有一定的提升，这对于社会工作者动员志愿者开展线上线下混合的服务模式是有益的。在疫情常态化防控时期，社会工作应继续发挥专业优势，创新“互联网+社会工作”疫情防控服务，推动线上服务和线下服务相结合、创新线上线下的混合服务模式，适应可能出现的疫情反复或其他风险状况，避免突发情况导致的服务中断给服务对象带来的不良影响。尤其是秋冬季节各地不断发生零星的新冠肺炎疫情，对疫情常态化防控工作提出了更高的要求，对社会工作动员志愿者参与线上线下相结合的服务也提出了更多期待。一些面向志愿者的集体培训学习、宣传教育活动，面向服务对象的情绪安抚疏导、情感支持服务可以转移到线上进行，减少人员聚集。从线上服务看，部分社会工作者利用多种平台，包括钉钉、小鹅通、腾讯会议、微信公众号、QQ 群、微信群，以及社工专门设计的 App 和小程序，开展抗疫防疫宣传、志愿者培训和常态服务活动，且可以通过平台关注、监测参与者的参加时间、频率、互动情况等，为服务成效评估提供了数据支持。从线上服务看，社会工作者除了根据志愿者和服务对象需要，开展了小规模的团体活动、个案服务外，也要根据疫情防控要求，对服务进行精细分类，将部分服务环节转到线上，预防因突发疫情而导致线下服务中断的情况，保证服务的持续性。总之，社会工作者应该在重大公共危机的背景下不断创新服务形式，动员志愿者创造性地开展线上线下相结合的服务，拓宽线上服务内容，满足疫情防控常态化时期不同服务对象的多元化需求。

（四）能力建设：提升社会工作者、志愿者的专业化服务水平和能力

社会工作者、志愿者的服务能力与水平直接关系到基层社区疫情防控的效果，更关系到其本身社会认知度和认可度的提升。在后疫情时代，需从加强社会工作专业人才队伍建设和志愿者服务队伍建设的角度出发，为基层社区疫情防控打造专业服务人才队伍。一是加强制度建设。继续建立健全社会工作、志愿者相关法律法规、激励措施、准入和退出机制等，为社会工作和志愿者事业发展提供制度保障。二是发展社会工作专业教育。一方面要继续跟进国际社会工作教育、研究和实践的前沿，推进社会工作理论发展，扩展社会工作教育体系，并细化和深化社会工作知识、方法和技能等方面的教学；另一方面要促使社会工作学术发展和人才培养与本国实际密切结合，让专业社会工作的价值伦理、知识理论、方法技能等都能够植根于本国实际，能够在我国社会治理实践中真正有用。① 三是提升社会工作和志愿者队伍应对危机事件的专业能力。通过持续学习和实践锻炼，培养其在特殊时期、特殊背景下提供专业服务的能力，特别是应急应激状态下的应对能力和危机处理能力，确保在国家出现危机事件时，能够调动专业社会工作和志愿者参与处理危机，把危机的伤害程度降到最低。四是拓宽社会工作和志愿者服务领域。在疫情常态化防控时期，可以重点培育医务社会工作者，医务志愿者、灾害社会工作者和灾害志愿者等专业人才队伍，发展一专多能和跨专业合作，为处在危机状态或可能处于危机状态的服务对象提供更精准化的专业服务，提升服务质量。

---

① 关信平．加强制度建设，充分发挥社会工作在抗疫治理中的专业优势［J］．社会工作，2020（1）：8-11.

A study on the Experience of Social Workers in Mobilizing Volunteers to Participate in Epidemic Prevention and Control in Grassroots Communities

WU Jun, YANG Zhengwei, SUN Ying

Abstract: Social workers from all over the country mobilized volunteers of different types to contribute actively during the Covid-19 outbreak and normal outbreak control, and performed many services. However, in practice, there are also practical difficulties such as insufficient mobilization capacity of social work, the status of volunteers and the continuity of participation need to be improved, and the measures for encouraging volunteers need to be improved. Social workers should further improve the mobilization mechanism leading volunteers to participate in the epidemic situation in grassroots communities, enhance volunteers' willingness and ability to participate, and combine the mobilization of volunteers to participate in epidemic prevention and control with the guidance of volunteers to participate in community collaborative governance, so as to jointly promote the innovation of grassroots social governance.

Keywords: Social Workers; Volunteers; Grassroots Community; Epidemic Prevention and Control

中国社会工作学刊　第三辑
第 142~166 页

社会工作应对新冠肺炎疫情的成效循证评估研究

张　曙　刘泽胜　谭　敏　柳咏晴　孟子媛　拜争刚①

【摘要】 社会工作在抗击新冠肺炎疫情中应承担着义不容辞的责任。为了系统地评价社会工作专业在新冠肺炎疫情期间所采取的措施与成效，本研究基于循证社会科学理念，以政府部门疫情期间发布的文件作为评估依据，通过知网、万方、维普、Web of Science、IFSW 网站等数据库检索，以疫情期间发表的社会工作抗击疫情的文章作为检索对象，对其进行提取、分析、整合，整理社会工作在疫情期间的服务内容并将其按照疫情发展不同阶段和服务不同人群进行循证评估。研究发现社会工作在疫情发展不同阶段响应政府防疫要求采取了不同行动策略，并在不同人群服务中取得了显著效果，包括链接资源、心理辅导与情绪支持、参与社区防疫工作与管理体系、救助困难群体等成效。

关键词： 社会工作成效　新型冠状病毒肺炎　循证评估

2020 年春节前后，一场突如其来的新型冠状病毒（简称新冠肺炎）突然席卷我国武汉地区，并不断蔓延至全国各地。再之后，全球都陷入了病

---

① 张曙，女，南京理工大学社会学系教授，中国社会工作学会副秘书长，研究方向：社会工作行政、社会工作教育、循证社会工作。

刘泽胜，男，南京理工大学社会工作专业硕研，研究方向：青少年社会工作、社会工作评估。

谭敏，女，南京理工大学社会工作专业硕研，研究方向：矫正社会工作、社会工作行政。

柳咏晴，女，南京理工大学社会学专业硕研，研究方向：人口社会学、女性社会学。

孟子媛，女，南京理工大学社会工作专业硕研，研究方向：循证社会工作、老年社会工作。

拜争刚，男，南京理工大学社会学系教授，硕士研究生导师，研究方向：循证社会工作。

毒的恐慌之中。截至2020年6月底，疫情已扩散到全球220多个国家和地区，覆盖亚洲、欧洲、非洲、北美洲、南美洲、大洋洲，累计逾1000万名确诊个案，逾50万名患者死亡①。疫情造成的道路瘫痪、商品抢购等一系列危机事件使得各国政府开始重视并对其采取各种防疫措施。

在中国共产党的带领下，我国在疫情初期就果断作出了武汉封城的重大措施，并号召全国人民减少外出活动，做好居家隔离等安全防护措施。在之后的一年里，全国人民经历了轰轰烈烈的抗疫历程，建立"火神山""雷神山"等医院、各地医疗队驰援武汉、挨家挨户测量体温、延迟复工复岗、动员核酸检测、研制新冠疫苗等措施有效地遏制了病毒的传播。2020年4月8日，武汉重启解封，这标志着中国抗疫工作的阶段性胜利与疫情防控措施的有效性，中国防疫开始进入常态化。5月8日，国务院下发了关于常态化阶段疫情防控工作的指导性文件。全国各地陆续遵循政府指引复工复产、恢复生活秩序。截至2021年1月20日，政府发文中国疫情防控已取得重大战略成果，疫情总体得到了有效控制。与此同时，政府发布了新的防疫工作内容与要求：继续"外防输入、内防反弹"、压实"四方责任"、落实"四早"要求，新的阶段做好巩固来之不易的防控成果工作。

回顾一年多的疫情防控工作，社会工作专业无疑在其中起到了很大贡献。早在2020年2月23日，习近平总书记在统筹推进新冠肺炎疫情防控和经济社会发展工作部署会议上的讲话就指出：要发挥社会工作的专业优势，支持广大社工、义工和志愿者开展心理疏导、情绪支持、保障支持等服务②。这些讲话既是对社会工作专业的充分肯定，也指出了其在抗击肺炎疫情中应承担着义不容辞的责任。

相对于其他相关专业或非专业的活动而言，社会工作最为核心的优势在于其助人自助的价值观念、科学艺术的工作方法和理性务实的服务风

① 阮曾媛琪．疫情下中国内地与国际社会工作群体的对话及合作［J］．社会建设，2020，7（04）：22-26.

② 习近平．在统筹推进新冠肺炎疫情防控和经济社会发展工作部署会议上的讲话［M］．北京：人民出版社，2020.

格，即情境化的专业助人①。如何发挥好专业优势，王思斌教授指出两点，一是要脚踏实地做更细致的服务，为帮助贫弱群体和基本生活处于困境的群体实施社会服务；二是要用“超前半步”的思维去思考下一步可能要处理的问题，即随疫情的变化要做好下一步的应对准备②。

在这次重大的疫情防控阻击战中，社会工作专业作为一门职业的助人专业，在疫情防控、社会安定及疫后恢复等方面都发挥了巨大作用。新冠肺炎疫情是一个重大的公共卫生危机事件。在这种重大公共卫生危机事件当中，依照社会工作的专业属性，社会工作应该向最有需要的群体提供及时的支持服务。尽管目前我国应急事件管理部门还没有把社会工作纳入公共危机事件治理体系，但过去十几年来，社会工作界在地震灾害、公共卫生事件等危机事件发生过程中还是迅速反应、千方百计地向受危机影响的群体提供了服务和支持。

王思斌教授指出，在这次新冠肺炎疫情中，社会工作要嵌合性地找寻机会和发挥作用③。在疫情之初，医务工作者发挥核心作用，社区工作者和公共安全部门发挥重要作用，社会工作者则嵌入其中，如配合社区工作者做社区宣传、测量体温，为医务工作者缓解心理压力。疫情比较紧张的阶段，政府部门发布稳定民心的公开性信息和政策，社区工作者和物业管理人员给予社区居民提供生活的便利，社会工作者的任务则主要是提供为受到隔离的人们提供积极的信息和社会支持，稳定社会秩序④。疫情平稳之后，社会工作者就配合政府和社区工作者实施社会救助，并进一步做心理疏导工作，在具备条件的情况下，进行个别化的、深度的社会服务，缓解受深度伤害者的心理、社会关系方面的问题。后疫情时期，需要更细致的工作，社会工作者参与受疫情影响较深的家庭和群体的心理疏导、生活

① 王思斌．社会工作专业优势刍议［J］．中国社会工作，2020（13）：46.

② 王思斌．发挥社会工作专业优势深入参与新冠肺炎疫情防控战［J］．中国社会工作，2020（10）：46.

③ 王思斌．社会工作参与公共危机事件治理中专业功能的嵌合性实现——以新冠肺炎疫情防控治理为基础［J］．社会工作与管理，2020，20（06）：5-11+21.

④ 王思斌．疫情防控治理中的物理性隔离与社会性连接［J］．中国社会工作，2020（16）：46.

重建方面问题的处理，要注重服务开展的时间与环境的社会方面，以更有效地解决问题①。这样分阶段、分层次地将社会工作行动贯穿于防控治理新冠肺炎疫情全过程，社会工作者才能在全过程中发挥专业优势的意识和行动，将社会工作的积极优势展示出来。

为了系统考察社会工作专业在新冠肺炎疫情期间所采取的措施与成效，本文以知网、万方、维普、Web of Science、IFSW 网站等数据库检索，以疫情期间发表的社会工作抗击疫情的文章作为检索对象，通过对其进行系统评价来整理社会工作疫情期间的服务与行动，并对其内容按照时间与人群进行划分，以政府部门的抗疫文件与要求为评估依据对其有效性进行循证评估（见图 1）。

Figure 1. Research ideas and evaluation framework

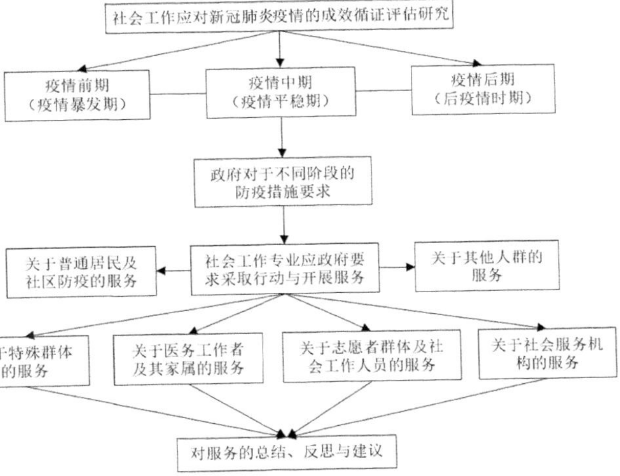

图 1　研究思路与评估框架

一、资料与方法

（一）文献来源和搜索策略

本文检索时间跨度为 2020 年 1 月 1 日至 2021 年 2 月 5 日，检索数据库为中国知网数据库 （CNKI）、万方数据知识服务平台、维普期刊网、

① 王思斌．做好后疫情期的社会工作服务［J］．中国社会工作，2020（19）：46.

Web of Science、IFSW 网站。数据采用 End Note X9.1 进行文献管理。

检索词为：社会工作（个案工作/小组工作/社区工作）、新冠（新冠肺炎/疫情/传染病/公共卫生）、成效评估（评价）。

检索式为：（社会工作 or 个案工作 or 小组工作 or 社区工作）and（疫情 or 新冠 or COVID-19 or 传染病 or 公共卫生）。

（二）文献纳入标准

本文由 4 名研究人员根据题目与摘要制定纳入排除标准。对于不确定文献，由双方协商一致确定，若仍有分歧，由第三方研究者参与讨论纳入。按照 Cochrane 系统评价手册“PICOS”原则纳入本研究标准。

P 研究对象（Participants）：1. 社会工作专业；2. 疫情期间；3. 有实施措施或建议措施。

I 干预措施（Interventions）：1. 个体生理心理治疗；2. 社区层面的行动；3. 与其他部门联合采取的防疫行动；4. 资源方面的链接；5. 志愿服务。

O 结果（Outcome）：1. 不同服务人群生理与心理层面的改善；2. 社区的服务改良；3. 疫情下的物资供应；4. 困难群体的救助。

（三）文献排除标准

（1）排除不能提取有效信息及相关内容或没有渠道获得的研究。

（2）排除仅仅是新闻报道类未有研究深度和效果评估的研究。

（四）文献筛选及资料提取

本文由 4 名研究人员独立阅读检索文章并对其进行评价，在此过程中，共有 4 篇文章存在争议，由四方协商得到解决。

（五）信息提取与分析

本文对纳入文献进行题目、摘要、全文的仔细阅读与筛选后，通过评价小组集体讨论与制定“信息提取表”，明确提取信息及提取要求；之后根据制定的“信息提取表”，分别对每个研究的重要信息进行提取；再对这些研究按国外和国内的社会工作防疫措施进行主题分类；最后将归在同一主题下的不同研究结果联合起来进行分析，先对不同的防控措施进行描述性的解释说明，再综合阐述。

二、结果

（一）文献检索结果

按照以上文献检索策略检索中国知网（CNKI）、中文期刊服务平台（维普）、万方数据知识服务平台，英文数据库 Web of Science（科学引文索引）、IFSW 网站，共检索出 1455 条文献和研究资料。剔除其中重复文献 10 篇后获得文献 1445 篇。根据纳入排除标准，4 名评价者阅读文献题目和摘要后排除 1381 条记录，剩余 64 条记录。阅读全文后排除 35 篇，最终纳入文献 29 篇（见图 2）。

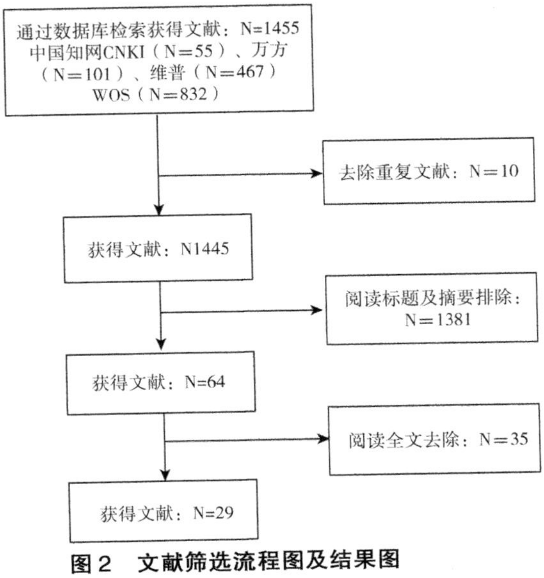

图 2　文献筛选流程图及结果图

（二）纳入研究的基本特征

已纳入的 29 个研究分别来自中国、黎巴嫩、加拿大、尼日利亚、美国、英国、西班牙、以色列等国家，主要分析了这 29 个研究关于社会工作应对新冠肺炎疫情的成效评估，主要涉及包括作者、国籍在内的基础信息和包括研究方法、研究问题、主要措施、主要结果以及对策/建议的研究内容这两个部分，针对研究中并未明确给出的研究方法记作“未区分”，未明确给出的内容则记“不明确”。

（三）主题综合结果

本文对社会工作应对新冠肺炎疫情的服务内容进行了收集、整合与分析，并将其内容归纳为3个主题。

（四）针对不同群体的服务

疫情期间，政府部门针对不同人群实施不同的抗疫策略，为此社会工作的服务也因人而异，针对不同服务对象实施不同的辅导策略。研究发现，社会工作者在普通居民、特殊群体、社区防疫与服务以及高校期间学生心理与学业辅导等方面，积极参与疫情防控工作①②。

1. 普通居民的服务

（1）服务内容：对多数居家隔离的普通居民提供生活物资联络购买及开展心理情绪疏导服务。部分社工打造社区线上居民互助小组，开展线上支持性小组工作，通过举办研讨会等活动缓解团队成员的压力，促进积极的人际关系③④。对于居家学生，学校社会工作者则联系辅导员，共同维护高校学生在疫情期间的安全健康、保障学校在疫情期间的管理工作顺利进行，解决学生疫情期间所需⑤⑥⑦。

（2）服务方法：打造居民线上支持性小组，通过研讨会等形式展开服务。线下宣传防疫知识，输送生活物资，并为有需要的个人与家庭展开服务。

---

① 毕东，常俐丽，毕晓红．社会工作者参与新冠肺炎疫情防控工作探究［J］．大理大学学报，2020，5（11）：44-49.

② 杜思凡．社会工作参与疫情防控的作用与挑战［J］．太原城市职业技术学院学报，2020（12）：39-41.

③ 徐艳乐．疫情防控与社会工作介入——基于社会生态系统理论视角［J］．统计与管理，2020，35（08）：33-37.

④ 王红蕾．社会工作应对公共性突发事件的实证研究［D］．山东大学，2020.

⑤ 李树文，庞慧．社会工作行业组织抗疫服务联动机制的实践探索与思考［J］．学会，2020（09）：18-23+55.

⑥ 顾兴立．新冠肺炎疫情背景下高校辅导员工作的介入：以学校社会工作视角为例［J］．健康研究，2020，40（03）：261-263+276.

⑦ 曹庆新，徐晗，周明昊．社会工作介入S大学留学生线上防疫实践探究——以LH机构Hand in Hand项目为例［J］．淮北职业技术学院学报，2021，20（01）：27-30.

2. 特殊群体的服务

（1）服务内容：包括为新冠患者提供就业技能培训；为因疫情导致生活困难群众申请应急救济金等；为抑郁症患者提供心理与情绪辅导；为独居老人提供心理辅导、情绪支持、医疗资源链接、智能设备教学等①；为新冠患者及其家属提供就医咨询、抗疫知识培训、申请医疗救助、愈后复检与康复训练、心理危机干预等服务②；帮助患者度过14天的隔离期③。针对涉法涉诉人员提供信息调查、情绪引导、知识普及、价值观引导、解决困难等服务，针对司法工作人员提供情绪调适、缓解压力、家庭支持等④；通过跨学科合作明确角色，加强医务社会工作者在跨专业团队中的角色认同。除此之外，疫情期间，不少特殊群体因为交通管制及居家隔离而出现生活困难与心理问题，例如留学生、入境外籍人员等。社会工作依托社会工作站及外事局，积极回应境外人士语言支持需求、信息收取需求、物资获得需求三大需求，对入境人员进行管理和服务，提供必要的信息支持和情感支持⑤；通过留学生项目服务实践，充分发挥社会工作专业优势，开启网络社会工作服务模式，持续性地为留学生提供更好的服务；在国际社工协会的区域支持系统支持下，社会工作者为有需要的人群提供咨询、送餐等服务。

（2）服务方法：对新冠患者开展个案工作，线上进行知识与技能培训，并开展资源链接与情绪支持等服务，线下为其申请医疗救助与提供康复训练；为涉法人员提供个案服务并进行线下情绪引导与教育；为司法人员提供远程线上互动并进行解压训练与情绪支持；为境外人士提供线上信

① Redondo-Sama G，Matulic V，Ariadna Munté-Pascual，et al. Social Work during the COVID-19 Crisis：Responding to Urgent Social Needs［J］. Sustainability，2020，12.

② Levin-Dagan N，Strenfeld-Hever S. Reflections on Israeli hospital-based social work with COVID-19 patients and their families［J］. International Social Work，2020，63（6）：002087282095200.

③ Chen Y Y，Zhuang J. Roles of medical social workers in interprofessional teams：a case study of a Shanghai COVID-19 quarantine centre for medical observation［J］. Asia Pacific journal of social work，2020（1）：1-9.

④ 席小华，金超然．新冠肺炎疫情防控工作中司法社会工作的基本倚重——以未成年人司法社会工作服务为例［J］．华东理工大学学报（社会科学版），2020，35（01）：70-79.

⑤ 何雪松，孙翔．防范境外疫情输入的国际社区行动网络——社会组织的社会工作干预［J］．河北学刊，2020，40（06）：164-169.

息支持与线下物资保障等服务。

3. 境外社会工作的服务

（1）服务内容：疫情以来，国际社会工作协会一直致力于促进与国际组织、国家与地区之间的合作，整理各国的疫情防控进程并促进防疫信息的交流与分享，并向中国等疫情防控做得比较好的国家学习，借鉴其模板；为了应对疫情期间的挑战，国际社会工作协会设立了区域支持系统，使社会工作者能够制定符合国际惯例标准的当地决策框架。与此同时，许多国家协会提供了在线伦理支持系统，并发布了新的协议。除此之外，各国社会工作者在本国范围内开展反对对患者的污名化与歧视运动①②；发布短片，揭露污名化对人权和公共卫生的负面影响，在社交媒体上进行更广泛的名为“Humans discriminate，Viruses don’t”的宣传活动；监督社区检疫和隔离中心的管理，加强社会工作与正式组织的合作，为困难群体和边缘化人群提供心理及物质支持③；与家庭和社区建立联系，开发新的专门服务以调查和干预家庭暴力或虐待。

（2）服务方法：跨区域的远程网络信息分享与交流，并以线上区域平台来支持各国社会工作者在本国开展线上与线下服务，加强社会工作国际间的联系。

4. 社区的服务

（1）服务内容：疫情前期，社会工作者协同社区工作者、社区医务工作者及警察开展入户排查、体温检测、输送物资、信息登记、居家隔离等工作。疫情中后期，社会工作者开始加强新型冠状病毒知识宣传倡导工作，动员社会力量群防群控，深化居民社区参与，与居民积极互动；通过健康讲座提高公众对疫情预防措施的认识，提供如何预防新型冠状病毒感

---

① 钟耀林．抗击疫情中社区“硬核”标语口号问题及其修正［J］．太原学院学报（社会科学版），2020，21（05）：9-16.

② Badran N C．A call for action against COVID-19 - Experience of the Social Workers’ Syndicate in Lebanon［J］．International Social Work，2020：002087282094962.

③ Wu H，Karabanow J．COVID-19 and beyond：Social work interventions for supporting homeless populations［J］．International Social Work，2020：002087282094962.

染和传播的信息①②。此外，对于社区内的弱势及困难群体，社区工作者会联系居委会及相关部门核实情况，发放救济金，同时开展线上的心理辅导，为困难群众代买生活物资、防疫物资申领等工作，分发物资、弥合困难群体的“数字鸿沟”等，为困难群体提供保护③④⑤⑥。

（2）服务方法：与社区工作者、社区医务工作者线下以入户形式开展防疫工作，并与居民积极互动，对困难群体进行个案辅导并发放救济；以线上公众号及咨询方式与线下讲解结合开展群防群控工作；以线下培训来教授老年人智能技术。

举例：四川省成都市某街道办事处的社会工作人员开展疫情防控服务工作，以“温情海报”与服务对象建立联系，通过折纸书签、数字油画等“‘硬’活动服务包”，以社工—观察点安保—医护人员—服务对象多方接力的方式，开展无接触服务，在保障各方人员安全的同时，确保服务有序有效开展，降低了服务对象在留观期间的焦虑感。北京某社工机构的工作人员协助社区工作者开展线上公共卫生宣传、垃圾分类宣传等宣教活动、提醒居民做好常态化防护，并针对老年群体学习掌握信息技术的需要开展小型的智能手机使用线下培训班，教会老年人学习社交软件、摄影摄像技巧、健康码使用方法、网络购物技巧等内容，得到社区居民和社区工作者的好评。

---

① 马敏，尹俊芳，姚尚满．疫情期间社会工作介入社区服务的对策分析——基于马斯洛需求层次理论［J］．现代商贸工业，2020，41（22）：80-82.

② 吴宇炜．社会工作者介入新冠肺炎期间社区防疫的困境与对策［J］．青年与社会，2020（11）：171-172.

③ Golightley M，Holloway M．Social Work in the Time of the COVID-19 Pandemic：All in This Together?［J］．British Journal of Social Work，2020，50（3）：637-641.

④ 万玲，王玉．浅论社工机构参与疫情心理危机干预的困境与对策——以广州市为例［J］．广州社会主义学院学报，2020（04）：67-71.

⑤ 徐选国，刘莹，王艳红．公共卫生社会工作的理论框架、实务模式与本土取向［J］．社会建设，2020，7（03）：15-27.

⑥ 杨峥威，孙莹．社会工作服务机构参与基层社区疫情防控探讨［J］．学术交流，2020（12）：146-154.

5. 机构的服务

（1）服务内容：征集社区抗疫标语口号强化社区民众的防疫意识①；各级社会工作协会建立服务联动机制；心理机构也倡导增进和加强卫生与社会服务，为个人和家庭提供心理咨询。除此之外社会机构也积极开展线上服务，通过社交媒体、电话等方式与群众联系，线下进行保持安全社交距离的拜访活动，解决孤独和社会孤立感②；对社区居民的具体情况进行走访、统计、提交信息反馈表，对村民进行宣传劝导工作，保证防控工作的有效性③。社会工作机构则为受疫情影响的群众开展情绪疏导支援、信息传递、资源链接、社区服务等专业支援工作④；打造立体化社区心理危机干预体系，针对重点人群实施分类干预；关注住院医生的心理社会需求；带领多专业的队伍开展线上线下远程支持模式⑤。

（2）服务方法：以线上公众号及联系热线征集抗疫口号，宣传抗疫知识；通过社交媒体、电话等方式密切群众联系；线下一方面以机构形式开展服务，另一方面以机构人员外派形式对危机人群实施干预与服务，积极开展个案服务与心理疏导工作。

举例：截至2020年3月初，在湖北省，有超过70家社会工作服务机构、社会工作院系的2000余名社会工作者奋战在疫情防控一线，以实际行动践行专业价值。武汉市共有30多家社会工作机构、1000余名社会工作者及社区工作者积极投身疫情防控相关工作，链接全国各地的医生、心理

---

① Rory Truell. COVID-19：the struggle，success and expansion of social work［EB/OL］. https：//www. ifsw. org/wp-content/uploads/2020/05/2020-05-18-COVID-19-the-struggle-success-and-expansion-of-social-work-1. pdf.

② Marla Berg-Weger，J. E. Morley. Loneliness and Social Isolation in Older Adults During the Covid-19 Pandemic：Implications for Gerontological Social Work［J］. The journal of nutrition，health & aging，2020（prepublish）.

③ 周雨晴，周鑫．疫情防控中农村社区工作者的角色定位及使命担当——以南京市江宁区G社区防疫实践为例［J］．成都航空职业技术学院学报，2020，36（03）：88-92.

④ Golightley M，Holloway M. Social Work in the Time of the COVID-19 Pandemic：All in This Together?［J］. British Journal of Social Work，2020，50（3）：637-641.

⑤ Yu Z，Tan W，Niu L. The experiences of the Good Companions Response Team during the COVID-19 pandemic in Wuhan，China：a multi-professional team led by social workers［J］. Asia Pacific Journal of Social Work and Development.

咨询师、有危机干预经验的社会工作者等志愿者约500名，开展不同形式的心理疏导工作。疫情期间，武汉博雅、武汉爱心天使、荆州四叶草等社会工作机构，积极开展困境儿童、留守儿童、留守老年人排查工作，对重点服务对象进行危机干预和个案服务，跟进服务困境儿童、留守儿童超过760名，留守老年人超过660名①。在广州市，有201个街（镇）社工服务站（以下简称社工站）、13个社工服务专项迅速响应号召，在所在地街（镇）党委、政府的领导部署下，与城乡社区居（村）委会通力合作，协力织密防疫网②。这些社会工作机构助力社区排查、防疫宣传、生活服务等基础性社区防疫工作，为困难群体、居家隔离人员、医护人员等有需要的居民提供情绪心理辅导、危机个案跟进、资源链接等专业服务，在复工复产提供信息、资源，构建支持网络等多条防疫抗“疫”阵线上，均发挥了重要作用。

6. 高校社会工作的服务

（1）服务内容：中国社会工作教育协会、中国社会工作联合会和中国社会工作学会合作，推动了社会工作院校、专业协会和社会组织的动员工作。在新冠肺炎期间，在专业领导、专业教育和提供专业服务方面发挥了主导作用。其中包括：中国社会工作教育协会组织编制了《社会工作参与新冠肺炎防治实用指南》（第一版以中文在线出版），指导社会工作机构和社会工作者参与大流行防治工作，指导社会工作的专业标准应对社会需求，为受疫情影响的社区提供服务，为社区工作者的大流行防治提供专业服务指南。为了满足新冠肺炎时期社会工作的教学需要，中国社会工作教育协会（2020）出版了《全国社会工作在线课程资源索引》（第一版）。中国社会工作教育协会与MSW社会工作学术委员会和中国社会工作学术协会联合发布了《疫情防治期间做好社会工作在线教学的指导意见》，实现“不停课停学”的目标。除此之外，充分发挥专业教育职能，组织制作

① 姚韦伟．湖北发挥社工优势凝聚行业合力投身疫情防控［N］．中国社会报，2020-03-11.

② 彭凯健．多线联动有序有力——广东省广州市社会工作力量参与抗“疫”服务印象［J］．中国社会工作，2020（16）：32-33.

和开展《大流行防治工作社会工作在线课程》。随着大流行防治工作的进行，逐步组织和发展了14个工作小组。设立了这些工作小组，以有序和有计划地开展有关大流行预防和控制的社会工作服务和研究①。

（2）服务方法：以社会工作教育协会、联合会、学会等机构统筹领导，开设疫情防控课程；发动各大机构、高校社会工作教师参与学校疫情防控及灾区援助；疫情后期通过线上线下等多途径开展心理情绪疏导服务。

举例：黄冈项目组的“三助行动”：一是关注一线防疫工作者；二是加强乡村防疫力量；三是联合来自北京、吉林、山东、河南、重庆、湖北、江西等地的10余名老师作为父母一方或双方，为防疫医务人员的孩子组织开展亲子益智类活动。

（五）社会工作成效评估

社会工作疫情成效评估是检验疫情下社会工作实施效果的重要手段。同时，通过评估，我们可以发现当前疫情工作的不足并为后续工作进一步发展提出参考意见。依照社会工作评估的程序逻辑框架，一个评估项目的主要组成环节包括：投入的资源（inputs）、输出的服务、产品（outputs）、服务的成效及影响（outcomes-impact）。在本文中，评估对象为新型冠状病毒暴发一年多以来社会工作专业在疫情中的服务效益，投入资源包括疫情期间社会工作专业所投入的人力、物力、财力以及抗疫工作的倡导性工作等，输出服务包括社会工作者提供的个人与社会性服务及社会工作专业机构或协会提供的资源或服务，服务结果包括个人、家庭、社区、社会的改变、抗疫工作效率的提高及抗疫机制的完善，服务成效包括个体、家庭、社区、社会问题的改善与抗疫工作取得的阶段性成果。

为了能够对社会工作的服务成效有清晰客观的认知，本文以服务领域与服务人群为划分标准对纳入研究的内容进行了整合，并将其按照国家政府及相关部门的政策性文件为纲领，按照不同时间不同人群提炼不同维度

① 马凤芝，张洪英，沈黎，黄红，王海臣．社工主导，多方联动，挺进疫区——中国社会工作教育协会“战疫情社会工作服务暨行动研究项目”记［J］．中国社会工作，2020（10）：36-38.

的服务成效。在检索与筛查过程中，国内学者分别就社会工作在疫情中不同维度的工作与效果进行了阐述。综其所述，本文以国家政府部门文件为社会工作专业实践与服务的指导性文件作为成效评估依据，以当前数据库检索发表的社会工作抗疫研究作为评估对象，检验当前社会工作专业在疫情中的服务成效。

1. 按照疫情发展阶段来划分

自疫情暴发以来，新型冠状病毒感染肺炎疫情在中国的抗疫历程大致可以分为疫情前期（疫情暴发期）、疫情中期（疫情平稳期）与疫情后期（后疫情时期）三个阶段。在疫情发展的不同阶段，政府、各种专业力量、社区自治组织、志愿组织、社区居民都是危机事件治理的参与者，在事件发展的不同阶段，危机不同，各参与治理者的角色也不同，社会工作专业所提供的服务与成效也不同。

（1）疫情前期的社会工作服务。在疫情前期，社会恐慌以及大量感染者的出现是主要威胁，为此政府及有关部门迅速颁布了一系列指导性文件，包括《国务院办公厅关于延长2020年春节假期的通知》《关于印发近期防控新型冠状病毒感染的肺炎工作方案的通知》《关于印发新型冠状病毒感染不同风险人群防护指南和预防新型冠状病毒感染的肺炎口罩使用指南的通知》等文件。

在这种情境下，医疗救治以及行政性管控是应对当前危机最直接有效的措施。社会工作者配合医务工作者、社区工作者、公共安全部门等一线防疫人员工作，服务以志愿工作与行政性工作为主，同时提供一定的心理辅导与防疫知识宣传。包含协助志愿者开展防疫宣传、运送物资、体温检测、就医引导以及在社区识别不同人群的心理健康状况，并及时向疫情联防联控工作机制（领导小组、指挥部）报告，并提供建议的解决方案；应用各类心理危机干预技术，并与宣传教育相结合，提供心理健康服务；为受疫情影响的各类人群的需求和实际困难提供社会支持。

（2）疫情中期的社会工作服务。在抗疫工作进行了一段时间，疫情得到有效控制之后，由于隔离导致的一系列问题开始暴露出来，包括疫情产生的心理危机、因疫情丧亲的居民伤痛、物资的短缺、特殊群体的照顾问题等。政府在对当前形势的判断下，又陆续出台了针对不同问题及群体的指导性文件，包括《关于印发新冠肺炎疫情心理疏导工作方案的通知》《国务院应对新型冠状病毒感染肺炎疫情联防联控机制关于印发企事业单位复工复产疫情防控措施指南的通知》《关于印发新冠肺炎患者、隔离人员及家属心理疏导和社会工作服务方案的通知》《新冠肺炎疫情社区防控与服务工作精准化精细化指导方案》等文件。

在这个阶段，服务困难人群、困境人群，解决基本民生问题和促进社会和谐为已任的社会工作的任务变得更加直接和具体，社会工作者一方面协助各个部门积极开展疫情防控常态化工作，推动企业复工复产；另一方面针对普通居民和困难群众开展疫情常态化服务和救助帮扶，同时针对不同人群积极开展心理辅导、情绪支持及疫情危机干预，帮助其回归正常生活。

（3）后疫情时期的社会工作服务。在后疫情时期，疫情防控的重点转为无症状感染者及境外感染者，防范境外疫情输入者、治疗疫情导致的社会创伤、经济恢复及社会团结是最主要的任务。在此阶段，政府出台的文件包括《国务院应对新型冠状病毒感染肺炎疫情联防联控机制关于做好新冠肺炎疫情常态化防控工作的指导意见》《关于印发低风险地区夏季重点场所重点单位重点人群新冠肺炎疫情常态化防控相关防护指南（修订版）的通知》《关于疫情常态化防控下规范医疗机构诊疗流程的通知》《关于印发新冠肺炎疫情防控常态化下治愈患者心理疏导工作方案的通知》《国务院应对新型冠状病毒感染肺炎疫情联防联控机制关于进一步做好当前新冠肺炎疫情防控工作的通知》等文件。

在后疫情时期，治疗疫情创伤及促进社会团结恢复生产发展是社会工作者的主要工作。王思斌教授指出，后疫情时期是重点发挥社会工作作用的时期，要充分发挥社会工作在心理疏导、情绪支持、保障支持等方面的专业优势，提供心理压力疏导、社会生活重建方面的服务。既要处理广大居民的问题，也要处理受疫情影响较大家庭和群体的问题，需要更细致的工作，因疫情而产生的社会救助、社会支持网络建设都要以社区为基础展开。在这个服务框架下，社会工作者积极在社区开展线上线下服务，宣传疫情常态化时期的复工复产知识，进行防疫宣传科普教育，对社区的特殊群体及困难群众提供救助（包括线上辅导学生学习，链接学习资源；为因疫贫困及残障人士申请救济；针对不同年龄段的儿童提供心理疏导、精神关爱、亲情陪伴）等服务。

2. 按照疫情下不同人群服务来划分

（1）普通居民及社区防疫的服务

政府出台的文件有《关于印发新型冠状病毒感染不同风险人群防护指南和预防新型冠状病毒感染的肺炎口罩使用指南的通知》《关于印发新型冠状病毒感染的肺炎疫情紧急心理危机干预指导原则的通知》《中央应对新型冠状病毒感染肺炎疫情工作领导小组关于全面落实疫情防控一线城乡社区工作者关心关爱措施的通知》《新冠肺炎疫情社区防控与服务工作精准化精细化指导方案》《民政部 国家卫生健康委关于进一步提高城乡社区防控精准化精细化水平的通知》等。

按照这些政策文件要求及检索到的社会工作抗疫研究，社会工作在社区及应对普通居民防疫需求方面起到了普及防疫知识、链接资源、促进心理健康、照顾特殊群体、持续提供社会服务的作用。从而促进了社区团结，保障了社区内居民的生存需要。

服务内容：协助城乡社区工作者及医务工作者开展医疗卫生知识、疫情防控知识培训；协助社区开展疫情排查工作，包括电话调查、入户访问、测量体温等；协助社区落实人员管控措施，配合做好返回人员的信息登记、居家隔离观察等防控工作，对人员出入进行检查等；探索建立社区矛盾纠纷线上调解机制。为社区居民提供心理慰藉疏导服务，积极拓展生活物资在线订购和配送服务功能。建立社区居民心理慰藉疏导机制，引导其适应社区封闭式管理生活。完善社区孤寡独居老人、监护缺失儿童、残疾人和一线医务工作者家属关爱照料措施。在国外由于疫情带来的封锁造成大面积饥荒出现，当地社会工作者安排食物、水和其他必需品分发灾民，支持人们分享资源，生产基本生活必需品。

服务方法：线上与线下相结合。线上依托社区防控产品移动客户端和社区公众号、微信群、QQ 群等开展健康教育、信息宣传和活动组织、招募志愿者、购买物资、开展线上老人心理慰藉疏导。线下通过链接社区服务机构和对困难群体走访探视、物资配送、生活照料、分发基础生活物资等。

（2）特殊群体（老年人、儿童、孕产妇、精神障碍患者、新冠患者等）的服务

政府出台的文件包括《关于做好老年人新型冠状病毒感染肺炎疫情防控工作的通知》《关于做好儿童和孕产妇新型冠状病毒感染的肺炎疫情防控工作的通知》《关于加强新型冠状病毒肺炎疫情防控期间孕产妇疾病救治与安全助产工作的通知》《关于加强新冠肺炎疫情期间严重精神障碍患者治疗管理工作的通知》《因新冠肺炎疫情影响造成监护缺失儿童救助保护工作方案》《中央应对新型冠状病毒感染肺炎疫情工作领导小组关于进一步做好疫情防控期间困难群众兜底保障工作的通知》等。

老年人的服务内容：除了疫情防控基本知识宣传之外，社会工作者更是照顾到了老年人的特殊需求，包括身体健康监测、心理调适、绿色就医指导及智能技术教学等。针对居家老年人，社会工作者进行疫情防控知识的宣传，针对社区老年人，主要服务为疫情防控基本知识的宣传、诊断机构服务范围内或社区内服务对象的心理状况，对状况不佳的老年人鼓励其通过绘画、唱歌、健身等活动缓解不良情绪，帮助他们恢复良好的心理与情绪状况。针对机构老年人，社会工作者在疾控机构指导下，进行发热老年患者的筛查、发现、登记、相关信息报告和处理工作，对养老机构老年人进行疫情防控宣传教育，传播权威疫情信息，普及科学防控知识，指导做好个人防护，保持良好卫生和健康习惯；同时加强老年人心理调节，纾解焦虑恐惧情绪，引导其保持正常作息、规律生活。

服务方法：防疫知识讲解及就医指导、智能技术教学等通过媒体网络以及上门等多种方式进行；诊断社区老人心理状况以线上交流和线下就医进行，同时做好登记工作及心理情绪疏导。

儿童及孕产妇的服务内容：社会工作者结合社区工作者开展了多种形式的健康教育，普及疫情防控知识，指导家长做好居家儿童防控措施落实。除此之外，对于有困难的儿童及孕产妇，引导其及时就医、安全就

医，同时开展与儿童和孕产妇相关的早教、亲子活动和保健服务。对于因疫情导致的监护缺失儿童，社会工作者协同儿童督导员、儿童主任、基层妇联执委、社区工作者等多方力量，结合疫情防控排查，对各村（社区）儿童监护情况进行全面摸底，对发现儿童监护缺失的，及时向村（居）民委员会、乡镇人民政府（街道办事处）报告。对因疫情影响导致生活陷入困难的儿童及家庭，社会工作者根据需要及时申请临时救助，针对不同年龄段的儿童提供心理疏导、精神关爱、亲情陪伴等服务。

服务方法：以微信、电话、视频等方式开展在线咨询和指导，以互联网形式提供早教与保健服务；线下结合多方力量以挨家挨户的形式全面摸底调查监护缺失儿童情况，并对其开展服务。

精神障碍患者的服务内容：社会工作者与患者和其家属进行联络，做好社区管护和服务。对在封闭管理区居住的患者，主动了解患者服药需求，协助采取精神卫生医疗机构邮寄药品，或将药品送至基层医疗卫生机构，综合管理小组以代取药、送药上门等方式，帮助患者持续药物治疗。对于出现明显精神症状、情绪暴躁或行为冲动等病情不稳定患者，社会工作者联系精神卫生医疗机构，由精神科医师给予居家患者提供远程医疗服务。

服务方法：采取网络视频、电话沟通等方式对患者及家属展开联系与服务；线下提供药物链接与药品配送服务。

困难群众的服务内容：社会工作者在民政等有关部门领导下为其及时足额发放低保金、特困供养金、孤儿基本生活费，以及困难残疾人生活补贴和重度残疾人护理补贴，切实保障好困难群众基本生活。对于居家隔离的孤寡老人、社会散居孤儿、留守儿童、留守老年人以及重病重残等特殊困难人员，社会工作者通过村民委员会、居民委员会等机构与其保持联系，及时提供帮助。在舆论引导上，社会工作者宣传党和政府保障基本民生的惠民政策和有力举措，并与心理工作者、志愿者共同参与，为被隔离收治人员及其家属、病亡人员家属提供心理援助、情绪疏导等服务。

服务方法：线上通过热线电话、微信等方式开展心理辅导、情绪支持等服务；线下为困难群众发放低保金、特困供养金、孤儿基本生活费等救济金，以走访探视的形式关注困难群众并提供及时帮助。

新冠肺炎患者及康复者的服务内容：社会工作者为其疏导紧张、抑郁情绪，提供情感支持。同时在社区开展科普宣传，定期向社会公布相关信息，营造积极的社会氛围，消除公众对患者的歧视。对于生活困难的患者，社会工作者帮助其申请临时救济，联系社区为其提供援助。

服务方法：线上为患者提供心理辅导与防疫知识教育，并以多种媒体在社区开展反歧视宣传；线下探望走访患者并根据需要申请救济。

（3）医务工作者及其家属的服务

政府出台的文件有《关于改善一线医务人员工作条件切实关心医务人员身心健康的若干措施》《中央应对新型冠状病毒感染肺炎疫情工作领导小组关于全面落实进一步保护关心爱护医务人员若干措施的通知》《关于做好新冠肺炎疫情防控一线医务人员老年亲属关爱服务工作的通知》《关于全力做好一线医务人员及其家属保障工作的通知》《国务院应对新型冠状病毒感染肺炎疫情联防联控机制关于聚焦一线贯彻落实保护关心爱护医务人员措施的通知》等文件。

服务内容：社会工作者主要是提供心理疏导、情绪支持以及为困难家庭链接资源提供帮扶的服务。疫情期间，社会工作者积极为一线医务人员提供线上心理支持和心理疏导；开展医务人员心理健康评估，强化心理援助措施，有针对性地开展干预和心理疏导，减轻医务人员心理压力。为一线医务人员和家属建立沟通联络渠道，安排志愿者或专门人员对有家庭困难的一线医务人员家属进行对口帮扶。

服务方法：主要开展线上服务，对医务人员及家属进行个案辅导与心理疏导，并对其健康状况开展评估；利用电视、报纸、网站、微信公众号等多种形式宣传医务人员职业精神。线下对有需要的医务人员及家属开展救助及帮扶。

（4）志愿者群体及社会工作人员的服务

政府出台的文件有《志愿服务组织和志愿者参与疫情防控指引》《关于加强应对新冠肺炎疫情工作中心理援助与社会工作服务的通知》《关于印发新冠肺炎患者、隔离人员及家属心理疏导和社会工作服务方案的通知》《关于印发入境人员心理疏导和社会工作服务方案的通知》等文件。

志愿者群体的服务内容：主要是进行知识与技能培训及对志愿者的心理支持与工作支持。疫情期间，社会工作者召集并带领志愿者开展线上线下服务，开展社区疫情防控、医疗救治辅助、生活用品配送、一线医务人员及家属关爱、确诊患者及家属情绪疏导、老人及儿童陪伴呵护、困难群众帮扶、心理援助、复工复产防疫宣传等志愿服务。

服务方法：线上线下进行服务与心理支持；以督导形式对其工作进行评估与改良；对工作压力大的志愿者进行心理疏导与个案服务。

社会工作人员的服务内容：主要包含机构内服务与社区服务。疫情期间，社会工作者在定点医院、方舱医院组织开展心理援助与社会工作服务，对新冠肺炎感染者提供心理支持和心理危机干预。对一线工作人员及家属提供心理疏导、情绪支持、保障支持等服务；遵守心理工作、社会工作服务的伦理规范、恪守职业道德；广泛开展科普宣教，在医院和隔离点开展心理评估和疏导，保证心理疏导与治疗连续性，为有需求的居家人员提供社会和心理支持，开展困难人员生活扶助与支持，加强病亡者家属关爱和心理支持，及时发现并处置高危风险；在入境人员入境流程中开展宣传、提供心理疏导和社会工作服务资源。

服务方法：线上与线下相结合，包括对个人开展线下个案辅导，进行心理疏导、情绪支持和生活扶助；线上开展小组知识教育讲座与链接服务资源。

（5）社会服务机构或民政服务机构人员的服务

政府出台的文件有《国务院应对新型冠状病毒感染肺炎疫情联防联控机制关于进一步做好民政服务机构疫情防控工作的通知》《关于进一步做好医养结合机构新冠肺炎疫情防控工作的通知》等文件。

服务内容：包括协助儿童福利机构、未成年人救助保护机构要按照防控工作要求，妥善安排收住人员生活；协助民政服务机构输送物资，筹集资金；协助精神卫生福利机构做好特困人员、流浪乞讨人员中的精神障碍患者及公安部门移交的肇事肇祸精神障碍患者的精神康复服务；协助流浪乞讨人员救助管理机构对求助人员安排核酸检测及住宿安排；加强机构内服务对象心理疏导，协助开展拨打亲情电话等精神慰藉活动。

服务方法：主要提供线下服务，在机构内展开工作，包括行政性工作与专业性工作，同时协助机构开展机构外延服务，救助困难群体。

（6）境外输入人群的服务

政府出台的文件有《关于暂缓持有有效中国签证或居留证的外国人入境的公告》《关于目的地为北京的国际航班从指定第一入境点入境的公告（第1号）》等文件。

境外人员的服务内容：社会工作主要依托社会组织及政府有关部门，为外籍居民不间断地提供包括语言支持、信息传递等日常服务，通过线上、线下等方式与外籍居民建立日常联系。外籍居民可利用涉外社工服务平台来展示自己有何需求，使其对社区的表达机制趋于完整，涉外社工则可通过日常服务及时把握外籍居民的各项信息动向及需求，开展有针对性的社区活动，促进外籍居民进一步融入社区。

服务方法：以社区或个案形式展开服务，服务以线上服务为主，包括信息支持、困难救助、心理慰藉；线下服务主要为物质援助。

（7）高校学生的服务

政府出台的文件有《关于印发高等学校、中小学校和托幼机构秋冬季新冠肺炎疫情防控技术方案的通知》等文件。

服务内容：社会工作主要开展两方面的工作。一方面是线上服务。通过利用网络等方式发送学生位置，电话语音联系访谈、信息表格填写等了解学生身处环境、环境内成员身体状况等信息。经过筛选，对身处疫区、有疑似病症、经过疫区、同环境人员有疑似病症的学生，按照感染风险设计表格，进行关注、每日监控和信息报送，情况严重的可协助其联系卫生部门和机构进行干预治疗。同时也可以依托社区，利用微信、QQ群等媒体工具为其提供线上学习资源与心理、情绪疏导。另一方面是线下服务，在学校与学生交流时注意倾听，尤其是从疫区返回、家人身体状况欠佳的学生，帮助其澄清内心想法，根据学生问题帮助其建立目标，设计活动内容，鼓励学生参与活动，通过小组或是个案等工作，着重为学生增能，达到其自我成长，摆脱心理困境的目的。

服务方法：线上与线下相结合，线上以电话、微信、QQ及健康监测App监测学生健康状况及提供疫情信息，线下以小组或个案展开服务进行危机干预与心理辅导。

三、讨论

（一）社会工作参与抗疫工作的优势所在

1. 社会工作组织有序

在社会工作实践已经得到发展与成熟的国家，面对疫情，各国政府部门能够指示社会工作者继续提供社会服务，各级社会工作协会与机构能够迅速组织工作，协会与高校能够贡献自己的理论指导智慧，一线社会工作者则能运用专业知识服务社会，形成多方协同的高效工作结构。

2. 社会工作专业胜任

一方面，社会工作在医院、社区等地发展已久，社会工作者的角色与能力在平时已经得到工作人员和其他人的认可。当疫情来袭，社会工作者也自然能够与其他专业人员合作，社会工作者在社区发展、社区组织和社区资产方面的专业知识使他们能够迅速识别和协调社区资源，从而推进相关的社会干预措施。

另一方面，一线社会工作者在疫情期间能发挥多重作用，为患者及其家属提供医疗适应、健康教育、医患沟通、临终关怀、哀伤安慰等人文关怀和服务，为那些表示需要支持的居民提供心理和情感支持、资源链接等服务，确保最困难群体得到食物、住房、医疗照顾和精神支持等，能够胜任倡导、促进、心理支持等独特角色。

（二）抗疫期间社会工作者所遇阻碍

1. 线上交流存在困难

疫情期间常规活动与面对面交流的方式被线上交流方式取代，这对需要观察服务对象的社会工作者来说是一个挑战，他们无法对服务对象使用眼神注视等技巧，不能面对面表达亲密和同理心。将常规活动转变为线上开展的效果也不尽如人意，线上服务缺乏专门的社会工作智能化服务平台，线上活动也不利于专业关系的建立，服务效果也难以评估。此外，由于线上交流的单一性与封闭性，阻碍了社会工作对困难群体的评估，正如追踪家庭暴力事件的社会工作者所说，他们无法判断在视频范围外，服务对象是否受到了监视与威胁。

2. 社会服务开展受限

在防疫措施严格的地区和疫情严重的时期，由于非本社区工作者、非本社区居民等原因，社会工作者会被限制进入社区，居民减少外出，社会服务被迫暂停。即使在防疫措施宽松和低风险地区，社区也会出于防疫的考虑限制社会工作者活动的时长、服务次数、参与活动的人数等，这对服务项目立项、实施产生了负面影响。服务对象出于对疫情的担忧，参与意愿也会降低。在社会工作实践还没有正式制度化的国家，社会工作者在国家和社区两级的不同利益相关者之间进行协调工作需要付出额外的努力，并且他们的行动不受法律保护，也很难参与跨学科合作团队。

3. 社会工作者负面情绪挑战

疫情期间还存在社会工作者服务供需不平衡的挑战，面对数量众多的服务对象、社区居民，以及他们多种多样的需求，社会工作者不能满足大量的服务需求，工作量骤增，会面临工作压力较大，继而出现一些无力感、悲伤等情绪问题，不能得到及时的排解。

4. 社会工作专业优势不突出

疫情期间，社会工作者过多地扮演了科普教育员、快递员、代购员、组织员、守门员、统计员、辅导员等角色，这些服务主要以微观的初级预防层面为主，虽然为保障人民生活质量发挥了巨大的作用，但是缺乏项目管理、社会政策等宏观层面的服务，服务的不成体系导致专业优势不突出，进而阻碍社会工作成效的发挥。

5. 心理干预缺乏服务体系

一方面，政府救助以物质救助为主，缺乏精神和心理上的支持，不能为社会工作者提供专门的、系统的针对疫情的心理危机干预工作指引，疫情下的社会工作者心理干预多为自发行为，缺乏统一指导，不利于服务开展。

另一方面，社会工作者的心理危机干预的手段和方式有待进一步创新。当前，心理危机干预的手段主要以热线为主，辐射的群众规模、投身到热线和心理危机干预中的社工人数相当有限。

四、结论与展望

（一）研究小结

研究发现，在新冠肺炎疫情期间，社会工作在疫情发展的不同阶段对不同人群的服务都取得了一定成效。尽管在疫情前期与中期社会工作者更多的是协助社区工作者、医务工作者、警察等一线人员从事非专业性服务与志愿性工作，但也通过社会工作的服务技巧与行动让社会各界看到了社会工作界抗疫的力量，以及在服务之中体现的专业优势，取得的服务效果。而在后疫情时期社会工作界发动了更多的力量参与到社区防疫、企业复产、农村人员复工、特殊人群救助、不同人群心理辅导与情绪支持等多领域多层次的服务中，在各个服务领域取得了链接资源、促进心理健康、参与社区联防联控机制、防范境外输入疫情人员、恢复生产、救助困难群体等成效。总体而言，社会工作在疫情期间及后疫情时代发挥着不可或缺的中坚力量。

（二）研究的局限性

本研究仍存在 3 点局限性：第一，所纳入的研究类型多为原始资料与定性研究，缺乏对社会工作抗击疫情成效的定量研究，因此可能会导致结论不够全面。第二，现有社会工作应对新冠肺炎疫情的研究，普遍存在理论与实践脱节的情况，鲜有依据理论而实践或通过实践总结理论的文献，这也可能导致本研究结论不够全面。第三，英文文献只检索了 Web of Science 的所有数据库及 IFSW 网站，其他数据库对本研究可能也有指导作用。

（三）研究展望与建议

随着抗疫工作进行到后疫情时期，王思斌教授指出，社会工作专业应该发挥更大的作用与贡献。服务疫情危机下的困难群体，大力开展疫情后的心理辅导与情绪支持，稳定社会秩序，促进人们生产生活正常化。与此同时，研究提出三点建议：一是在后疫情时期的社会工作开展服务需要更加精细化与精准化，更好地将社会工作专业优势践行到服务的细节之中；

二是社会工作学界要注重本土公共卫生社会工作的发展，在新冠肺炎疫情这样的重大公共危机事件下，总结本土公共卫生社会工作的理论框架与实务模式；三是社会工作界应朝着建立正式的社会工作参与应对重大社会危机事件的制度与机制方向作出努力，促进社会工作专业纳入国家公共危机事件治理体系，以在公共危机事件中发挥更大成效。

An Evidence-based Evaluation of the Effectiveness of Social Work in Responding to COVID-19

ZHANG Shu, LIU Zesheng, TAN Min,
LIU Yongqing, MENG Ziyuan, BAI Zhenggang

Abstract: Social work bears the unshirkable responsibility in the fight against the COVID-19. In order to systematically evaluate the measures and effects taken by the social work, this study searched databases such as CNKI, Wanfang data, Cqvip, Web of Science, and IFSW websites. In this study, the articles on social work fighting against the COVID-19 were taken as the retrieval object. By extracting, analyzing and integrating them, sort out the service content of social work during the epidemic and conduct evidence-based evaluations according to the different stages of the epidemic development and serving different groups of people . The study found that social work has adopted different action strategies in response to the government's epidemic prevention requirements at different stages, and has achieved significant achievements in services for different groups of people, including links to resources, psychological counseling and emotional support, participation in community epidemic prevention, and assistance to vulnerable groups.

Keywords: Effectiveness of social work, COVID-19, Novel coronavirus pneumonia, Evidence-based evaluation

共同维持的小型社会系统和社会实在，或者是他们当下感知的正在发生的具有主体性意义的互动①。也就是说，戈夫曼的分析对象或样本不是个体，也不是宏观结构，而是日常生活的微观情境与互动系统。在这里，情境被赋予了行动意义，行动者参与其中并产生协作行为的社会情境成为其核心关注点。我们在讨论社会工作融入疫情防控的情境性因素时也是要聚焦对行动的影响，或对融入本身的影响。

从上海的实践看，有三点是值得我们去关注的。

第一，社会工作参与社会治理的制度合法性。制度合法性源于政府对于社会工作高质量的制度安排。仅举例2020年上海出台的与社会工作相关的政策文件，就可以看出政府已经为社会工作发挥专业优势提供了制度保障（见表1）。

表1　2020年上海市层面社会工作相关法律文本

编号	法律文本名称	签发部门
1	《上海市养老服务条例》	上海市人大常委会
2	《上海市志愿服务条例》	上海市人大常委会
3	《上海市促进多元化解矛盾纠纷条例》	上海市人大常委会
4	《上海市居民委员会工作条例》	上海市人大常委会
5	《上海市实施〈中华人民共和国村民委员会组织法〉办法》	上海市人大常委会
6	《上海市公共卫生应急管理条例》	上海市人大常委会
7	《上海市公共文化服务保障与促进条例》	上海市人大常委会
8	《上海市人民代表大会常务委员会关于全力做好当前新型冠状病毒感染肺炎疫情防控工作的决定》	上海市人大常委会

从2020年上海市新修订和通过的与社会工作相关的法律文本内容来

① Erving Goffman. Behavior in Public Places: Notes on the Social Organization of Gatherings [J]. NewYork: Free Press, 1963.

看，首先，涉及社会工作参与养老服务、志愿服务、公共文化服务提供，如《上海市养老服务条例》中强调本市鼓励和支持社会力量提供养老服务，激发市场主体活力，健全开放、竞争、公平、有序的养老服务市场，发挥社会力量在养老服务中的主体作用以及通过配备相应的社区工作者或者政府购买服务等方式，加强养老服务工作力量。《上海市志愿服务条例》强调鼓励和支持国家机关、企业事业单位、人民团体、社会组织等成立志愿服务队伍开展专业志愿服务活动等。《上海市公共文化服务保障与促进条例》强调引导社会参与，增强公共文化服务发展动力等。其次，涉及社会工作参与多元主体间沟通协调，如《上海市促进多元化解矛盾纠纷条例》《上海市居民委员会工作条例》《上海市实施〈中华人民共和国村民委员会组织法〉办法》等，主要聚焦于社会工作在多元主体间沟通协调过程中角色和功能的发挥等。最后，涉及社会工作参与新冠肺炎疫情防控，如《上海市公共卫生应急管理条例》《上海市人民代表大会常务委员会关于全力做好当前新型冠状病毒感染肺炎疫情防控工作的决定》等，主要聚焦于社会工作参与疫情防控的空间范围和功能作用等。另外，在2020年上海还出台了17项涉及社会工作的行政条例，主要涉及社会工作职业化与专业化、各领域社会工作等。

第二，社会工作参与重大灾难和公共突发事件的社会记忆。上海社会工作者积极参与到重大突发事件的应对之中，汶川地震、鲁甸地震、雅安地震、外滩踩踏事件等，都有社会工作者积极介入的身影。在“5·12”抗震救灾工作中，上海第一时间倡导组织社会工作者投入紧急救援和灾后重建工作，派出了31批计290人次在都江堰开展社会工作专业服务，以“社区重建”为理念，运用社会工作的专业理念和方法，通过整合社会资源，重建支持网络等手段，抚慰灾民情绪，重建社会关系，协助灾区人民开展自救和自建，受到当地和有关方面的高度好评，获得了“中华慈善奖”最具影响力慈善项目①。2014年鲁甸地震中，上海社会工作服务队作为民政部组建的5支专业队伍之一，在灾区服务的三个多月中先后派出三

① 马伊里．上海社会工作的实践探索［J］．行政管理改革，2010（03）：27-30.

批社会工作者开展服务，构建了以“社区关系重建”为核心的社会工作整合服务①。2014 年外滩踩踏事件中，民政部和原上海市卫生局分别启动社会工作应急预案和心理援助工作，组建社会工作服务队并制订服务方案、团队守则和服务流程，开展应急服务培训，组织医务社会工作者参与伤员及家属的劝慰安抚工作②。2015 年 11 月 15 日，上海市静安区胶州路 728 号特大火灾发生后，在上海市民政局的倡导下，快速组建了由社会工作者、高校社会工作者专家督导共同参与的 60 余人静安社会工作者服务队，以政府购买服务的形式，帮助受灾居民、工程队农民工、消防救援队员和善后工作人员开展社会工作服务③。此外，上海社会工作者连续多年为祖国边疆少数民族地区培养社会工作者实务人才，参与边疆地区脱贫攻坚行动，受到了当地党委、政府和居民群众的好评④。社会工作在历次重大突发公共事件中的突出表现，得到政府承认，获得了良好的社会记忆。

第三，社会工作在实务中深耕细作获得了专业成长。历年来，上海社会工作强调内涵式发展，注重在实务中专业的精细化。在这次新冠肺炎疫情的大考中上海社会工作不仅凸显了专业的使命，在疫情暴发阶段，社会工作在社区防控、心理疏导、链接资源、关怀特殊群体等方面也提供服务。以上海市社会工作者协会为例，在疫情暴发初期，协会利用自身集聚人才的特点，广泛组织动员社会工作领域的专家学者贡献知识力量积极参加到防疫当中，率先在全国相继出台了《新型肺炎疫情防控社会工作服务手册》《新型肺炎疫情防控分群体社会工作服务指南》《新型肺炎疫情防护和资源手册》等内容，为社会工作者提供专业和技术指导，解决了一线社会工作者在服务中因缺乏知识技能导致服务不及时等问题。同时，利用行业协会的优势，上海市社会工作者协会在全市招募了 300 多名社会工作专

① 文军，吴越菲．灾害社会工作的实践及反思——以云南鲁甸地震灾区社会工作者整合服务为例［J］．中国社会科学，2015（09）：165-181+207.

② 上海市人民政府网：“12・31”外滩拥挤踩踏事件调查新闻发布会文字实录，http：//www. shio. gov. cn/shxwb/xwfb/node169/node261/u1ai10261. Htm，2015-01-21.

③ 朱希峰．60 余名上海社会工作者介入“11・15”火灾善后服务［J］．中国社会工作，2010（23）：4.

④ 上海市民政局社会工作者处．专业社会工作：服务民生和社会治理的新职业——改革开放以来上海社会工作回眸［J］．中国民政，2018（19）：27-28.

业服务人员，开通全国心理咨询热线，为湖北武汉、上海地区有需要的群体提供专业服务。在复工复产阶段，社会工作在宣传政策、指导防护、平稳社会情绪、恢复生活生产正常秩序等方面提供服务。在疫情常态化阶段，社会工作可以在协助治愈患者及家属、疫区社会功能恢复、生活心理重建、家庭生活支持、家属哀伤辅导等方面提供服务。

二、社会工作融入疫情防控的运行机制

为了解释社会工作融入疫情防控的运行机制，本文引用推断理论的某些观点。“助推”（Nuage）一词在英文中的原意为“用肘轻推以引起某人的注意”。2008 年行为经济学家理查德·泰勒（Richard Thaler）和法学家卡斯·桑斯坦（Cass Sunstein）以“助推”命名，出版《助推：如何作出有关健康、财富与幸福的最佳决策》一书，正式提出助推理论。在该书中，作者将人们在选择时的背景环境称之为“选择架构”，而“助推”则指任何不采用禁止或是明显的经济刺激方式，却能影响人们行为向可预见方向发展的选择架构导向。助推理论的基本理论假设和作用原理在于：现实中的人是社会人，其决策会受到自身心理和环境因素的影响；社会人的非理性决策会受到影响和控制；运用非强制性助推手段，能在一定程度上影响人们的决策。已有助推理论被运用于公共部门的决策行为和政府购买服务①、行为社会政策等文献②。在这里不着重讨论推断理论的适切性，而是在策略的意义上运用推断理论去讨论社会工作融入疫情防控治理体系的过程。

上海社会工作参与疫情防控的过程可以分为以下 5 个策略步骤。

第一，主动对接政府。在 2020 年 1 月 24 日除夕夜，上海市社会工作者协会“上海社工”公众号率先发出“武汉加油，上海社工在行动”的倡议。因为时逢大年夜，相关政府部门还没有发出任何指令，社会工作主动对接，小心翼翼地向政府表达“帮忙不添乱”的参与决心，但政府一方面在观望；

① 张维书，等．行为社会政策：助推公共福利的探索与实践［J］．心理科学进展，2019-03.

② 句华．助推理论与政府购买公共服务政策创新［J］．西南大学学报（社会科学版），2017-02.

虽然社会工作在历次重大突发公共卫生事件中有突出表现，但新冠肺炎疫情不同寻常，本次疫情传染性强，社会工作到底能发挥什么作用；另一方面，政府也在期待，希望社会工作能一如既往地帮助政府，为广大人民群众排忧解难。同时，政府也在担心，对付新冠肺炎疫情，国内外都没有社会工作参与的经验，社会工作的介入是否会“闯祸”。在这样的情形下，尽管专业使命和专业敏感促使社会工作者义无反顾地投身到疫情防控中来，但在行动策略上不能操之过急，要一点点争取介入的合法性和安全性。为全面融入疫情防控做好专业准备，上海市社会工作者协会组织社会工作专家学者和一线有经验的社会工作者连夜赶写疫情防控社会工作服务手册，并作为公共产品广泛传播和宣传，得到政府和群众的好评，社会影响力较大。

第二，积极响应政府要求。2020 年大年初二，上海市民政局朱勤皓局长召开全市各区民政局长疫情防控会议，在会议上推介社会工作，要求发放《社会工作服务手册》和社会工作服务菜单。上海市社会工作者协会迅速回应，列出了迄今来看比较全面、有针对性的服务菜单。具体服务内容有：（1）为社区居民提供新型肺炎的防治知识和疫情防控政策的解读咨询服务；（2）为社区工作者提供新型肺炎的防治知识和疫情防控社会服务培训；（3）为社会工作者提供新型肺炎的防治知识和疫情防控知识和技巧的培训；（4）为疫区有需要的新型肺炎患者和家属提供相关信息咨询、心理疏导、情绪支持、资源链接等线上服务；（5）为本市新型肺炎确诊患者、疑似患者、隔离留观人员以及他们的家属提供相关政策解读、信息咨询、心理疏导、情绪支持、资源链接等服务；（6）协助有确诊和疑似新型肺炎患者所在社区做好有关居民社会情绪的社会工作介入；（7）为有确诊和疑似新型肺炎患者所在社区内的独居孤寡老人、困境残障人士、低保低收入家庭、困境单亲家庭等困难群体提供防疫援助、生活救助等支援服务；（8）协助社区开展疫区来沪人员与本地居民的关系协调等服务；（9）为正在对新型肺炎患者和疑似患者进行治疗的医护人员提供情绪支持和心理减压等服务；（10）协助新型肺炎患者和疑似患者及其家属与医院之间开展关系协调及生活重建（有必要时开展哀伤辅导）的服务。及时回应政府的需求，是社会工作介入的重要契机。

第三，有效回应群众需求。以服务对象为本是社会工作的专业属性，随着专业服务的开展，通过求助、转介、主动发现等来源的服务对象开始多了起来，主要涉及隔离点群众、隔离社区居民、居家隔离居民、窗口服务人员（如海关、道口等）、社区工作者、医护人员、确诊患者及疑似患者家属、特殊人群、境外回国人员、回国小留学生等。对每一类别人群的服务都是专业理性和专业能力的彰显。在服务初期评估逻辑下的适当干预，在服务中期整合逻辑下的有效服务，以及服务后期发展逻辑下的恢复重建，不仅获得群众的好评，政府也从观望到肯定，从担心到放心。一个重要的标志是在上海疫情防控新闻发布会上开始有关于社会工作的相关内容，在政府部门疫情防控的创新和政绩中，社会工作成为亮点，政府自觉地在各种场合宣传和推介社会工作。

第四，协商处理问题。在疫情防控严峻形势和确保政令下，政府部门工作人员的工作负荷和心理压力日益增加，个别工作人员有时会提一些超过社会工作服务边界的要求，甚至还存在决策不合理的情况。同时个别社会工作者也会出现不理解，或由于经验不足对相关工作处理不到位。上述问题在社会工作融入政府部门的相关工作中是不可避免的。如，在某个针对隔离点隔离人员的服务中，社会工作者通过建立微信群的方式进行服务，面对隔离生活的不适应，有些隔离人员在微信群中吐槽，这本来是正常的情绪发泄，经过社会工作者的辅导，微信群内的正向潜能已经开始激发，隔离人员自己已经在讨论如何锻炼身体、相互介绍好的音乐和影视，还有相互介绍好的书籍等，但个别政府工作人员认为微信群政治风险太大，勒令关闭。在这种情况下，社会工作者通过不断呈现服务成效，同时进行澄清、争取、协商，最终与政府工作人员达成共识。

第五，推进融入到融合。在这次全国新冠肺炎疫情防控的考验面前，上海社会工作者的表现及防疫作用值得一提。首先，从参与率和参与范围来看，此次防疫中社会工作机构的表现积极主动，敢于担当，全市绝大多数社会工作机构由于都投身到了防疫工作中。其次，在参与程度上更为精准，由于社会工作者较之政府官员和企业员工对社会及各自领域发展了解更为清晰，其在某一领域可以更为精准地开展相关工作。以上海市自强社会服务总社为例，围绕着禁毒和社区主题开展防疫工作，协助政府、企业等组织共同面对疫情，成效显著。最后，在联动环节，上海社会工作机构表现出了强有力的“秩序感”，主动融入全市联防联控的机制中，在各个条线、区块上稳步协助防疫。在社会工作机构的内部同样可以感受这种“有序”，基金会配置资金、物资，行业协会出台标准提供专家资源，社会服务机构在一线稳步开展服务，秩序链衔接密切，以“帮忙不添乱”的姿态为党和广大人民群众提供精准服务。通过服务，不仅获得了政府更深的信任，社会工作也合法地被纳入了疫情联防联控体系。同时在此基础上，政府对社会工作有了更多的赋权，社会工作也担当了更多的重任，比如在介入境外人员和回国小留学生的服务上，上海社会工作者不仅在本地、在疫区，也在其他非疫情地区获得了很好的口碑。

最后，在助推过程中我们进行类型和运行机制总结。尝试是否可以把社会工作的助推划分成结构性助推和功能性助推，并在此基础上，形成社会工作融入疫情防控治理体系的运行机制（见图 1、图 2、图 3）。

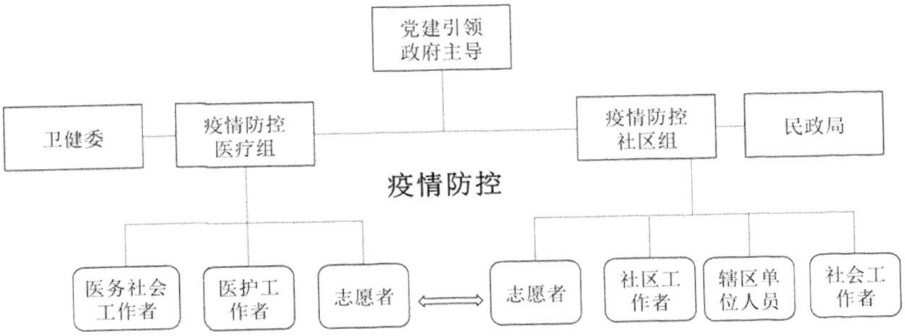

图 1 结构性助推（以上海为例）

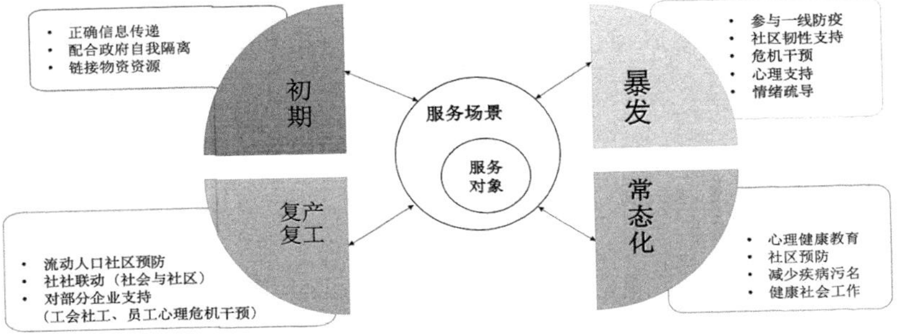

图 2 功能性助推

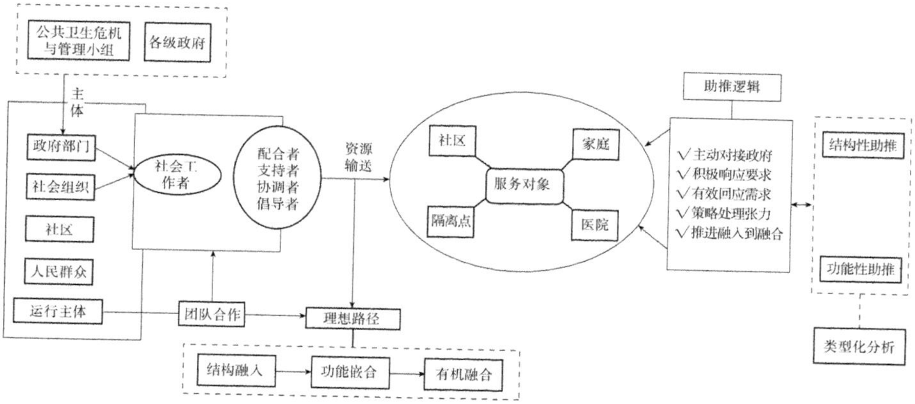

图3　社会工作融入疫情防控治理体系运行机制

三、融入疫情防控体系的难点与回应策略

社会工作者通过专业策略与实践，确定了以人民利益为基础的服务取向，这对此次我国防疫成功意义重大。社会工作者与政府的关系也由此逐步迈入了从“融入”向“融合”发展的过程①。反观社会工作者融入防疫体系的全过程，社会工作者的主体地位及能动性在部分地区得到大力认可与推崇。然而，在社会工作者努力通过服务为专业自证并进一步获得国家政府认同的同时，很多显而易见的表象问题、制度结构问题以及更深层次的专业发展问题，依然需要得到关注与讨论。

一是社会工作者尚未被纳入顶层应急救灾制度设计体系。综观整个防疫，社会工作者的积极作用得到国家和人民的认可。尤其在防疫初期，习近平总书记发表讲话并着重强调了“要发挥社会工作的专业优势，支持广大社会工作者、义工和志愿者开展心理疏导、情绪支持、保障支持等服务”。这无疑给社会工作者融入疫情防控体系的合理性提供了有力的支撑。然而，对于如何进一步巩固发挥社会工作者在疫情防控体系中的整体作用，抑或是说如何整体将社会工作者纳入到我国的疫情防控体系、应急救灾体系当中，现阶段我国尚未给出明确的答案，在顶层制度

① 王思斌．我国社会工作从嵌入性发展到融合性发展之分析［J］．北京工业大学学报（社会科学版），2020-03-29.

设计上依然处于空滞状态。其实，在2008年汶川地震发生时，社会工作就已经参与到了国家应急救灾序列当中，但是在制度层面一直没有给予社会工作者参与应急救灾合法性的身份①。面对突发重大疫情或者灾难，人民群众以及参与救灾人员的心理情绪等问题是需要关注的，尤其是部分群众在灾后的创伤是较为严重的，如果得不到及时的干预治疗，很可能在灾后会引发他们身心的二次伤害。2018年，我国的应急管理部成立，但在疫灾队伍建设上，社会工作者仍没有被纳入到整体顶层设计当中，这导致在此次疫情发展初期，社会工作者介入防疫的合法性也存在质疑。目前，新冠肺炎疫情已经定性成为全球性的重大灾难，社会工作者如果想进一步融入防疫体系还需要进一步获得制度性的合法身份，尤其在疫后社会心态重建等问题上，社会工作者的作用远远没有被充分发挥②。

二是社会工作者参与疫情防控服务边界模糊作用虚化。新冠肺炎疫情危害性极大，防疫过程实则考验的是整个国家的医疗卫生防治能力、资源供给协调能力等。我国此次的防疫过程有目共睹，在世界层面交出了一份优秀答卷，这一切彰显出了国家体制机制、人民联动的有效性。然而，对社会工作者而言，虽然其在防疫的全过程中发挥着重要作用，但社会工作者参与防疫服务的整体定位依然是模糊的，与医务工作者等其他防疫工作人员的边界感并不清晰。正因如此，当疫情防控开始步入良性常态时，反思社会工作者在防疫中的作用，则呈现出虚化状态，社会工作者发挥的功能作用被叙事到国家体制优越性层级，难以形成自身独特的作用标签。以上海市为例，社会工作者在融入疫情防控体系中较为有序，无论从社区社会工作者还是到专业社会工作者，均在全市联防联控组织架构下提供分点式服务。社区系统里，社会工作者积极配合政府在社区内开展隔离防疫、答疑咨询、配送物资、信息登记等事务性工

---

① 徐永祥．建构式社会工作与灾后社会重建：核心理念与服务模式——基于上海社会工作者服务团赴川援助的实践经验分析［J］．华东理工大学学报（社会科学版），2009-01-01.

② 方琦，范斌．突发公共卫生事件中社会工作的实践机制：结构性组织与阶段性服务［J］．华东理工大学学报（社会科学版），2020-01-33.

作；专业系统里，社会工作者更多的是提供线上的支持服务，并在部分特殊群体里开展专业心理疏导与情绪支持等服务。以上这些服务的提供，在政府以及群众眼中实则都是国家提供的，大家评判作用呈现的依据仅停留在是否有人提供这些群众需求的服务，而不去思考是不是专业社会工作者提供的服务。然而，我们可以再次审视上海的社区防疫全过程，上海的社区正是因为有了一支比较扎实的受过专业培训的社会工作者队伍，社区韧性才得以发挥作用，面对突如其来的疫情，社区整体防疫才能较为有序。

三是对社会工作者使用的工具性导致社会工作者激励悬浮弱化。社会工作者整体发展理念源自西方制度设计，如何有效推进社会工作者本土化一直是困扰社会工作者发展的命题①。目前，我国社会工作者依然处于西方舶来进程的探索阶段，还处于发展初期，这便导致社会工作者在我国的角色定位是较为离散的。从社会工作者的岗位来看，首先是社区，这是我国社会工作者分布最广泛的领域；其次，是我国不同专业领域的需求使用，例如在医院、禁毒所、工会等场域聘用与之专业匹配的社会工作者；最后，是社会组织，其中专业社会工作服务机构是社会工作者最为聚集的地方。在部分地区政府看来，社会工作者是政府的“伙计”，其“伙伴”角色并没有受到足够重视，社会工作者在日常服务中更多扮演的是政府职能转移的“工具”。此次社会工作者参与到防疫中，依然可以听到这样的“言论”，这在一定程度上妨碍了社会工作者有序融入防疫体系。尤其是对于社会组织内的专业社会工作者，虽然他们之中有一些人在一线提供服务，帮助社区开展疫后重建，但是在防疫结束后，这些专业社会工作者常常被冠名为“志愿者”，社会工作者本身的主体性并没有得到重视。与此同时，在各地开展防疫表彰工作中，虽然可以看到一些社会工作者的身影，但总体的激励是悬浮的。相比医务工作者以及其他部门参与防疫工作的人员获得实质性的嘉奖激励而言，积极投身防疫的社会工作者不仅获得殊荣较少，甚至在部分地区，对社会

① 王思斌．试论我国社会工作的本土化［J］．浙江学刊，2001-02-56.

工作者参与防疫的认可度反而转换成为“不添乱就是防疫贡献”。社会工作者由于长期担当政府的“治理工具”，自身治理主体地位也逐渐消散，在融入防疫体系过程中如何保持自己的专业主体性，仍然需要进一步思考。

四是社会工作者服务成效难以可视的数据化的形式呈现。社会工作专业发展之初，科学性和有效性就一直是困扰并制约其发展的一个重要因素①。对于这些质疑，Gambrill 援引来自医学领域的概念，用证据为本的实践予以解释说明②。然而，从西方到中国，社会工作者的发展仍处于初级阶段，对于如何将证据为本的实践理念运用到专业社会工作者服务领域则更为薄弱。面对突如其来的重大疫情，可以看到即便是具有证据为本实践经验的资深社会工作者也很难在较短的时间内意识到去进行一些干预设计，社会工作者更多的是积极融入国家防疫体系当中，积极协助政府去解决实际的问题。在群众对服务的需求下，社会工作者自身通过专业服务一步一步取得政府的信任，并进入防疫体系当中，但是由于社会工作者的服务在融入过程中较为仓促，忽略了对服务证据的积累，导致当社会工作者服务结束后，难以用及时的数据以及可视化的、易显现的证据来突出其专业特色与地位。以上海社会工作者参与防疫实践来看，上海地区组建的社会工作者服务队通过线上督导咨询为武汉地区及上海本地输送了心理支持服务，虽然获得了服务对象的认可，也及时有效地帮助服务对象脱离了情绪困境，但是对于政府和广大人民群众而言，这些证据依然甚微。在部分地区，由于受到“忍受苦难”“坚毅不屈”等文化影响，社会工作者介入的证据常常被忽略，而仅仅被认为是服务对象自我突破、自我成长的过程。目前，证据为本的实践在中国社会工作者的专业服务体系里尚未得到充分的理解与运用，因而，缺少可视化的服务证据也成为社会工作者融入防疫体系的主要阻碍之一。

---

① Flexner, Abraham, “Is social work a profession? .” Research on social work practice, Vol. 11, No. 2, 2001, pp. 152-165.

② Gambrill, Eileen. “Evidence-based practice: An alternative to authority-based practice.” Families in Society: The Journal of Contemporary Social Services, Vol. 80, No. 4 , 1999, pp. 341-350.

五是社会工作者人才培养体系欠缺应对疫情防控模块。我国早期社会工作发展属于理论教育先行，实务实践续后的状态，社会工作的理论与实践在相互融合过程中一直存在嫌隙①。目前，我国的社会工作者人才主要来源有两个方面：其一是接受高校社会工作专业教育，毕业后继续从事社会工作的专业学生；其二是在实践中通过培训等方式参与社会工作者继续教育学习，考取社会工作职业资格证并从事社会工作一线服务的人才。但从这两类人才的培养教育体系来看，灾害社会工作、公共卫生社会工作较少出现在我国社会工作者人才的培养体系当中，致使在疫情防控体系中鲜有较为系统学习相关专业课程的社会工作者参与服务。2006 年，党的十六届六中全会提出要建设一支宏大的社会工作人才队伍，截至 2020 年底，我国的社会工作者人才已经达到 150 万人。然而这些专业人才当中接受过系统的公共卫生及灾害预防训练培养的社会工作者则少之又少。当新冠肺炎疫情突发，由于我国社会工作专业人才培养在公共卫生领域是比较欠缺的，缺少一支公共卫生社会工作者队伍，因此，在社会工作者融入疫情防控体系时，社会工作者与公共卫生、灾害预防领域的对话是较为薄弱的。以上海防疫为例，虽然社会工作者成功融入地区的防疫体系，但是其中的过程也是非常艰辛的。即便上海拥有较长的社会工作发展历史，社会工作者也已经被政府和广大老百姓接纳，但在新冠肺炎疫情这样突发重大公共卫生事件上，社会工作者到底在防疫中何以可为、以何可为也不得不成为社会工作者同人需要一直解释、回答并去循证的问题。

当然，新冠肺炎疫苗的成功研发及大范围人群的普遍接种，标志着我国此次防疫工作已取得重大胜利。回顾社会工作者融入疫情防控体系的全过程，可以看到，社会工作者在其中扮演着重要的助推作用。在疫情防控治理体系中，社会工作者从主动对接政府到积极响应政府要求，从有效回应需求到策略性地处理问题，并最终逐渐从融入走向融合。上海社会工作者融入上海疫情防控治理体系的过程彰显了社会工作者在国家治理体系中的重要作用。虽然社会工作者在融入的过程中依然存在一系列的难点与痛

① 郑广怀．教育引领还是教育降维：社会工作教育先行的反思［J］．学海，2020-01-106.

点，但是其不断探索的过程也正是中国特色社会工作的实践路径。对于社会工作者如何进一步有效融入国家防疫治理体系当中，仍然需要注意以下三个方面。

第一，扎实提升专业服务能级，优化社会工作者持证执业能力。打铁还需自身硬，对于社会工作者而言，如何提高自身服务的专业性是社会工作者需要一直思考的问题。在突发疫情下，社会工作者如何去服务社会、服务人民，落脚点仍需定位在专业服务上。现阶段，高质量的社会工作者发展是国家和人民的内在要求，实践效果提升是其重要面向之一①。只有社会工作者的服务能级不断提升了，人民通过服务的获得感和幸福感才会增强，国家政府对社会工作者的认知才会不断提高。与此同时，此次社会工作者融入疫情防控治理体系的过程，也积极预示着社会工作者在国家治理体系中的主体地位开始觉醒，职业社会工作者如何进一步向专业执业社会工作者转换，并在公共卫生防治体系中建立一支稳定的队伍是下一步需要厘清的议题。

第二，拓展证据为本的实践学习，提高社会工作者服务专业自觉。西方社会工作者发展已有百余年历史，证据为本的实践亦是西方社会工作者在面临服务有效性问题上提出的解决方案之一。目前，在社会工作者理论研究层面，我国众多学者已经广泛接纳并运用证据为本的实践，但是在实务层级，其推进发展力度则略显滞后②。社会工作者尤其是参与一线服务的社会工作者需要进一步提升证据为本实践的学习与运用，将其纳入专业自觉的范畴，将服务与证据紧密结合，推动社会工作者服务朝科学、有效、可视、显现方向发展。

第三，加强应急救灾政策倡导，深化防疫治理体系融合。社会工作者在我国的发展是循序渐进的，其主体地位的获得也是伴随着社会工作者功能的发挥同步进行的。目前，社会工作者在困难群体的帮扶、国家脱贫攻坚等领域已经取得了重大突破，在疫情防控治理体系中其扮演的作

① 王思斌．走向我国社会工作的高质量进阶式发展［J］．社会工作与管理，2019-05-05.

② 范斌，方琦．社会工作证据为本的实践：演进脉络与发展趋向［J］．学海，2017-04-79.

用和地位也不断凸显。随着疫情的常态化发展，社区将逐渐成为防疫治理的主战场，此时社会工作者的身份和作用将会得到进一步强化。然而，正如上文所述，当下社会工作者尚未进入制度化的应急救灾及防疫序列，在下一步的发展中，一方面要积极争取将社会工作纳入国家现行的突发事件应对法、传染病防治法等法律体系中①；另一方面国家应急管理部门、卫健委及民政部门等相关部门应深化研究如何将社会工作者纳入常态化应急救灾工作当中，以疫情防控救急救灾为切入点，积极响应落实习近平总书记强调的加强社会心理服务体系建设，推动疫后社会心态重建工作。

How it is Possible：Social Workers are Integrated into the Epidemic Prevention and Control System-Taking Shanghai as an Example

FAN Bin

Abstract：The active participation of social work in the prevention and control of the Covid-19 epidemic has demonstrated its essential role in the national governance system. In the face of public health emergencies, social work utilizes structural and functional support to actively connect with the government, actively respond to government requirements, effectively respond to needs, negotiate and handle tensions, and interpret the entire process of social work's integration into the epidemic prevention and control system. However, social work is not included in the national emergency response system, service boundaries are blurred, the use of tools leads to weakening of incentive suspension, service effects are difficult to digitize, explicit, and visualize, and the lack of epidemic prevention and control modules in the social worker talent training system, etc. It is the difficulty and pain point in the process of integration. To promote the integration of social work into the epidemic prevention and control system, it is necessary to

① 李迎生．将社会工作纳入国家重大突发公共事件治理体系［J］．社会建设，2020-04-10.

further improve the level of professional services, cultivate the professional consciousness of evidence-based practice, and strengthen the advocacy of emergency response policies.

Keywords: Social Work, Integration, Epidemic Prevention and Control, Governance System

中国社会工作学刊 第三辑
第 184~210 页

突发公共卫生事件中的社会工作参与及制度建设

李迎生　蔡康鑫*

【摘要】 突发公共卫生事件在人类历史上扮演着重大风险的角色，现代社会的结构和运行方式更加放大了风险带来的危害，因此，突发公共卫生事件的治理是现代社会的重大课题。社会工作作为专业的助人手段，在参与突发公共卫生事件处置中有着独特的优势和丰富的经验，在具体的实践中，社会工作的参与也有其明显的特点，越来越受到政府和各界的关注和重视，成为突发公共卫生事件治理中难以忽视的角色。但在实践中也暴露出其自身及相关制度建设上的诸多不足。基于社会工作参与这次新冠肺炎疫情防控的经验，分析相关制度机制建设存在的不足和短板，有针对性地推进相关制度、机制的创新发展，对实现社会工作有序有效地参与突发公共卫生事件的处置，具有十分重要的意义。

关键词： 突发公共卫生事件　社会工作　制度建设

根据中国疾病预防控制中心的定义，突发公共卫生事件是指突然发生，造成或者可能造成社会公众健康严重损害的重大传染病疫情、群体不明原因疾病、重大食物和职业中毒以及其他严重影响公众健康的事件。从发生原因上来分，通常可分为：生物病原体所致疾病、食物中毒事件、

* 李迎生，中国人民大学社会与人口学院暨社会学理论与方法研究中心教授、博士生导师，中国社会工作学会副会长；蔡康鑫，中国人民大学社会与人口学院暨社会学理论与方法研究中心博士生。

有毒有害因素污染造成的群体中毒、出现中毒死亡或危害、自然灾害的突然袭击、意外事故引起的死亡、不明原因引起的群体病发或死亡。近年来世界范围内频发重大突发公共卫生事件，严重损害了人类的生命健康和经济社会的正常运行。截至2021年初，暴发于2019年底的新冠病毒（COVID-19）造成了全世界超过1亿人感染，200多万人因病去世，全球绝大部分国家都出现了不同程度的经济和社会发展的衰退。虽然人类文明发展和医学进步已经远超黑死病传播的中世纪时代，但传染病并没有因此被人类控制，其传播力度反而随着社会经济的发展在提高①。如何应对各种重大突发公共卫生事件，已成为现代人类社会共同面对的难题，公共卫生问题也被人们视为在全球化、现代化时代中最大的威胁之一。

习近平同志在第73届世界卫生大会视频会议开幕式上的致辞中强调，全球抗疫要加强公共卫生治理，并呼吁各国共同构建人类卫生健康共同体②。在构建人类命运共同体的号召下，团结抗疫推动公共卫生治理成为国际公共卫生事业的重要使命。为了实现有效应对突发公共卫生事件，建立共建共治的公共卫生治理格局是必不可少的，在全球范围内应当团结政府、市场和社会的力量，尤其是将社会力量纳入突发公共卫生事件的处置机制。在“统筹推进新型冠状病毒肺炎疫情防控和经济社会发展工作部署会议”上的讲话中，习近平曾提出“要发挥社会工作的专业优势，支持广大社工、义工和志愿者开展心理疏导、情绪支持、保障支持等服务”。③ 社会工作作为一门基于助人自助的专业，帮助有需要的个人、家庭、群体、组织和社区，整合社会资源，协调社会关系，预防和解决社会问题，促进社会和谐的职业活动，在突发公共卫生事件的处置中可以起到的作用不仅仅只

---

① Adda, J., 2016 (2), Economic Activity and the Spread of Viral Diseases: Evidence from High Frequency Data, The Quarterly Journal of Economics, 891-941.

② 习近平．团结合作战胜疫情 共同构建人类卫生健康共同体［N］．人民日报，2020-05-19（002）．

③ 习近平．在统筹推进新冠肺炎疫情防控和经济社会发展工作部署会议上的讲话［N］．人民日报，2020-02-24（002）．

限于在心理疏导、情绪支持和支持保障工作上①，还能在资源协调、疫情防控、困境人群帮扶等领域中提供专业化的支持。

本文基于社会工作参与重大突发公共卫生事件的理论和实践基础的探讨，以这次新冠肺炎疫情防控的实践为例，分析研究社会工作参与疫情防控实践的特点、经验及所暴露的制度、机制建设的不足，为社会工作参与突发公共卫生事件治理的制度、机制创新提出针对性建议。

一、社会工作参与突发公共卫生事件的理论与经验基础

（一）应对突发公共卫生事件等现代性风险是社会工作的职责

现代社会是一个风险社会。贝克和吉登斯等人都对此有过论述，风险社会的来临是现代社会的制度建设落后于社会的发展等因素导致的，而缺乏有效的治理手段或采用不合适的手段则导致风险强度的加大与风险范围的扩散不受人为限制，从而产生更大的现代性社会危机。在全球化和现代化的时代背景下，现代性社会风险已经成为具有较高危险程度的社会潜在风险因素，其具体特征表现在流动性、不确定性、衍生性、复杂性等方面。突发公共卫生事件作为突然暴发的公共健康危机，同样具有高度的流动性、不确定性、衍生性、复杂性等特征。从流动性上说，突发公共卫生事件的病原体会随着人与物的流动而在全球范围内进行传播和扩散。从不确定性上说，突发公共卫生事件的暴发不具备可预测性，其暴发往往是突然的，并且病毒本身具有变异能力，导致突发公共卫生事件的发展方向难以受人的控制。从衍生性上说，突发公共卫生事件的影响可以产生连锁反应，将风险从公共卫生领域传递至其他社会系统，造成更大面积的社会问题和社会风险。从复杂性上说，突发公共卫生事件是一个风险综合体，其危机治理需要多方面的协调配合，需要跨国、跨地域、跨专业的多方协调。因此突发公共卫生事件其本身就是一项重大社会风险，并且在现代社会其风险性更高、危害面更广。有研究显示，越是在经济高速发展，全球

① 李迎生．发挥社会工作在疫情防控中的专业优势［N］．光明日报，2020-03-06（011）．

流动速度快的时候，这期间所暴发的流行病传播速度相应地也就更快[①]。在针对2020年新冠肺炎疫情全球大流行的一项研究中，研究者发现，新冠病毒在经济越发达、受全球化影响越大的国家中传播的速度越快，特别是在经济发达的国家之间的跨国传播速度明显高于发展中国家[②]。作为一种现代性风险，突发公共卫生事件的影响已经超过传统疾病的健康层面，扩展至对整个社会系统带来不可预知的冲击，成为公共卫生治理体系中涵盖多个社会系统的复杂的环节。

更具威胁性的是，突发公共卫生事件的风险最终将传导至社会的基本构成单元，将全社会所承担的风险成本和负面影响都转嫁至个体或者家庭身上。对个体或家庭来说，突发公共卫生事件的风险包括了身体健康的风险、心理健康的风险、社会支持的风险、就业机会的风险、生活需求满足的风险、安全的风险、收入的风险等。社会工作作为一项助人专业，本身就是风险预防和风险应对的一个手段[③]，并强调“预防胜于救助，发展胜于治疗”的风险防治理念[④]。在社会风险的预防、处置、恢复等几个方面都具有专业理论和方法，能够从保护身心健康、改善社会支持系统、保障生活基本需求等方面实现公共卫生风险防控。

（二）突发公共卫生事件增强社会不平等

重大突发公共卫生事件对社会不平等有较强的放大作用[⑤]，尤其是在社会发展的层面上严重影响到社会中低阶层劳动者的生存境况和发展境况，强化了困难群体在社会风险中的脆弱性，并对困难群体的基本生存构成了严重的威胁，特别是老年人、残疾人、儿童妇女以及低收入者等。从

---

① E. Oster. Routes of infection: Exports and HIV incidence in sub-saharan Africa [J]. Journal of the European Economic Association, 2012 (10): 1025-1058.

② K. Zimmerman, G. Karabulut, M. Bilgin, A. Doker. Inter-country Distancing, Globalisation and the Coronavirus Pandemic [J]. The World Economy, 2020 (42): 1484-1498.

③ 李迎生. 加强和创新社会管理：社会工作的视角 [J]. 社会科学研究，2014 (01): 96-104.

④ 李迎生，方舒，卫小将，王娅郦，李文静. 社会工作介入社会管理研究——基于北京等地的经验 [J]. 社会工作，2013 (01): 3-55+152.

⑤ M. Marmot, J. Allen. Covid-19: exposing and amplifying inequalities [J]. Journal of Epidemiol Community Health, 2020 (9): 681-682.

社会政策福利分配的角度上来说，国际上一些国家所面临的突发公共卫生事件的不平等是由于资本主义福利分配制度上的弊端导致的①。应对突发公共卫生事件的体系建设需要强大的财政支持，并且投资回报不可预期，效果难以验证。因此很多国家在应对大规模的突发公共卫生事件时没有将防疫纳入到基本公共服务和社会保护网体系。社会支出无法覆盖应急措施的巨大开支，便采取外包和市场化的手段分担成本。然而突发公共卫生事件具有普遍性，其带来的影响是全面的、无差别的。若要做好相关应急措施，则每个人都需要相应付出应急措施的成本。在缺乏政府财政支持的情况下，普遍的社会需求被市场化，造成了社会中低层群众向上层人士购买应急服务，从而制造了更多的不平等。部分国家和地区在核酸检测、入院治疗、疫苗接种等方面对非紧急、非必需的需求实行完全的市场化定价，大大降低了防疫服务对于中低阶层劳动者的可及性。联合国在新冠肺炎疫情暴发后也多次针对困难群体发出了政策简报和评估报告，讨论困难群体在突发公共卫生事件中所面临的主要困难，并向各国政府提出了应对策略。有研究发现，疫情所带来的冲击使得困难群体的被剥夺水平达到了1980年中期以来的最高点，并着重强调了在收入、健康、教育等问题上带来严重的影响②。

从社会经济结构的角度来说，突发公共卫生事件在全球范围内都制造了空间上的隔离，大范围的封城、隔离措施、社交距离控制将部分的在场空间暂时排除在日常生产、生活、学习的范围之外，迫使人们的工作、生活、学习、社交场域转到缺场空间。而对于中低阶层家庭来说，社会结构决定了他们难以通过缺场空间参与生活、生产、学习、社交，从而产生了对中低阶层人群的社会排斥。国际劳工组织的数据显示，2020年第二季度内由于疫情引发的工作时间削减就几乎等同于1.95亿全职劳动者在三个月内的全职工作时间。特别是对于自由职业者、零工劳动者、灵活就业者、

① 焦佩．国外批判视野下的新冠肺炎疫情与资本主义［J］．马克思主义研究，2020（10）：140-149.

② J. Hall, A. Jahic, S. Nayyar. Covid-19 and Human Development: Assessing the Crisis, Envisioning the Recovery［R］. United Nation: New York, 2020: 5-7.

工人等群体，工作时间的削减更加明显。《纽约时报》的一篇报道显示，通过移动运营商对手机用户信号源位置变化的数据整理，白领阶层劳动者的手机信号在疫情期间很少有移动的轨迹，而低收入劳动者们的手机信号轨迹则大量出现在地铁、公交车等公共场所。社会分化使得疫情中的白领阶层可以在家进行远程办公，在获得收入保障的同时也减少了环境暴露，但对于低收入家庭的劳动者来说，他们的工作状态使得远程办公不可能成为现实，要么在封城措施中失去收入，要么就不得不面临增加暴露的风险。同时社会各阶层间的数字鸿沟也在疫情中有所体现。由于疫情的影响，学校被迫关闭停课并采取网络授课的方式。但世界范围内仍有相当数量的学生没有互联网连接，或是可以用于在线学习的互联网设备。在我国，部分家庭社会经济地位较低的学生需要向学校或亲朋好友借设备来参加在线学习。而在部分偏远农村地区，由于信号覆盖较弱，学生还需要在户外寻找信号良好处开展学习活动。

从专业建立之初，社会工作就强调帮助受到各类因素影响而无法抵御风险的个人和家庭，为困难群体提供慈善帮助①。突发公共卫生事件中的不平等现象反映的社会结构性问题，剥夺了社会中困难群体在危机中获得同等的健康保障、同等的发展机会。将维护社会公平正义作为重要价值观，以困难群体为主要服务对象的社会工作，在突发公共卫生事件中也有着介入的必要性。

（三）突发公共卫生事件中案主需求的多元性

制度化的突发公共卫生事件应急处置治理模式存在较强的专业主义倾向，事件发生后的处置与事后恢复都强调运用公共卫生专业和医学专业的视角，针对的目标都是以“疾病”为主体，关注对治疗的患者和对疫情的阻断传染两个主要伤害方面②，在一定程度上忽视了突发公共卫生事件存在的衍生性问题和次生伤害。患者及潜在接触者都被作为病原体的宿主和

---

① 李迎生．西方社会工作发展历程及其对我国的启示［J］．学习与实践，2008（07）：120-127.

② 张晓玲，兰亚佳，熊海，李健，刘倩萍．突发公共卫生事件的应对及管理［M］．四川大学出版社，2017：69-77.

潜在宿主被重点关注，而忽视了同样受到突发公共卫生事件影响的其他健康群体的多样化的、特殊的、必要的需求，比如疫情中的心理支持、基本生活需求满足、就医、就业、上学、出行等。

通过以往多次突发公共卫生事件的经验，我们可以看到，突发危机中需要关注的不仅仅是“疾病”，兼顾突发公共卫生事件所衍生出的其他社会问题也是非常值得重视的，特别是社区层面、家庭层面、个体层面在基本需要满足、健康、贫困等领域的问题。其一是对普遍群体的需求满足，在突发公共卫生事件后，普遍的健康民众面临两个方面的影响：一是病原体本身给群体带来的感染风险、健康风险；二是为了控制突发公共卫生事件而实施的一系列措施带来的各类问题，例如封锁、隔离、检测等工作会给普通群众带来较大的生活不便，引发诸多不满，甚至导致心理障碍。突发公共卫生事件的治理，需要充分考虑健康人群的需求，帮助健康人群平稳度过危机。其二是对特殊人群的关照。受突发公共卫生事件影响的还有部分特殊群体，比如集中生活的养老院老人、监狱服刑人员、集体宿舍住户等，以及非集中居住的失能和孤寡老人、急慢性病人、孕妇、流浪者。这些群体在突发公共卫生事件中的脆弱程度较高，需求也更为特殊，是需要重点关注的对象。例如在突发公共卫生事件发生后，由于防疫措施的原因导致老年人得不到相应的照护，一些慢性病无法及时前往医院进行治疗。还有一些较为特殊的群体，比如突发公共卫生事件后滞留外地人员由于没有固定住所，缺乏稳定收入来源，在当地也缺少足够的社会支持系统，导致他们的基本生活需求无法得到满足，并严重暴露在风险环境中，存在被感染的风险，使他们在突发公共卫生事件中受到主要伤害与次生伤害的多重伤害。社会工作作为社会福利体系中的重要环节，具有更强的人文关怀、弹性以及灵活性。在多部门跨界合作中，社会工作的专业优势能够有效处理好各个部门内专业技术之间的矛盾及关系协调①，并充分考虑风险带来的社会性问题，根据具体的个案情况制订专业的服务方案。将社

① 郭伟和．跨专业联合防控新冠病毒疫情：问题界定、专业权威和干预能力问题［J］．社会工作，2020（1）：60-69+109.

会工作纳入突发公共卫生事件的应急处置体系能够有效填补专业主义治理模式下被忽视的社会问题和社会关怀①，降低突发公共卫生事件中的次生伤害。

(四) 突发公共卫生事件提出多元治理需求

突发公共卫生事件具有复杂性、衍生性、公共性、社会性等特征，影响范围涉及多个社会系统，包含了卫生防疫、公共安全、交通物流、社区治理、信息发布、物资供应、社会保障，使得突发公共卫生事件的治理成为一项复杂的系统性工程。所以在突发公共卫生事件的预防与处置中，国家与市场的力量应当相互配合，在不同领域发挥重要的作用。但国内外对于突发公共卫生事件的治理实践表明，国家与市场的二元治理模式存在一定程度的治理失灵。一方面，以政府为主的国家治理体系具有较强的动员能力，但是制度化的设计导致治理过程欠缺灵活性，对具体情况难以做到细致入微的分类治理。另一方面，市场化的资源分配方式虽然能够更好地适应不同人的需求，但具有竞争性、排他性、趋利性，分配过程容易产生社会不平等，市场也没有完全承担社会责任的天然义务。有学者提出，现代公共危机的治理需要实现整体性治理，即在应急处置的各主体在治理过程中相互协调配合②，并实现各治理主体组织间的合作以及组织内部责权、流程的明晰③，充分融合包括国家、市场、社会在内的体制内外的力量④。习近平在阐释人类命运共同体理念时指出：“人类生活在同一个地球村里，生活在历史和现实交汇的同一个时空里，越来越成为你中有我、我中有你的命运共同体。”⑤ 现代社会推动人类社会形成了命运共同体，在面临突发公共卫生事件等重大风险时不因民族、国家、

① 关信平．加强制度建设，充分发挥社会工作在抗疫治理中的专业优势［J］．社会工作，2020（01）：8-11.

② 戚建刚，乌兰．应急管理部的行政法建构——基于整体性治理理念的分析［J］．北京行政学院学报，2018（5）：81-92.

③ T. Ling. Delivering Joined－up Government in the UK：Dimensions，Issues and Problems［J］. Public Administration，2002（4）：615-642.

④ 唐皇凤，吴瑞．新冠肺炎疫情的整体性治理：现实考验与优化路径［J］．湖北大学学报（哲学社会科学版），2020，47（03）：1-13+172.

⑤ 习近平．顺应时代前进潮流 促进世界和平发展［N］．人民日报，2013-03-24（002）.

地区的差异而有所不同，没有任何一个主体可以不受危机的影响。所以在突发公共卫生事件的治理中，多元治理体系的建立显得尤为重要，需要依靠命运共同体中的每一个个体共同参与。更具体地说，多元治理就是要加强社会力量和第三方力量的参与，通过社会力量来填补国家和市场的不足，高效、有针对性、公平地分配资源、提供防疫服务、解决生活困难等，形成国家-市场-社会共建共治的治理格局，构建疫情的治理共同体①。

社会工作作为社会力量的重要组织部分，在突发公共卫生事件处置中可以承担起相应的治理职能，尤其是应对国家与市场治理失灵的部分有着积极作用②。首先，作为非营利的第三方机构，社会工作既不是政府组织或政府的附属机构，也不是市场中以营利为目的的企业，而是立足于社区和基层的社会组织。所以社会工作在与群众的联系中有着天然的亲近感，在工作中可以更好地获得群众的信任与支持，从而有利于同群众进行沟通、协调、组织。其次，社会工作作为一个具有专业素质的基层社会力量，可以有效发动、组织社会大众，除了运用专业的技术手段实现突发公共卫生事件的治理之外，还能有效动员群众共同参与群防群治。最后，社会工作的目标不同于国家和市场，其根本的价值追求是平等、助人等专业理念。所以社会工作是进行利他主义的工作，在针对社区或个案的工作中，社会工作强调把个人的得失与代价放在最后考虑。社会工作参与社会的相关治理活动时目的更纯粹，在进行工作的时候可以更好地实践社会事业公正、利他的理念及价值观。

（五）社会工作具有参与突发公共卫生事件的经验

社会工作与公共卫生的联系有着较长的历史，早在 20 世纪 20 年代开始公共卫生与社会工作的专业合作就在美国进行了初步的尝试，到现在美国的 60 万社会工作者中有近一半都是从事与卫生健康相关的社会工作实务及管理的。美国公共卫生社会工作的早期倡导者哈里·霍普金斯谈到社会

---

① 文军．新型冠状病毒肺炎疫情的暴发及共同体防控——基于风险社会学视角的考察［J］．武汉大学学报（哲学社会科学版），2020（3）：5-14.

② 李迎生．发挥社会工作在疫情防控中的专业优势［N］．光明日报，2020-03-06（011）．

工作和公共卫生是不可分离的，也没有可以使其分离的人为界限①。早期的公共卫生社会工作并没有成为社会工作的一个分支领域，而是从属于医务社会工作。相对于医务社会工作关注个案改善，从事公共卫生社会工作的先驱提倡从宏观领域提升社区健康水平。这一分歧也代表社会工作不同的两个方法体系，即个案导向和社区导向。个案导向强调社会工作者应关注临床中的个体问题，通过干预的手段来改变案主的境遇或行为，而社区导向更强调将社区作为一个整体来改善群体性的福祉。随着美国公共卫生系统在20世纪60年代的逐渐完善，初级的卫生预防系统已经建立，社会工作者开始意识到社会工作应当在公共卫生领域更进一步，从个案式的临床服务跨越到关注更宏观、更综合的社会工作实践②。最终在80年代后，由于国家福利开支的削减，人们开始更加强调从公共卫生的预防角度来提高公众健康程度，公共卫生社会工作这一分支也正式形成。

进入21世纪以来，公共卫生社会工作在多次突发公共卫生事件中起到了重要作用，包括"非典"、埃博拉等重大突发公共卫生事件。社会工作者采用公共卫生和社会工作两个专业的方法，积极帮助社区和困难群体在危机中获得健康保护，提高生存质量，保证需求满足。公共卫生社会工作在突发公共卫生事件中的实务经验主要表现在两个方面。一方面是从微观的个案介入实践，例如在印度等国开展的艾滋病防治。社会工作者广泛开展卫生及心理咨询、家庭干预、小组辅导等工作，帮助艾滋病患者、家属以及社区获得生活支持、社会支持、心理支持，重建案主的社会支持系统，消除由于艾滋病带来的歧视与污名化。比如照料与支持连续体项目（Continuum of care and support project）就是通过心理干预、健康辅导、改善社会支持系统等方式强化病例的能力建设，帮助院内正在接受治疗的艾滋病患者消除外部歧视和社会污名化③。而另一方

① HL. Hopkins. The place of social work in public health ［C］. Paper presented at: National Conference of Social Work, 1926, Cleveland.

② E. Rice. Social work in public health ［J］. Social Work, 1959 (1): 82-88.

③ G. Palattiyil, D. Sidhva, M. Chakrabarti eds. Social Work in a Global Context ［M］. Routledge, 2016: 179-184.

面则是从宏观层面介入危机中的社区治理。例如新冠肺炎疫情期间，在一些经济发展较为落后的国家，由于当地的公共服务体系建设不完善，政府提供的公共服务无法延伸到较为落后的基层地区，社会工作机构在这些地区的疫情防治和疫后恢复中甚至还担负起了政府本应承担的责任①。另外，公共卫生社会工作在不同发展程度的国家还以不同的角色发挥作用。在发展中国家，公共卫生社会工作的实践既包含了微观介入，也包含了宏观治理，而在发达国家则更关注如何帮助困难群体获得社会支持以及链接国家的救助资源。这样的区别主要是由于发展中国家相比于发达国家的应急机制有一定差距，发达国家的政府有更强的行政力量和应急专业力量投入到防疫工作，所以其中心较为偏重以个体为代表的困难群体，而在发展中国家则要肩负多重身份②。

二、社会工作在新冠肺炎疫情防控实践中的参与

社会工作在公共卫生领域的参与虽有较长的历史，但在突发公共卫生事件中的担当却是自近20年来才越来越被重视。2003年的“非典”疫情暴发后，社会工作在心理疏导、疫情防控等工作中的作用得到了发挥，其价值也得到了认同。社会工作也进入到公共卫生、医疗、救灾等多个领域交叉的突发公共卫生事件处置中。在此次新冠肺炎疫情暴发后，全国各地的社会工作者纷纷行动起来，参与疫情防控工作。全国多个省市的社会工作行业协会，以及全国性的社会工作行业协会都向社会工作者发出倡议，鼓励社会工作者运用专业知识参与到抗疫活动中，协助社区疫情防控、生活支持、心理疏导、困难群众救助等。社会工作在疫情防控中的积极参与和突出贡献也受到了党和国家的重视，这是对社会工作参与突发公共卫生事件处置的认可和肯定。

---

① P. Ladd, E. Bortolotti. Protecting and Supporting Vulnerable Groups Through the Covid-19 Crisis: Report to United Nations Research Institute for Social Development [C]. 2020, New York.

② P. Ladd, E. Bortolotti. Protecting and Supporting Vulnerable Groups Through the Covid-19 Crisis: Report to United Nations Research Institute for Social Development [C]. 2020, New York.

（一）社会工作服务场域多元化

新冠肺炎疫情中社会工作参与服务场域多元化。新冠肺炎疫情发生后，从国家到地方的社会工作主管部门以及行业协会组织均发出倡议和服务指南，鼓励和指导一线社会工作机构、社会工作者广泛参与到新冠肺炎疫情的防疫服务中去。社会工作的服务场域从宏观上可以分为两类，一类是疫情防控场所，如医院、隔离点等。国家卫健委和民政部在《加强应对新冠肺炎疫情工作中心理援助与社会工作服务的通知》中明确指出①，社会工作应加强参与疫情防控服务工作，一是在定点医院和方舱医院，针对新冠肺炎感染者提供心理援助服务，并试点开展方舱医院医务社会工作服务，例如武汉市的东西湖客厅方舱医院在“社工伴行”服务团队社会工作者的介入下组建了舱内志愿者队伍，制作舱内入/出院指南，建立了服务工作机制，为方舱内的患者提供心理支持等服务②；二是在集中隔离点，为被隔离人员提供心理援助、社会支持修复、政策宣导、生活服务，以及对特殊人群的社会工作干预活动，如广州市黄浦青社联社工在定点隔离酒店为返穗隔离人员提供社工服务，帮助隔离人员在为期14天的隔离中减轻精神压力，为被隔离的儿童制定生活学习安排表等③；三是在一线工作人员工作场所，包括医院、防疫卡点、重要公共场所、交通枢纽等地，为医护人员、疾控人员、公安、交通、社区工作人员等重点人群提供情绪支持、心理援助、保障支持等社会工作专业服务。

而另一类服务场域是以社区为主的居住空间。社会工作广泛参与社区一线防疫服务工作，在社区层面为社区居民提供社会工作专业服务，比如防疫知识和方法宣传教育、防控卡点监控、防疫排查、防疫和生活物资分配、心理疏导、医护及患者协助、困难群众帮扶等。北京市东城

---

① 国家卫生健康委员会疾病控制局．加强应对新冠肺炎疫情工作中心理援助与社会工作服务的通知（国卫办疾控函〔2020〕194号）[EB/OL]．[2021-02-04]．http：//www. nhc. gov. cn/jkj/s3577/202003/a9b0bcb3bb7445298c480c5003c51d6d. shtml.

② 郁之虹，黄红．武汉方舱里的隐形志愿者[N/OL]．澎湃新闻2020-03-17[2021-02-04]．https：//www. thepaper. cn/newsDetail_ forward_ 6536202.

③ 广州市社工协会．隔离人员如何安心度过14天，党员社工细心把脉开“药方”[Z/OL]．广州社工2020-03-20[2021-02-04]．https：//mp. weixin. qq. com/s/iIQDk5BfcaKL0xdIysmNdQ##.

区在疫情暴发后组织了3500多名社会工作者参与到177个社区的疫情防控工作中，采用“5133”和“一图二表四人三铁”等工作法同社区工作人员配合进行社区居民的联系、排查、值班等工作，为有需要的社区居民提供必要的生活物资，2020年上半年累计完成了31万户的排查，完成了近80万人次的集中核酸检测①。深圳市在疫情初期便组织了超过6000名社会工作者，建立起了三级防控体系统筹管理社区防疫工作，组建了78个社区防疫中队和668个社区防控疫情服务小队，完成了社区人员流动情况统计、社区防疫工作巡查、防疫知识宣传、信息发布、生活和医护物资分配等工作②。

（二）社会工作服务内容多样化

新冠肺炎疫情中社会工作参与服务内容多样化，根据在不同场域不同情境下的服务提供内容，大致可以分为三类，一是疫情防控类，这类服务主要是社会工作机构和社会工作者作为防疫工作主体直接参与到疫情的防控工作中，担任疫情防控的主力角色。其具体的服务内容包括了防疫消杀、防疫物资分配、防疫检查、防疫登记、防疫政策宣导等。例如成都市包括成都市田园社会工作服务中心、成都善可为社会组织发展中心在内的11家社会工作机构和社会组织在服务区域内联合社区工作人员、志愿者组成了社区联合防疫应急队，在2020年12月成都市发生本土疫情传播后积极参与到社区的核酸检测信息登记工作中，为全员检测提供信息保障，并在社区内进行巡检、张贴风险提示、劝导违反防疫规定的社区居民③。北京人口流动多防疫难度大，为了应对2021年冬春季疫情反弹，西城区于1月开展了全员核酸检测，北京青少年社会工作服务中心的十余名社会工作者迅速组织协调队伍，联合100余名志愿者协调居民有序接受核酸检测，

---

① 池梦蕊．3500余名“东城社工”成为疫情防控中坚力量［N/OL］．人民网，2020-07-23［2021-02-04］．http：//bj. people. com. cn/GB/n2/2020/0723/c14540-34178844. html.

② 庄瑞玉．社工义工联动协力开展疫情防控服务［N］．深圳特区报，2020-2-16（001）．

③ 善章，肖月．防疫纪实：驷马桥街道工人村社区社工联合应急队在行动［Z/OL］．基层治理创新，2020-12-13［2021-02-04］．https：//baijiahao. baidu. com/s? id=1685965647372075182&wfr=spider&for=pc.

帮助居民做好登记、注册等工作①。

二是社会支持类，这类服务主要是针对疫情中的其他主体提供服务，如医护人员、防疫一线工作人员、病患、隔离人员、社区居民等，协助他们建立、恢复、强化社会支持系统，比如重点人群心理疏导、困难群众帮扶、资源链接等。疫情期间，郑州市德佑社工服务中心的社会工作者在疫情期间为服务区域内的26名困境儿童以及全市范围内的居家隔离居民提供了社会支持服务，对重点对象做好排查工作，提供心理疏导，了解具体的生活困难并给予解决方案②。广州市广医三院的医务社工在疫情发生后建立了“安心中转站”服务，为住院病人家属提供符合防疫要求的探视渠道，解决了探视难、照顾难的问题，大大降低了患者和家属的心理负担及焦虑情绪，强化了患者与家属的社会支持系统③。

三是生活服务类，这类服务主要是针对疫情中受到疫情影响的病患、隔离人员、社区居民等，帮助他们解决疫情中出现的生活不便、焦躁、情绪压力等方面的问题，一方面积极为案主提供必需的生活物资，保证他们日常生活的正常运行，另一方面开展丰富的活动，组织案主参与文化活动，排解疫情期间的负面情绪。在疫情期间由于社区封闭式管理，社区居民无法正常出行购买必要的生活物资，各地的社会工作者组成工作队，收集各家庭的生活物资需求，链接食品、日用品供应商进行采购，并将生活物资送到居民家中。北京市西城区睦邻社工事务所的社会工作者组织志愿者链接资源，为居民提供理发服务，帮助行动不便的老年人解决理发需求，帮助居民代购蔬菜送货上门，还通过线上社交平台组织社区居民开展线上健身活动、书法绘画活动、儿童教育活动等多种形式的文化活动，消

① 刘尚君．北京青少年社会工作服务中心参与西城区联防联控［N/OL］．中国青年网，2021-01-28［2021-02-04］. http：//qnzz. youth. cn/qckc/202101/t20210128_ 12685575. htm.

② 师志磊．疫情之下关爱困境儿童的社会工作实践［Z/OL］．中国社会工作联合会，2020-05-08［2021-02-04］．http：//practice. swchina. org/sight/2020/0508/36408. shtml.

③ 李凝，渠晨乐，白恬．疫情下医院陪护难题怎么解？这家医院想了个妙招［N/OL］．健康时报网 2020-11-03［2021-02-04］．http：//www. jksb. com. cn/html/news/hospital/2020/1103/167024. html.

除居民在封闭管理中的不利情绪、丰富日常生活①。

（三）社会工作服务方式立体化

新冠肺炎疫情中社会工作参与服务方式立体化。常规的社会工作服务主要采取面对面的服务方式，直接与案主进行在场交流，便于加深社会工作者与案主之间的沟通交流。而在本次新冠肺炎疫情中，由于疫情本身具有危险性，各地的防疫规定也要求尽量减少现场服务，加上部分案主因为被感染或者是处于隔离状态，使得常规的社会工作服务活动无法在线下正常开展。全国各地的社会工作者充分运用网络作为载体开展线上与线下结合的社会工作服务方式。线上服务的方式主要包括了三种。第一是线上健康管理，社会工作者通过建立微信群对服务范围内的案主进行健康信息收集、跟踪、上报等工作，随时了解服务对象的健康状况，便于制订相应的服务计划。武汉市“社工伴行”服务团在服务社区内建立了三级服务体系，将不同健康状况的居民进行分类管理，根据不同的类型采取不同的服务策略、提供不同的服务内容，累计服务近 5000 人次，建立了 27 个在线服务群②。第二是线上困难解决，社会工作者设立电话专线或者专用微信，为案主提供疫情中的各类信息咨询、需求收集、心理支持等。广州市社会工作界发起了“广州社工红棉守护行动”，设立 229 个“广州社工红棉守护热线”点，通过电话服务的模式跟踪困难群众，为疫情中的群众提供生活信息服务、心理咨询、防疫咨询。截至 2020 年 2 月底，累计接线 8738 人次，提供防疫知识咨询 11184 次，心理辅导 25088 次，累计线上服务市民 243053 人次③。兰州市依托“三社联动”试点，开展线上社会工作服务，利用微信公众号、微信群等方式收集解决群众的需求，进行防疫信息传播以及心理情绪疏导等工作。线上线下服务同步进行，扩宽了社会工作服务的层次，既解决了部分群众的实际需求，同时通过非接触的服务方式

① 北京市民政局．小举动传递大温暖，睦邻社工抗疫剪影［Z/OL］．北京社会建设和民政 2020-03-23［2021-02-04］．https：//mp. weixin. qq. com/s/v6Up-68PHWjN5GVitOD1AQ.

② Yu Z，Chen Q，Zheng G，et al. Social work involvement in the COVID-19 response in China：Interdisciplinary remote networking［J］．Journal of Social Work，2020.

③ 新华网．广州：开设 229 条“广州社工红棉守护热线”助力抗疫［N/OL］．新华网 2020-03-02［2021-02-04］．http：//www. gd. xinhuanet. com/newscenter/2020-03/02/c_ 1125651234. htm.

还减少了感染的风险。第三是线上生活服务，通过在线直播、视频录制、在线竞赛等方式为服务对象提供丰富多彩的文化活动，例如书法绘画、厨艺比拼、儿童学习等内容。石家庄德正社工联合了社会组织“未来读书会”“悦玩亲子阅读”在社区封闭管理期间在线上组织社区儿童学习活动，开展“假期每日一诗”打卡活动和亲子互动式在线学习活动①。

（四）社会工作服务模式联动化

新冠肺炎疫情中社会工作参与服务模式联动化。突发公共卫生事件具有衍生性和复杂性等特征，在治理过程中需要结合多方力量共同参与。在此次新冠肺炎疫情中，社会工作广泛联合其他社会力量共同参与疫情的防治工作。多地依托于“三社联动”“四社联动”“五社联动”等模式，将社会工作、社区、社会组织、志愿者等力量有机整合，形成了架构完整、分工明确的社区一线防控队伍，在疫情期间为社区居民提供健康跟踪、疫情排查、困难家庭帮扶、生活支持、心理疏导等服务。民政部基层政权建设和社区治理司、慈善事业促进和社会工作司、社会组织管理局联合指导中国社会工作联合会编写了《社区“三社联动”线上抗疫模式工作导引（第一版）》，鼓励各地社会工作者、社区工作者、志愿者联合行动，建立了以线上咨询服务为核心服务系统的工作模型，通过三级微信群，为社区居民、隔离人员及家属、疑似患者、严重焦虑者和心理压力较大的社区工作者等，开展相应的科普宣传、信息咨询、心理支持、情绪疏导、危机干预、健康咨询、服务协调、资源链接、个案辅导和个案管理服务，营造亲善友爱、人人尽责的社区氛围，并明确了社会工作、社区、志愿者各自的工作职责。在兰州市的“三社联动”试点地区，疫情发生后社区工作人员与社会工作者迅速集结，招募志愿者建立社区防疫服务群和社区防疫工作队，在专业社会工作者的指导下，志愿者们成功尝试开展线上线下“抗疫”服务活动。兰州爱颐社会工作服务中心社工、刘家堡城市社区工作人员联合社区志愿者，根据排查摸底的隔离人员数据制作了“社区疫情防控

① 郭莉萍．疫情防控社工在行动［N］．石家庄日报，2021-01-29（005）．

三色作战图”，便于精准开展疫情防控排查①。武汉市经历了2020年的新冠肺炎疫情后对社会工作“五社联动”模式开展了深入探索，联动社区、社会工作者、社区社会组织、社区志愿者、社区公益慈善资源，开展疫情后的各类重振项目。在各渠道社会力量的合力下，筹集了2000多万元资金，在89个社区开展社会工作服务，开展心理疏导、困难群众帮扶、社区矛盾调解，有效帮助了社区居民度过疫情后的恢复期②。从全国各地的具体实践来看，社会工作者运用社会工作的专业优势，在组织协调社区工作者、志愿者共同开展防控工作、生活防疫物资分配、困难群体救助、心理疏导等多个方面起到了重要作用③，形成了有效防控疫情的“治理共同体”。

三、社会工作参与突发公共卫生事件的制度性不足

早在埃博拉病毒流行期间，就有学者提出世界公共卫生体系投资和建设不平衡、不充分，导致了困难群体在疫情期间会遭遇更多的不平等④。虽然在埃博拉病毒后，世界公共卫生体系建设得到了一定的发展，但并没有进行持续性的建设⑤。对于社会工作在公共卫生体系中的建设来说同样如此，社会工作的参与都是积极的，但在制度体系建设上也存在着持续性建设不足的问题。突发公共卫生事件作为一种应急状态有偶然性和不可预知性，对其应对体系的投资回报速度较慢，尤其是主要以辅助工作为主的社会工作缺乏足够的动力来持续改进和完善。社会工作作为一项专业活动，需要建立一套相对完善的行业规范和流程，从而才能保障社会工作服

---

① 朱丹．甘肃“三社联动”抗击疫情的五个关键词［N］．中国社会报，2020-03-10（001）．

② 武汉市民政局．汇众智 凝共识 聚合力 以“五社联动”新模式助理武汉疫后重振［J］．中国民政，2020（20）：14.

③ 王思斌．社会工作要在防控治理新冠肺炎疫情中履行专业责任［J］．社会建设，2020，7（04）：3-7.

④ G. Yamey, D. Jamison, A. Soucat. Financial Global Common Goods for Health：When the World is a Country［J］．Health Systems & Reform，2019（5：4）：334-349.

⑤ M. Schferhoff, P. Chodavadia, S. Martinez, et al.，International Funding for Global Common Goods for Health：An Ananlysis Using the Creditor Reporting System and G-FINDER Database［J］．Health Systems & Reform，2019（5：4）：350-365.

务高效、顺利、有质量地进行。当前我国已经针对社会工作进行了一系列的制度化建设，如从地方到中央的社会工作管理、指导制度，社会工作行业的规范和准则等。正是基于此，我国的社会工作事业才能取得长足的进步，社会工作行业才能够有效参与社会治理与国家建设，因此社会工作参与突发公共卫生事件也需要建立在可靠的制度规划之上。但由于突发公共卫生事件具有突发性、偶发性等特征，其相应的社会工作制度建设还处于较为初步的状态。也正因为我国当前缺乏社会工作参与公共卫生事业的制度性建设，才导致了社会工作在此次新冠肺炎疫情中出现的种种不足和问题。对社会工作参与突发公共卫生事件的经验进行归纳，可以总结出以下几点制度性不足。

（一）社会工作的法律地位缺失

从法律层面上说，社会工作参与突发公共卫生事件的立法不完善，社会工作介入突发公共卫生事件缺乏相应的法律依据和法律保障，没有获得相应的法律地位。我国针对突发公共卫生事件的相关法律法规主要有《中华人民共和国传染病防治法》《突发公共卫生事件应急条例》《国家突发公共卫生事件应急预案》等。这些法律法规规定了突发公共卫生事件应急处置的指挥决策、监测、分析、控制、应急处置等方面的内容。具体规定了突发公共卫生事件的应急响应等级，以及不同情况下处置的流程和具体的参与部门。但社会工作在突发公共卫生事件处置的相关法律中并没有得到承认，没有将社会工作纳入到突发公共卫生事件应急处置的法律框架和体系中。正是由于缺乏相应的法律规定，才导致了社会工作者在新冠肺炎疫情防疫工作初期需要依靠自发组织来参与防疫。同时，对地方的社会工作主管部门来说，缺乏相关依据使得他们只能采取倡议、号召、鼓励的方式动员社会工作者，而难以进行成规模、有计划、有秩序地调配社会工作者到社区、医院、公共场所进行专业活动。缺少法律法规支持也导致社会工作在防疫工作中的边缘化，由于防疫规定社会工作者无法复工复产，也存在即使复工复产也被部分社区拒绝进入的情况。一些地方的街道社区不认可社会工作的专业度，将社会工作者简单地等同于社区志愿者或社区工作者，在工作安排上忽视社会工作者在资源协调、困难群体救助、心理疏导上的专业方法和专业能力。

（二）社会工作尚未纳入公共卫生体系

从公共卫生制度上说，社会工作在突发公共卫生事件的应急流程中存在不足，也尚未进入到国家公共卫生建设体系。从突发公共卫生事件的应急流程来说，从国家到地方的突发公共卫生事件应急预案及条例中，都缺乏对社会工作参与应急处置的明确规定。在群防群控机制中，也忽视了社会力量和基层社区力量的作用。缺乏正式流程的支持，使得社会工作作为一支有组织的专业力量较难被统一组织领导，即使是自发开展服务、对接社区、链接资源，也常处于边缘化的位置。虽然新冠肺炎疫情后全国各地修订了地方应急预案，但社会工作的职责仍有不足。以北京市突发公共卫生事件应急条例为例，对突发公共卫生事件的应急处置进行了较为详细的规定。其中明确规定了“民政部门负责对疫情期间的困难群众提供基本生活保障，对监护人无法履行监护责任的被监护人予以临时生活照料，引导各类社会组织、社会工作者和志愿者等力量参与应急工作”，虽然社会工作在此被提及，这是值得肯定的进步，但不同于城乡基层社区被赋予了明确的职责，社会工作同社会组织、志愿者一道被视作为社会力量，对其专业地位和职责（专业角色）未加突出强调。上海市提出“本市培育公共卫生领域社会组织和专业社会工作者、志愿者队伍，完善社会力量参与机制，构建多方参与、协调配合的公共卫生社会治理架构”，但仍缺乏如何完善参与机制，如何构建公共卫生社会治理架构的具体内容。

而从公共卫生人才队伍的构成来说，我国公共卫生人力资源队伍主要包括两部分，一是卫生服务提供者，二是卫生管理和支持人员。前者是指医疗服务、公共卫生、医学科研、在职教育等医疗卫生机构的工作人员，其构成以医护人员为主，还包括了从事卫生宣传、信息支持、科研教学、医疗器械维修等方面的非卫生专业人员。而管理和支持人员主要是从事党建、人事、财务等行政管理的专业人员以及后勤保障等工作的工勤技能人员①。公共卫生社会工作人才作为公共卫生宣传、心理疏导、防疫协助的

① 李立明，姜庆伍．中国公共卫生概述［M］．人民卫生出版社，2017：23-24.

重要组成部分，在公共卫生人才队伍建设中尚未得到认可。因此在疫情防控中，社会工作专业人才往往处于“见缝插针”的工作状态，工作的职责和内容也同其他专业人员有部分重叠和冲突，这导致社会工作者的价值被忽视，专业性也无法体现。

（三）社会工作行业应急机制不完善

从社会工作行业建设层面来说，社会工作行业应对突发公共卫生事件处置缺乏应对机制准备。社会工作在多个分支领域已形成较为成熟的社会工作专业模式，并开发出了相关领域的社会工作实务手册，用于指导社会工作者在具体的工作实践中如何与工作对象建立关系、介入、干预，以及相关的督导、行政工作的细则。如医务社会工作、学校社会工作、禁毒社会工作、残疾人社会工作，都在其各自的专业领域进行了详细的梳理。而公共卫生领域中的社会工作，特别是针对突发公共卫生事件的社会工作目前还缺乏流程性的指导方案。在新冠肺炎疫情发生后，部分地区的社会工作行业协会快速行动组织编写了“社会工作疫情防控服务手册”作为临时的实务操作指南。但这些防控服务手册在内容上都有一定差异，详细程度也参差不齐，总的来说呈现出两个特点：一是内容较为简略，由于是临时编纂加上缺乏实践经验，只能提供大纲式的服务手册，如中国社会工作联合会发布的《新型冠状病毒感染的肺炎防控社工支持手册》分别针对老年社工、医务社工、青少年社工等不同场域的社会工作者提出了建议性服务内容；二是手册重点不一致，不同地区的手册有不同的强调内容，比如《广州社会工作行业参与疫情防控及服务工作指引》较为重视不同场景和不同服务对象应具体执行哪些工作，而上海社会工作者协会发布的《新型肺炎疫情防控社会工作服务手册》则更强调通用性的服务伦理、角色、内容等。在短时间内能够发布社会工作服务手册，给予一线社会工作者相关的工作指南已实属不易，但也存在流程不清晰、操作不详细、内容不完善等问题。这些服务指引对社会工作者的防疫工作具有一定的帮助，但在应急状态下的社会工作者仍然只能依靠其根据一线的实际状况去进行计划和实行。

（四）公共卫生社会工作实务制度未建立

从公共卫生社会工作的专业分支来说，社会工作专业尚未建立起公共卫生社会工作的实务制度，在突发公共卫生事件中的专业化职责、功能、方法的设计不足。社会工作是通过整合社会资源，协调社会关系，预防和解决社会问题，促进社会和谐，并有着强烈的专业属性和价值伦理。通常来说，社会工作对工作对象的介入都有一套完善的方法体系，采取科学的设计来实现干预目的，所以社会工作承担的职责与角色具有专业伦理、专业手段、专业方法。不同领域的社会工作者具体承担的职责和角色有一定的差异，比如信息传递者、资源链接者、行为教育者、能力发展者等①。在新冠肺炎疫情中各地给出的社会工作服务手册中也有明确表述，比如上海市社会工作协会将社会工作者的角色定位为资源链接者、行政支持者、服务协调者、情绪疏导者、个案管理者。贵州省社会工作协会发布的《贵州省新型冠状病毒感染的肺炎疫情防控社会工作实务指引手册》对社会工作者具体的职责进行了更进一步的定位，规定了社区服务、儿童青少年服务、老年人服务、特殊家庭服务的具体职责范围。但是在实际的工作中，有社会工作者反映根据街道社区的统一安排，社会工作者的专业能力并没有能够在工作中得到体现，专业的方法也没有使用的机会。还有的基层社区对社会工作者存在边缘化现象，不相信社会工作者的专业能力，将社会工作者和社区工作者进行简单的混淆。虽然有的地方社会工作协会等机构曾对一线社会工作者定位，但实际工作和规划定位有一定偏差，执行也不到位，这些问题在社区防控中体现得更为集中。

四、社会工作参与突发公共卫生事件的制度创新

新冠肺炎疫情中社会工作的表现和担当显示出社会工作在突发公共卫生事件中的参与是必要和可行的。但也必须看到，社会工作在公共卫生领域中的地位仍然较为边缘。随着新冠肺炎疫情进入常态化管理，针对突发

① 柳静虹，沙小淼，吕龙军．社会工作介入公共卫生体系再思考：基于新冠肺炎疫情社会工作响应过程的反思［J］．华东理工大学学报（社会科学版），2020，35（01）：44-56.

公共卫生事件应急处置和常态化管理的制度改革与制度完善也将逐步开展。社会工作应当积极响应、主动参与，推进社会工作参与突发公共卫生事件的制度创新。

（一）明确社会工作参与突发公共卫生事件的角色地位

明确社会工作在突发公共卫生事件处置中的地位首先需要确立其法律地位，也就是要从立法的层面承认并要求社会工作有参与突发公共卫生事件处置的权利与义务。当前我国的《中华人民共和国传染病防治法》和《突发公共卫生事件应急管理条例》等法律法规中并没有明确规定社会工作在突发公共卫生事件中承担的责任。在现实的操作中，社会工作参与突发公共卫生事件的治理往往面临无法可依，无据可循的困境。缺乏相应法律地位，使得社会工作在相关工作的介入中缺少进入服务场所的合法依据，极大地增加了沟通成本，降低了工作效率，也浪费了突发公共卫生事件处置的宝贵时间。因此社会工作参与突发公共卫生事件首先需要推动人大立法，确定社会工作参与公共卫生工作的责任、义务、权利等，特别是在协调相关资源、帮助困难群体、参与社区工作等方面。2003 年“非典”疫情暴发后也是由于缺少不明肺炎上报的相关法律规定，在一定程度上导致疫情在初期没有得到有效控制。在这之后我国迅速制定了《突发公共卫生事件应急管理条例》，并修订了《中华人民共和国传染病防治法》，明确了相关责任主体和应急处置流程。英国在 2004 年颁布的《国内紧急事件应变法案》中就明确规定了，应急响应者分为一级和二级，其中一级响应者为警察、消防员等，而社会工作者则是二级响应者，主要的职责是协助一级响应者的相关工作，同时根据紧急事件的具体情况提供社会工作的专业服务。

其次是将社会工作纳入应急管理和公共卫生系统，明确社会工作在应对突发公共卫生事件时应具体分担什么任务，如何与应急和公共卫生业务单位协调配合。明确法律地位使社会工作参与突发公共卫生事件处置具有正当性，而将其纳入应急管理和公共卫生系统则是在实务层面确定了社会工作在突发公共卫生事件处置中位于什么环节、要做什么事。社会工作应推动与应急管理部门、公共卫生部门的合作，共同完善相关的流程和制度，将社会工作的参与明确写入其中，界定社会工作在突发公共卫生事件中的服务场域、服务对象、服务内容，明确社会工作与其他参与主体之间的关系、边界、职权等。目前社会工作在医务、禁毒等几个实务领域已有纳入专业行业体系的成功经验。如北京市将在2025年实现北京地区内医院社会工作的全覆盖，使医务社会工作成为医疗卫生机构中的一个组成部分，参与医疗机构的日常运作和服务提供。在我国西南地区禁毒社会工作也被整合进入禁毒系统，作为一个有机整体协调配合公安等部门完成基层的禁毒任务。突发公共卫生事件的处置是一个更为复杂的工程，社会工作应当积极融入应急管理和公共卫生系统，直接参与这个领域相关的决策、规划、执行。

（二）构建社会工作参与突发公共卫生事件“平战结合”机制

突发公共卫生事件往往是突然暴发，并具有不可预知性、不确定性、扩散性等特征，因此公共卫生事业通常是预防为主，平战结合。在没有暴发突发公共卫生事件时，公共卫生主要进行卫生健康促进、政策宣导、卫生体系建设等工作。当遇到突发紧急情况时，能够快速响应转换身份和角色，进入流行病调查和应急防疫状态。社会工作也应当建立对应的“平战结合”机制，有机地同公共卫生体系结合起来。

由于公共卫生体系和突发公共卫生事件的特性，应对突发公共卫生事件的社会工作团队也无法保证长期储备一支庞大的专业常备力量，因此社会工作的“平战结合”响应机制就要求社会工作在应急状态下由公共卫生社会工作者和其他社会工作者联合组成临时应急工作团队。在常态化状态下，社会工作应形成公共卫生社会工作专业体系，同健康中国的长远目标相契合，以提高群众健康水平、推动公共卫生治理为目标，构建健康的保障网和疾病的防御网。与此同时，还需要建设社会工作应对突发公共卫生事件的“战时”机制。当突发公共卫生事件发生后，在地方有关部门的统一协调组织下有序形成应急社会工作队伍，组成以专业公共卫生社会工作者为主、其他专业社会工作者共同参与的专业社会工作应急团队。建立社区、医疗卫生机构、集中隔离点、人流密集公共场所等多个服务场域的分支团队，为社区居民、病例及家属、隔离人员、防疫工作人员提供生活支持、心理支持、防疫支持等工作。

（三）建立公共卫生社会工作实务制度

公共卫生社会工作在我国尚未有系统性研究，也还未建立起这一专业分支。为了应对突发公共卫生事件，构建社会工作“平战结合”的公共卫生应急机制，应当尽快建立公共卫生社会工作的实务制度。

第一需要明确公共卫生社会工作的核心职责和功能。公共卫生社会工作的核心职责应根据公共卫生“预防为主，防治结合”的方针，引导案主践行健康的生活方式，预防控制疾病的发生，并在突发公共卫生事件中参与疫情防控工作。公共卫生社会工作的功能可以从四个方面进行界定，首先是运用专业的社会工作方法手段改善案主在健康方面的不足、消除健康不平等，其次是在突发公共卫生事件危机中为服务对象赋权增能、提升抗逆力，再次是协助公共卫生一线人员链接资源、协调资源提供服务保障，最后是在健康领域进行政策倡导。

第二是明确公共卫生社会工作主要工作场景和工作内容。根据新冠肺炎疫情期间社会工作的实践经验，公共卫生社会工作的主要工作场景应聚焦于疫情防治场所与日常生活场所。具体来说，疫情防治场所包括了救治受感染患者的医疗卫生机构、集中隔离点、重点公共场所等。疫情防治场所的工作内容属于“战时”应急响应，主要是协助对感染者的治疗，以及潜在病毒携带者的闭环管理。而日常生活场所主要是指健康居民的生活空间即社区。习近平在2016年全国卫生与健康大会上的发言中指出，新时期的卫生工作方针要以基层为重点，即将城镇与农村的社区作为公共卫生政策制定与执行的重点。民政部党组2020年10月16日在《求是》杂志上发表的文章表示，社区是应对国内零星散发病例和局部暴发疫情风险的前沿阵地，应建立健全派驻社会工作者参与社区疫情防控工作机制。社区的工作内容有两项，分别是预防和控制。预防工作是“非战时”的工作内容，主要是引导社区居民建立健康的生活习惯，提高对公共卫生的认识，加强疾病预防的意识。而控制工作是“战时”的工作内容，主要是联合社区工作者、志愿者在社区内形成群防群治的疫情防控体系，为社区居民提供防疫保护、生活服务、心理疏导、重点人群关照等服务，保障社区居民在突发公共卫生事件中受到的影响降到最小。

第三是明确公共卫生社会工作的主要工作方法。公共卫生社会工作的工作方法基于社会工作的基本工作方法，并根据公共卫生的特殊属性进行调整。首先，从突发公共卫生事件的风险特征出发，明确公共卫生社会工作要联合多个治理主体共同参与公共卫生工作。在宏观层面与医疗、卫生防疫、公共安全、交通运输等部门积极配合下，在微观层面开展“三社联动”“五社联动”，同社区的其他治理主体形成工作团队。其次，根据突发公共卫生事件中疫情具有传播性的特点，明确公共卫生社会工作要以线上线下结合的工作方法提供服务，开发线上线下服务的指南、手册。最后，公共卫生社会工作要兼具专业服务能力与治理能力，社会工作可以聚焦其协助案主解决环境与人之间的障碍并恢复人的社会功能的优势，在公共卫生事件中做好专业的心理疏导、困难群体帮扶、资源链接等服务①。而同时，在突发公共卫生事件中一线防控队伍可以根据基层面临的具体情况有较高的自由裁量权，这就要求公共卫生社会工作队伍既能提供专业的社会工作服务，也要能与社区工作者、志愿者共同完成一定程度的基层社会治理工作，保证疫情防控的执行、保证社会秩序的稳定。

（四）强化公共卫生社会工作人才培养和技能培训

我国在公共卫生领域的社会工作尚处于起步阶段，因此在此次新冠肺炎疫情中大量的社会工作机构、社会工作者、社会工作研究者都依靠自发组织形成专业队伍，运用专业知识参与事件的应对。并且大多还是摸着石头过河，缺乏更有针对性的专业手段，也缺少在此领域有相关知识技能和经验的人才，同时在协调管理突发公共卫生事件处置的领导层中也欠缺对社会工作的认知。所以对于社会工作在教育和人才培养这一方面，需要编制更加系统性和制度化的方案。社会工作在这一领域的人才培养和知识技能培训应当从两个方面着手。

第一个方面，要确立公共卫生社会工作作为社会工作的一个分支专业，并积极开展公共卫生社会工作的培养体系建设和课程开发。考虑到社

① 陈涛．灾害社会工作在疫情防控中的专业优势［J］．社会工作，2020（1）：19-22.

会工作在这一领域是多学科交叉、多治理场景交叉、自然科学和社会科学交叉，在开展工作时需要不同领域的社会工作者协调配合，所以也要充分重视公共卫生和灾害应急相关的知识在社会工作通识教育中的地位，增加医学、公共卫生、灾害救助等基础知识的内容。

第二个方面，要加强公共卫生和应急救灾专业领域相关人员的社会工作知识培训。社会工作的专业力量纳入应急管理和公共卫生系统参与突发公共卫生事件处置将会成为未来的发展方向。作为整体系统中的一部分，其他部分应当充分了解社会工作在突发公共卫生事件处置的大系统中可以做什么，能够做什么，应该做什么。有学者指出，当前社会工作介入突发公共卫生事件的障碍之一就是政府的社会行政专业化程度亟待加强，专业过分服从于行政将很难满足群众越来越多元的要求①。所以对于这一个方面的知识技能培训，主要是增加他们在突发公共卫生事件中如何与社会工作协调配合的认知，并能够在一定程度上领导、协调、组织、安排社会工作的专业人员如何配合公共卫生、医务、救灾等专业人员的工作，同时还要强调如何配合作为社区防控、生活救助、心理咨询主体的社会工作专业力量进行社会工作专业活动。

Social Work Participation in Public Health Emergencies and System Construction

LI Yingsheng, CAI Kangxin

Abstract: Emergent public health events play a role of significant risk in human history. The structure and operation mode of modern society magnify the harm brought by risk more. Therefore, the governance of public health emergencies is a major topic of modern society. Social work as a means of professional help, its participation in public health emergency disposal has a unique advantage and rich experience, in the concrete practice, the participation of so-

① 曾华源．从疫情防控看社会工作专业的价值与体制化之路［J］．社会建设，2020，7（04）：14-18.

cial work also has its obvious characteristics, more and more attention and recognition by the government and all walks of life, become a role difficult to ignore in governance of public health emergency. But in practice, it also exposes many inadequacies of its own and its related system construction. Based on the experience of social work in the COVID-19 epidemic prevention and control, it is of great significance for social work to participate in the handling of public health emergencies in an orderly and effective manner by analyzing the deficiencies and shortcomings in the construction of relevant systems and mechanisms and promoting the innovation and development of relevant systems and mechanisms.

Keywords: Public Health Emergency; Social Work; the System Construction

中国社会工作学刊　第三辑
第 211~225 页

社区药品安全服务：公共卫生社会工作的新尝试

——以深圳市社区药品安全服务网建设项目为例

徐道稳　张凤祥*

【摘要】 深圳市社区药品安全服务项目是政社合作开展专业服务的一个成功范例。本文通过实地调研总结社区药品安全服务项目的模式创新和实践成效，提炼项目实施的经验并从社会治理和制度建设两个方面进行理论反思。社区药品安全服务项目引入专业社会工作服务，将精神卫生社会工作、慢性病防治服务、突发公共卫生事件服务、预防药物滥用服务，以及一般用药知识宣传服务串联起来，客观上拓展了社会工作的服务领域，丰富了公共卫生社会工作的实践，为构建中国特色公共卫生社会工作提供了实践样本。

关键词： 社区药品安全服务　公共卫生社会工作　社区治理

一、研究背景

2013 年 12 月，由深圳市食品药品监督管理局（后并入深圳市市场监督管理局）和深圳市社会工作者协会合作开展的社区药品安全服务项目正式启动。该项目以深圳社区服务中心为实施平台，发挥医疗卫生领域社会组织（药学会、药师协会等）的专业优势，运用社会工作专业服务手法开

* 徐道稳，深圳大学法学院社会学系教授；张凤祥，深圳大学法学院社会工作专业研究生。

展社区药品安全专项服务，逐渐形成了跨专业、跨领域、系统化的全方位服务模式。首批试点的15家社区服务中心为社区老年人、慢性病患者提供专业服务，取得了良好的成效，受到了群众的欢迎。2015年，深圳市政府将“社区药品安全服务网建设工程”确定为12项重大民生工程之一，深圳市社会工作者协会通过竞标方式获得该项目的运营资格。在项目运营第一年，项目组在10个行政区域选取了300家社区服务中心作为项目落地点，服务对象包括老年人、慢性病患者、儿童及普通居民。第二年，项目落地点增加至350家社区服务中心，项目服务得到优化。第三年，项目点数量扩展至670家，实现社区全覆盖。项目服务内容包括家庭过期药品回收、安全用药知识宣传、社区药品安全志愿者队伍建设、特殊人群用药指导、青少年药物滥用防治等。

作为深圳市重大民生工程项目之一，社区药品安全服务网建设工程的主要目标是：以社区居民为主要目标人群，针对社区中易发的制售假劣药、药物滥用、家庭过期药品随意丢弃等问题，充分发挥社区服务中心平台和社工的专业服务作用，加强社区用药知识宣传，为社区特殊人群提供用药指导和社区服务，逐步建立药品安全网络化服务系统，全面保障社区居民用药安全。5年过年了，这些目标任务完成得如何？项目实施和专业服务有哪些经验？还存在哪些问题？这些问题都值得研究。本文运用文献研究和实地调研相结合的方法，试图总结社区药品安全服务的创新模式和实践成效，提炼社区药品安全服务的实践经验并对其进行理论反思，为完善基层社会治理、提高基本社会服务水平贡献社会工作智慧。

二、社区药品安全服务模式创新

社区药品安全服务项目由政府主管部门指导，由社会工作行业协会统筹协调社工机构和涉医涉药社会组织，以社区党群服务中心为平台，以专业社工和专业志愿者为主体，以重点人群药品安全服务为抓手，逐步形成了“政府主导、行业统筹、专业合作、群众受益”的社区药品安全服务模式，该模式的基本要素由组织架构、服务内容、服务标准和服务管理构成。

（一）建立政社合作的组织架构

社区药品安全服务网建设是一项系统工程，涉及政府主管部门、50 多家社工机构和行业组织、600 多家社区党群服务中心。为了整合多方力量实现有效管理，必须搭建政社合作的组织架构，见图 1。该项目由深圳市市场监督管理局指导、深圳市社会工作者协会统筹实施，以社区党群服务中心为平台整合社工机构、医药组织、药物成瘾防治机构、环保组织和志愿者组织等多方资源，在实施药品安全政策过程中注入专业理念和专业方法，为社区居民编织“买药安全、用药指导和过期药品回收一体化”药品安全服务网。

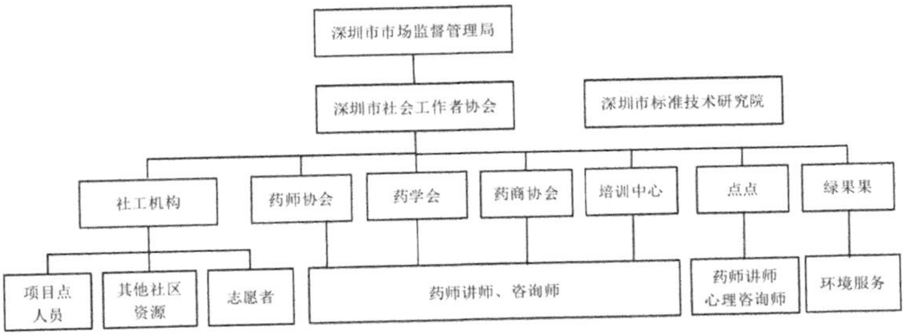

图 1　政社合作的组织架构

作为本项目的统筹单位，深圳市社会工作者协会安排 10 名工作人员负责项目规划、监测、评估、示范点的服务跟进及探索研究。参与项目建设的 50 多家社工服务机构，每个机构安排项目统筹人员 1 名、督导 1 名，负责社区信息、人员信息更新、档案整理、服务管理与督导。全市 670 家社区党群服务中心，每个中心均派出社工提供专业服务。深圳市药师协会、深圳市药学会、深圳市医药商业协会、深圳医药职业技能培训中心、深圳市点点青少年药物成瘾关爱中心、深圳市绿果果低碳环保志愿服务协会均为本项目的合作单位，对项目宣传、咨询、讲座、过期药品运输及销毁工作提供专业支持①。

（二）形成以社工嵌入为特色的服务内容

社区药品安全服务内容包括家庭过期药品回收、涉药专业服务、涉药

① 王越．“政社”合作搭建社区药品服务网络［J］．中国社会工作，2016（3）．

宣传三大模块。其中，过期药品回收根据标准流程运作，涉药专业服务包括个案、小组、社区走访、建档、高血压人群深化服务，涉药宣传包括外展宣传活动、药学专业讲座或咨询、发展维护志愿者、青少年药物成瘾预防教育等服务。

1. 家庭过期药品回收模块

在过期药品回收方面，按照主管部门制定的标准在670家社区党群服务中心统一设置过期药品回收箱，统一印制过期药品回收封条、统一打包、统一在线上进行扫码追踪管理，由环保组织将回收的家庭过期药品统一送至主管部门指定场所，进行统一销毁。项目社工负责对药品回收箱进行标记和管理，在工作时段将药品回收箱摆放在社区党群服务中心显著位置，方便居民咨询和投放过期药品，下班后将回收箱妥善收存。社区党群服务中心负责监控过期药品回收进度，并在回收箱药品达到警戒线时，将药品用专门密封胶带进行打包，联系环保专业机构进行回收。环保组织须建立符合要求的药品仓库，并由专人管理、专人登记，在收到社区电话的5个工作日内上门回收，现场称重完成交接，填写交接文件并进行归档，并按照备案的路线进行转移。

2. 涉药专业服务模块

涉药专业服务主要包括个案、小组、社区走访、建档、高血压人群深化服务等。个案和小组服务对象包括长期用药者或长期用药者的照顾者，服务对象的需求与计划实施内容必须与药品相关，小组活动的主题可以包括用药安全、长期病患及其照顾者的情绪疏导、同类长期病患互助支持及其他涉及药品安全、特殊涉药人群等。社区走访服务是指社工通过入户探访、街访、活动现场访问等走访形式对社区内目标人群进行评估、记录和归档。社工对特殊涉药人群服务需求进行评估，建立特殊涉药人群档案，根据需求开启个案服务或定期追踪。特殊涉药人群包括慢性病患者（高血压、糖尿病、冠心病、痛风、慢性肾炎、慢性肝炎肝硬化、类风湿性关节炎、肿瘤、阿尔茨海默病等）、已确诊且需用药的精神病患者、肢体或智力类残障且需用药者、药物成瘾者。其中，对于高血压患者需根据系统说明收集填写血压、身高、体重、用药、饮食、情绪、治疗、康复、运动等方面的信息。

3. 涉药宣传模块

涉药宣传模块主要包括外展宣传活动、药学专业讲座或咨询、发展维护志愿者队伍、青少年药物成瘾预防教育等。外展宣传既运用社区宣传栏、宣传手册等传统方式，又运用微信公众号、微信群等新媒体，宣讲药品法律法规和科学用药知识。用药安全讲座由药学合作单位安排专业药师和医师开展。讲座以高血压、糖尿病、冠心病、帕金森病、类风湿性关节炎等慢性疾病患者为重点，指导重点人群合理用药。专业志愿者是社区药品安全服务的重要资源。各合作单位按要求以宣传现场招募、定向招募等方式建立和维护志愿者服务队伍。青少年药物成瘾预防教育由项目合作单位深圳市点点青少年药物成瘾关爱中心主导，开展系列青少年药物成瘾预防教育活动，特别是教育青少年远离成瘾性止咳水。

（三）颁布地方指导性服务标准

为规范社区药品安全服务，提高服务质量，2019 年 1 月，深圳市市场监督管理局发布地方指导性标准《社区药品安全服务规范》（SZDB/Z350.1-2019）。该标准对社区药品安全服务建档、走访、个案、小组、外展宣传等 9 个方面作了指导性规定。建档对象面向全体社区居民，特别是慢性病患者、药物依赖者、已确诊且需用药的精神病患者以及肢体/智力类残障者等人群。建档和走访应保证活动的真实性，不应含有商业宣传或与社区药品安全无关的内容，保密原则应符合专业伦理规范。走访人员宜由社工、志愿者等组成，应统一着装，并佩戴工作证。个案服务内容包括用药安全、福利政策、精神慰藉三个方面。而且在预估、制订服务计划、个案跟进、评估及结案、存档备案环节需符合指导性标准要求。小组活动频次应按主题确定，一个主题活动一般不少于 4 节。小组服务流程为：编制计划；人员招募和筛选；组织实施；存档备案。讲座要求主题明确，观点清晰，现场组织有序，无安全隐患，讲座期间不应含有商业宣传或与社区药品安全无关的内容，保密原则应符合专业伦理规范。讲师应具备执业药师资格证，或三年医院临床药师工作经验；授课时穿着医生或药师制服，佩戴相应的工作证件。外展宣传活动要求保证内容的真实性，符合公共安全规定，不应含有商业宣传或与社区药品安全无关的内容，活动现场宜同步开展家庭过期药品回收活动，保密原则应符合专业伦理规范。

（四）实施过程和结果相结合的服务管理

本项目在实施过程中逐步形成了过程和结果相结合的服务管理模式。

一是做好全流程管理，对家庭过期药品回收进行追踪管理、痕迹管理。每一批的药品都通过线上二维码的方式，实现发起、交接、运输、仓储、销毁各个环节的衔接监督、实时监控，实现全流程可追溯，保障家庭过期药品回收安全。

二是做好信息管理和档案管理。各合作方在单次服务开展完毕后，需在 2 个工作日内登录项目官网录入服务档案。录入各项指标和信息须真实可靠，项目后台数据对外保密，仅供建设单位和统筹单位工作需要时查看。本项目的档案形式包括纸质档案和电子档案，具体有个案档案、小组档案、活动档案、建档档案、走访档案、志愿者档案和过期药品回收单等。服务过程中产生的照片、视频等资料，以中心为单位进行打包，并以机构为单位刻录成光盘，在项目服务结束后统一提交至项目组。

三是满意度评估。本项目自 2015 年开展至今，每年对全市接受过社区药品安全服务的 18 岁及以上的社区居民开展满意度的在线问卷调查，问卷调查的地点涵盖全市 10 个行政区所有服务点，以了解社区药品安全服务现状和存在的问题，进一步完善药品安全服务体系和服务质量。

三、社区药品安全服务项目的成效

（一）服务层面的成效

社区药品安全服务项目联合了 6 家行业组织和 50 多家社工服务机构，在全市 670 个项目服务点开展家庭过期药品回收、特殊人群用药指导、情绪疏导、心理辅导、社区药品安全讲座及宣传、合理用药咨询等服务活动，在学校开展青少年远离药物滥用的宣传教育活动，形成相关服务档案，并及时在线录入社区服务记录和报送服务数据。项目服务在过期药品回收、涉药专业服务和涉药宣传活动三个方面取得了明显成效。

1. 家庭过期药品回收服务

过期药品回收服务是社区药品安全服务的重要内容。为做好此项服务，项目组首先为过期药品回收点提供物资支持，为每一个回收点发放回收箱、登记本、手套、口罩、纸箱、胶带、塑料袋、封条、药盒，并在项目执行过程中根据服务点需求持续补发。在2018年至2019年的项目周期内，项目组共回收家庭过期药品18.44吨，并统一入库存储，同时制定了《家庭过期药品仓库管理制度》，要求仓库具备监控、防盗、消防三个安全条件，确保整个收药过程的安全性。过期药品回收后由专业公司负责家庭过期药品销毁工作。家庭过期药品的回收和销毁既防止了过期药品被不法分子回收加工重新回流市场，也防止了废弃药品产生环境污染，优化了药品流通环节的监管。家庭过期药品回收工作对居民的行为习惯也产生了积极影响。据深圳市标准技术研究院调查，在处理剩余药物时，选择交到药物回收点的受访者占比从2016年的13.7%到2018年的32.2%，再到2020年的33.7%，而选择直接丢弃的比例分别是55.5%、37.8%和30.6%，这说明家庭过期药品回收服务取得了明显成效。

2. 涉药专业服务

涉药专业服务是社区药品安全服务项目的创新内容，主要包括个案服务、小组工作、社区走访、建立健康档案、高血压人群深化服务。截至2019年7月，本项目已完成新增服务对象建档10998份；开展个案服务684个，服务次数3420次，包括684次的心理疏导辅导；完成小组服务672个，小组服务次数累计2688节；完成社区走访17260户。在三个社区针对建档在册的100名高血压患者进行试点深化服务。为此，项目组编制了《社区高血压患者深化服务操作指南》，指导试点社区和相关机构开展深化服务，并在线上系统规范填报信息。项目组还开发了线上调查系统，调查内容包括调查对象用药、情绪、治疗、康复、运动等情况，同时初步确定了社工建档、药师用药指导、心理辅导师介入心理辅导之间融合服务的转介条件和流程。

3. 涉药宣传活动

涉药宣传活动主要包括外展宣传、安全用药专业咨询、发展维护志愿者队伍和青少年药物成瘾预防教育。据统计，截至 2019 年 9 月，项目组共完成社区宣传活动 968 场，其中包括专业咨询以及青少年药物成瘾预防教育讲座；社区志愿者队伍建设及维护总人数为 5558 人，其中新增 2300 人；已开展与青少年药物成瘾预防教育相关的校园讲座 60 场。项目组在社区、区、市级平台上也进行了不同程度的宣传和推广。在社区平台上，印刷了 11 类宣传折页共 35 万份，宣传单 13.5 万份，安全用药知识手册 3.5 万份，海报 3000 份。还制作了便携药盒、项目吉祥物和表情包等各类宣传品在社区发放，制作时长超过 3 分钟的药品安全宣传片 2 部。项目组在市、区级媒体宣传报道 45 次，在 2018 年爱尔兰都柏林世界社会工作大会上，分享了药品安全项目的经验及成果。涉药宣传活动也取得了明显成效。据深圳市标准技术研究院调查，经过几年的实务和宣传，社区居民用药安全认知总体得分较高，特别是对商品名、酒驾、抗生素与孕妇用药的认知得分明显提高。

（二）管理层面的成效

1. 多元主体分工合作，打造共建共治共享的药品安全治理格局

如前所述，社区药品安全服务项目的运作依托政社合作的组织架构，在这一架构中，主管部门是领导力量，是运作资源的主要提供者，对项目运作起着指导和监督作用。社工行业协会是项目运营方，起着统筹协调的枢纽作用。社工机构和社会工作者是服务居民的专业力量，在项目中扮演重要角色，发挥承上启下的作用。他们不仅使政府、企业、社会服务等资源有效落地社区，让更多居民享受政府的民生服务，而且也对社区居民的需求进行直接的评估和反馈。同时，社会工作者也收集社区涉药人群、过期药品回收、社区药品安全监测等信息，定期将此类信息通过社区公告栏、QQ 群、微信群及微信公众号等渠道分享给社区居民，形成居民广泛参与的药品安全服务联动机制。社会工作者还链接社区工作站、社区居委

会和社区企业的资源，整合社区人力物力，编织居民药品安全服务网络[①]。此外，项目运作也离不开药师协会、药商协会、药学会，以及药物成瘾中心和环保机构的专业支持。在政社合作的组织架构中，上述各类主体相互支持，分工合作，形成了共建共治共享的社区药品安全治理格局。

2. 以科技为支撑，创新“互联网+社区服务”的管理方式

为推动服务的标准化和信息化，项目组在2017年开发了项目信息化系统，开通了“深圳社区药品安全服务网”，优化服务流程，搭建科普资料库、社区药店资料库等数据库平台，形成了“互联网+社区服务”的管理方式。首先，是使用线上系统填写资料。借助信息化工具，对项目执行方的操作流程提供指引，各项目执行方使用统一的服务套表，减少操作的随意性。所有服务操作和信息资料在网上留痕存档，便于项目管理单位查阅核对和数据统计。其次，平台搭建多个数据库，提供社区内社区药店、社康中心、家庭过期药品回收点、科普资料、药品咨询问答等资料的查询，保证信息的有效利用和传播；还提供诸如医保查询、社保查询、公积金查询、网上挂号、摇号查询及违章查询的链接，提供各类便民服务。最后，系统设置自动判别转介条件。当服务对象的主要指标达到规定的转介条件，系统自动识别，弥补了工作人员主观判断的不足，完善了转介流程。项目管理人员还可对项目进行全流程的监督管理，实行网络飞行检查，在线进行数据比对分析，对服务指标完成率低、服务跟进频率低等风险因素进行可视化预警[②]。

3. 融培训、研究于管理，凸显发展型、反思性的管理特征

项目的实施过程以社区服务为主体、项目管理为保障、专业培训为动力、学术研究为补充，不断推动社区药品安全治理创新。社区服务以社区居民为主要目标人群，针对社区中易发的制售假劣药、药物滥用、家庭过期药品随意丢弃等问题，加强社区用药知识宣传，开展家庭过期药品回收

---

① 徐晓磊，周千程，刘志慧．社会工作介入社区食药安全民生服务的深圳经验［J］．中国社会工作，2019（24）．

② 徐晓磊，周千程，刘志慧．社会工作介入社区食药安全民生服务的深圳经验［J］．中国社会工作，2019（24）．

管理工作，提供防治青少年滥用药物的服务，为社区特殊人群提供用药指导和社区服务。项目管理包括制定项目管理制度、服务指南、计划安排、定时进行数据统计、定期召开各类项目工作交流会等方式，借助线下沟通协调和线上系统的实时监察，确保提供的档案真实有效，各项工作有效落实。专业培训以提高项目管理能力和工作效率为目标，依托涉医涉药社会组织和环保组织对项目骨干进行专题培训。培训结束后还开展培训考核评比，用于培训效果的巩固与评价。项目组在组织项目实施过程中还组织召开研讨会、论证会，完成了《社区药品安全服务需求调查报告》《社区药品安全服务满意度调查报告》等多项调研报告。通过培训不断提高服务骨干的业务能力，通过研究不断优化服务流程、调整服务方式。本项目融培训、研究于管理，体现了发展型和反思性的管理特征。

四、经验总结和理论反思

（一）经验总结

经过 5 年不懈探索，深圳市社区药品安全服务项目取得了明显成效，也积累了不少经验，具体有以下几点。

1. 党委领导，政府主导

党委领导、政府主导是我国社会建设的基本经验，这一经验在社区药品安全服务项目中也得到体现。作为市政府 12 项重大民生工程之一，社区药品安全服务项目是深圳市委市政府顺应药品安全治理的形势需求、创新社区药品安全治理体系的具体成果，其有效实施显然离不开党和政府的领导和支持。其中，政府主管部门发挥决策规划、资金保障和监督管理的职能，各级党委起着领导和支持作用。项目的具体实施依托的是社区党群服务中心，而党群服务中心是党在基层的执政基地，是党在基层领导地位的具体体现，对项目的有效实施无疑起到关键作用。

2. 社会协同，跨界合作

社区药品安全服务项目充分发挥了行业协会、专业社会组织、专业社工、环保机构、居民志愿者等各种社会力量的作用，且各种社会力量互相配合、互相监督。项目组还设计了科学的合作流程，促进了各种社会力量的有效衔接，提高了项目的运营效率。项目组还建立了参与主体的相互监督机制，即社工（社工机构）对药师（药学合作单位）进行监督与评价，药师（药学合作单位）对社工（社工机构）也进行监督与评价，充分体现了社会协同、跨界合作的理念。

3. 枢纽组织统筹，专业服务介入

该项目由深圳市社会工作者协会统筹，由社工机构、涉药组织以及环保组织承接，由社会工作者、药师、药物成瘾防治讲师等提供专业服务。社会工作服务在深圳非常普及，全市有 100 多家社工机构近万名社工活跃在社会服务第一线，每个社区都有社工的身影。深圳市社会工作者协会拥有规范的管理制度、庞大的会员队伍和完善的服务网络，从而有能力成为枢纽组织来统筹项目的实施。社工主要从事个案、小组和走访等服务，药师和药物成瘾防治讲师主要开展讲座、咨询和宣传活动。各类专业服务相互补充、相得益彰。

4. 融服务于管理，以服务促治理

社区药品安全治理既有管理的成分也有服务的成分。该项目的最初动机是要加强药品流通管理，特别是家庭过期药品回收，但是从项目一开始就不仅仅是回收家庭过期药品，而且在回收药品的同时对社区慢性病患者开展多种形式的服务，这种融服务于管理的做法赢得了居民的信任，促进了家庭过期药品的顺利回收，从而达到以服务促治理的目的。以服务促治理是本项目的一条成功经验，这一经验对构建中国特色的社会治理体系和社会工作体系具有重要意义。

（二）理论反思

社区药品安全服务项目是我国社区药品安全治理的一个成功案例。如何从理论上解释这一案例对完善社区治理、提高公共服务水平具有重要意义。社区药品安全服务项目由政府通过购买服务方式提供资金支持，而政府购买服务是新公共管理改革中的常见举措，因此，新公共管理理论常常用来解释社区药品安全服务项目。新公共管理理论是在回应传统公共行政的危机中产生的。第二次世界大战以后，随着福利国家的建立，基于科层制和科学管理的传统公共行政取得了巨大成功，但是，20 世纪 80 年代福利国家陷入深刻危机，传统公共行政的低效率深受诟病，新公共管理理论应运而生。新公共管理理论的基本思想是：第一，政府掌舵，民间划桨。在公共服务中，政府的角色是政策的决定者和资源的提供者，政府发挥规划、计划、管理和监督的作用；社会组织通过投标政府购买服务项目获得公共服务运营资格，承担政府计划实施者、公共服务提供者的角色。第二，契约管理，顾客导向。政府通过购买服务方式确定中标的社会组织，并与之签订服务合同，双方的权利义务由服务合同约定。中标的社会组织成了服务提供商，而服务对象成了消费者或顾客。第三，竞争性机制，市场化手段。政府通过确定服务供应商或补贴服务需求方等方式营造竞争性机制、引入市场化元素，而社会组织对内进行企业化管理、对外进行市场化开拓，为服务对象提供高质量服务。

新公共管理理论试图克服传统公共行政的官僚化和低效率的弊端，在实践中确实取得了一定成效，但是也产生了服务不平等和公共服务碎片化等市场失灵现象，特别是过分强调效率而忽视了对公共价值的追求①。在这种情况下，试图平衡公共价值和市场效率的治理理论出现了。近年来，治理理论在我国受到学术界的热捧，成为解释许多社会现象的理论资源，其中的政府和社会的伙伴关系、合作治理、协商治理、多中心治理成为学术研究的热门话题。实际上，治理理论是一个庞杂的充满矛盾的理论体系，存在“对民主批判的两面性、对国家定位的模糊、对治理可能性的怀疑”三大缺陷②，其“主张的多主体参与的协商式治理模式不仅不会解决政府失灵和市场失灵的困境，而且很可能加重普通民众的被剥离感”③。

社区药品安全服务项目的出现无疑受到新公共管理理论和治理理论的影响，但是这些理论似乎难以完全解释社区药品安全服务项目所呈现的特点。新公共管理中“顾客论”和治理理论中“伙伴关系论”“多中心论”与项目的实际情况不符，在实践中也很难行得通。因此，解释中国的现象

---

① 王连伟，夏文强．新公共治理理论的形成、演进及进路探析［J］．北方论丛，2021（1）．
② 李洋．西方治理理论的缺陷与马克思治理思想的超越［J］．哲学研究，2020（7）．
③ 王连伟，夏文强．新公共治理理论的形成、演进及进路探析［J］．北方论丛，2021（1）．

需要从本土理论资源中寻求理论支持。有学者指出，马克思基于对国家和市民社会的批判，构建了“国家—社会—个人”相互关系的分析框架；马克思的治理思想与中国的治理实践相结合拓展了不同于西方治理的“实践可能性”和“理论可能性”①。作为这种结合的产物，习近平中国特色社会主义思想是解释中国现象的理论宝库。关于卫生健康，习近平总书记在全国卫生与健康大会上指出，“要坚持正确的卫生与健康工作方针，以基层为重点，以改革创新为动力，预防为主，中西医并重，将健康融入所有政策，人民共建共享。要坚持基本医疗卫生事业的公益性，不断完善制度、扩展服务、提高质量，让广大人民群众享有公平可及、系统连续的预防、治疗、康复、健康促进等健康服务”②。我们认为，社区药品安全服务项目就是以人民为中心、以基层为重点、以改革创新为动力，在党委领导下政社合作的结果。

从制度建设的角度看，社区药品安全服务项目是公共卫生社会工作的新尝试，是社会工作服务领域的新拓展，对完善我国公共卫生社会工作制度具有重要意义。关于社会工作发展，王思斌教授提出的“嵌入性发展”概念影响较大。他认为，社会工作发展初期呈现政府主导下专业弱自主嵌入状态，未来将走向政府-专业合作下的深度嵌入③。最近，王思斌教授又深化了他的社会工作发展理论，指出中国专业社会工作开始走的是“嵌入性发展”道路，随后呈现出与行政性社会工作“协同性发展”的特点，当前正在走向“融合性发展”④。从嵌入性发展到融合性发展能解释我国社会工作发展的历程过程，但是对某一具体的制度变迁似乎缺乏解释力。因此，对社区药品安全服务项目的制度化解释可能要求助于制度变迁理论。有学者提出了诱致性变迁与强制性变迁的制度变迁分析框架⑤，但是也有

---

① 李洋．西方治理理论的缺陷与马克思治理思想的超越［J］．哲学研究，2020（7）．

② 《习近平出席全国卫生与健康大会并发表重要讲话》．央广网 http：//china.cnr.cn/news/20160821/t20160821_ 523044689.shtml.

③ 王思斌．中国社会工作的嵌入性发展［J］．社会科学战线，2011（2）．

④ 王思斌．我国社会工作从嵌入性发展到融合性发展之分析［J］．北京工业大学学报（社会科学版），2020（3）．

⑤ 林毅夫．关于制度变迁的经济学理论：诱致性变迁与强制性变迁［M］//财产权利与制度变迁．上海：上海人民出版社、上海三联书店，1994.

学者认为，这种二分法的分析框架难以解释中国制度变迁的真实情况，并提出了制度变迁的演进论。该理论认为，中国的改革过程是政府选择外部规则和社会成员选择内部规则的双重秩序演化交织过程，中国的制度变迁实际上是内部规则与外部规则的不断冲突和协调的结果①。我们认为，由社区药品安全服务演变成的公共卫生社会工作就是政府选择的外部规则和项目执行者选择的内部规则不断协调和不断磨合的产物。

五、结语

公共卫生社会工作是社会工作理论和方法在公共卫生领域中的应用，其覆盖的领域非常广泛，包括健康教育、预防接种、重点人群健康管理、精神卫生疾病防治等。公共卫生社会工作者在公共卫生实践中的独特做法是建立在社会工作理论基础之上的，尤其是“人在环境中”的实践方法和社会流行病学的理论②。公共卫生社会工作的核心议题是通过疾病预防和健康促进的专业服务，倡导健康的生活方式，缩小健康不平等，促进社会公平正义③。因此，发展公共卫生社会工作对提高人民健康福祉、推进健康中国建设具有重要意义。但是我国公共卫生社会工作尚未形成规范的学科和明确的服务领域，其制度建设也尚未成型，与发达国家的差距较大。例如，美国有30万左右的社会工作者在健康领域工作，占全体社会工作者的一半左右；美国高校社会工作专业大部分在本科、硕士和继续教育课程中开设了健康及健康相关课程④。深圳市社区药品安全服务项目的一个显著特点是专业社会工作服务的嵌入。社会工作者在服务过程中串联了精神卫生社会工作、慢性病防治服务、突发公共卫生事件服务、预防药物滥用服务，以及一般用药知识宣传服务，客观上拓展了社会工作的服务领域，

① 周业安．中国制度变迁的演进论解释［J］．经济研究，2000（5）．

② Sarah Gehlert and Teri Browne，Handbook of Health Social Work（2nd edition），John Wiley & Sons，Inc. 2012：64.

③ 徐选国，等．公共卫生社会工作的理论框架、实务模式与本土取向［J］．社会建设，2020（3）．

④ 何欣，等．美国公共卫生社会工作专业教育与课程体系：能力为本的分析框架［J］．华东理工大学学报（社会科学版），2020（5）．

丰富了公共卫生社会工作的实践，为构建中国特色公共卫生社会工作提供了实践样本。我们期待，社会工作界要以新冠肺炎疫情防控为契机，充分利用好国家“大力发展社会工作”的政策红利，促进公共卫生社会工作的快速发展。

Community Drug Safety Service: a New Attempt of Public Health Social Work

Taking the Construction Project of Community Drug Safety Service Network in Shenzhen as an Example

XU Daowen, ZHANG Fengxiang

Abstract: Shenzhen Community Drug Safety Service Program is a successful example of the cooperation between government and society to provide professional services. Through field research, this article summarizes the model innovation and the effectiveness of community drug safety service programs, extracts the experience of program implementation, and makes theoretical reflection from social governance and institutional construction. The program introduces professional social work services into community drug safety service, links mental health social work, chronic disease prevention and treatment services, public health emergencies services, drug abuse prevention services, and general drug knowledge publicity services. As a result, the program expanded the service areas of social work, enriched the practice of public health social work, and provided practical samples for constructing public health social work with Chinese characteristics.

Keywords: community drug safety service; public health social work; community governance

中国社会工作学刊　第三辑
第 226~245 页

公共卫生社会工作专业人才培养：技能结构与培养途径

史柏年　马　烨*

【摘要】 突如其来的新冠肺炎疫情，使公共卫生社会工作专业人才队伍建设提上了议事日程。在明确公共卫生社会工作的学科归类与专业取向的基础上，提出公共卫生社会工作者的知识与技能结构，应由社会工作者的一般素养与技能、基本医学常识、灾害救助的一般知识与技能，以及服务管理的知识与技能四部分构成。在公共卫生社会工作人才需求与供应严重失调的前提下，提出公共卫生社会工作专业人才培养双轨运行、院系为主、知行合一、通专平衡、平战结合等五个方面的途径与策略。

关键词： 公共卫生　社会工作　技能结构　培养途径

一场突如其来的新冠肺炎疫情，使人类面临近百年来前所未有的挑战，因而公共卫生突发事件防控体系建设引起了世界各国的高度重视。公共卫生社会工作专业人才队伍建设作为公共卫生突发事件防控体系建设的有机组成部分，自然也引起社会工作业界乃至整个社会的关注。本文就公共卫生社会工作专业人才队伍建设问题，谈一些粗浅看法。

* 史柏年，中国青年政治学院教授；马烨，中国台湾东海大学在读博士生。

一、宏观背景：我国社会工作事业发展的现状与转型

（一）我国社会工作事业发展的成就与不足

1. 我国社会工作事业发展的成就

1989年，北京大学开始开办社会工作与管理专业教育，开启了我国社会工作事业发展的第二段历史。截至2019年，历经30年的不懈努力，我国社会工作事业取得了长足发展和喜人成就，具体表现为：

（1）社会工作政策法规体系初步形成。以2006年中共十六届六中全会作出“建设宏大的社会工作人才队伍”战略决策为起点，中央相关部委相继于2011年和2012年联合颁布《关于加强社会工作专业人才队伍建设的意见》《社会工作专业人才队伍建设中长期规划（2011—2020年）》。此后，中央相关部委及各地方政府部门陆续制定了促进社会工作发展的全国性和地方性政策法规。社会工作政策法规体系的初步形成与完善，为社会工作事业发展提供了良好政策环境。

（2）社会工作人才队伍数量目标基本达成。2012年4月中央19部委联合颁布的《社会工作专业人才队伍建设中长期规划（2011—2020年）》提出，到2020年，我国社会工作专业人才总量增加到145万人。经过努力，截至2019年底，我国社会工作专业人才资源总量超过149万人①。

（3）社会工作职业水平评价持证人数逐年增加。2006年7月，人事部、民政部联合颁发《社会工作者职业水平评价暂行规定》和《助理社会工作师、社会工作师职业水平考试实施办法》。自2008年起，连续13年的社会工作者职业水平评价考试的报考人数逐年增加，截至2019年底，取得助理社会工作师、社会工作师职业水平证书的人数突破53万人②。自2019年起，高级社会工作师的考评也开始运行。

（4）民办社会工作服务机构数量稳步增长。2003年，上海浦东新区乐

① 民政部办公厅关于2019年度各地推进社会工作和志愿服务发展情况的通报（民办函〔2020〕35号）。

② 民政部办公厅关于2019年度各地推进社会工作和志愿服务发展情况的通报（民办函〔2020〕35号）。

群社会工作服务中心成立，成为全国第一家在民政局注册登记的民办社会工作服务机构。经过十几年的培育扶持和自身发展，截至2019年底，各地共成立1.3万多家民办社会工作服务机构①。

（5）社会工作岗位开发成效显著。截至2019年底，各地在城乡社区、相关事业单位和社会组织等开发设置了44万多个社会工作专业岗位②。

（6）社会工作服务站（科室、中心）星罗棋布。截至2019年底，全国共在城乡社区、相关事业单位和社会组织等设置社会工作服务站（科室、中心）约6.4万个③。

（7）社会工作行业组织形成网络体系。截至2019年底，各地共成立了33个省级、237个地市级和884个县级社会工作（者）协会（联合会），各级社会工作行业组织共1154家④。

（8）社会工作专业教育层次结构逐步完善。截至2019年底，全国开办社会工作专业教育的高职高专院校近百所；开办社会工作专业教育的本科院校360多所；开办社会工作专业硕士学位教育的高等院校和科研机构近200所；开办社会工作博士教育的高等院校近10所。

2. 我国社会工作事业发展中存在的问题与不足

由于我国社会工作事业发展中断38年后才恢复重建，社会工作事业发展总体而言，存在着社会认知程度低、政府财政投入少、师资队伍能力弱、机构能力提升慢、从业人员待遇差等原因，所以，社会工作在发展中存在如下问题与不足。

（1）社会工作人才的地区分布存在失衡。主要表现为人才聚集在东部较为发达的地区和中心城市，如北京、上海、广东、浙江、江苏等。除了四川成都等少数城市之外的广大中西部省份和农村地区，社会工作专业人才和服

---

① 民政部办公厅关于2019年度各地推进社会工作和志愿服务发展情况的通报（民办函〔2020〕35号）。

② 民政部办公厅关于2019年度各地推进社会工作和志愿服务发展情况的通报（民办函〔2020〕35号）。

③ 民政部办公厅关于2019年度各地推进社会工作和志愿服务发展情况的通报（民办函〔2020〕35号）。

④ 民政部办公厅关于2019年度各地推进社会工作和志愿服务发展情况的通报（民办函〔2020〕35号）。

务机构的数量少、能力弱，社会认知程度低，政府支持与扶持的力度也小。

（2）社会工作专业人才队伍的数量与质量存在差异。虽然社会工作专业人才资源的总量目标已经达成，但是离达成社会工作专业人才的质量目标还相去甚远。2012 年 4 月中央 19 部委联合颁布的《社会工作专业人才队伍建设中长期规划（2011—2020 年）》，在提出 2020 年我国社会工作专业人才总量 145 万人的数量目标的同时，还提出了到 2020 年，中级社会工作专业人才达到 20 万人、高级社会工作专业人才达到 3 万人的目标；另外，在计划实施的十大重点工程中，还提出了培养 8 万名社会工作服务机构管理人才和 8 万名社会工作督导人才的目标。从现实情况看，这两个高质量人才培养的目标都远远没有达成。

（3）社会工作人才在专业价值与技能方面存在短板。社会工作专业教育恢复重建 30 年，师资队伍总体面貌有所改观，专业学生能力素养有所提升，但是，专业学生“两低一高”（第一志愿报考率低、就业专业对口率低、从业人员流失率高）现象仍然存在。即便是就业对口在一线服务的毕业学生，也普遍存在理论知识不足、专业技能不强，面对疑难复杂问题和多样化需求时缺乏有效的应对方法和技能等问题。

（4）社会工作的专业性和不可替代性没有彰显。社会工作事业发展 30 年，政府部门以及社会民众对于社会工作的认知与认同度有所提高，但同时也存在对于社会工作专业性和不可替代性的质疑。多数社会工作者只擅长组织小组或社区活动，不善于针对复杂疑难问题开展个案服务；只擅长开展预防性、发展性的服务，不善于开展临床治疗性的服务。

（二）社会工作专业发展将面临的转向

30 年发展中存在的问题迫使我们必须作出改变和调整，30 年发展取得的成就及积累的经验也为这种改变和调整提供了可能和支持。2021 年我国进入了全面小康的新时期，社会工作事业也将面临一系列方向性和根本性的转变。

（1）由侧重东部地区及城市地区的人才分布向东西部协同发展及城乡均衡分布的局面转变。

（2）由注重社会工作专业人才队伍的数量增加向数量与质量同步提升

的目标转变。

（3）由着重通用型社会工作人才培养向通才与专才相结合的培养类型转变。

（4）由擅长宏观知识运用向宏观与微观临床性知识运用相结合的方向转变。

（5）由侧重一线直接服务人才培养向直接服务与高层次管理人才相结合的培养规格转变。

（6）由着力培养中低层次社会工作人才向低、中、高层次相协调的培养策略转变。

在上述转变中，公共卫生社会工作专业人才队伍的建设被提上了议事日程。

二、公共卫生社会工作的学科定位

（一）社会工作的学科归类和专业取向

“学科”一词，有学术分类、教学科目和理论知识三种含义。本文所谓“学科”是第一种含义，即依据学术的性质而划分的科学门类。

我国高等教育的学科分为三级，第一级谓“门”，按照大的学科属性分为哲学、经济学、法学、教育学、文学、历史学、理学、工学、农学、医学、军事学、管理学、艺术学等13个门类。“门”之下第二级谓“一级学科”，如法学门类分为法学、政治学、社会学、民族学等4个一级学科。“一级学科”之下第三级谓“二级学科”，也即通常所谓的“专业”，如社会学一级学科分为社会学、社会工作、人类学、女性学、家政学等5个二级学科（专业）。

按照教育部的学科分类法，社会工作是法学门类之内、社会学一级学科之下的二级学科。但是我们认为，社会学和社会工作虽然有理论上的渊源，但是二者在学科属性和专业取向上有很大的差别。同样是社会学一级学科之下二级学科的社会学专业，是一门理论研究取向的学科，是“以社会整体为对象，研究社会关系与社会行为、社会结构及其功能、社会变迁及其原因，并揭示其规律的社会科学”①。而社会工作在学科归属上“属于应用社会科学”，“它是以关于社会和人的科学理论为指导，在一定的制度和社会政策框架下，运用科学的、多样化的方法，帮助有困难、有需要的人，并在此过程中发展理论和方法，以进一步推进社会服务的过程”。②

社会工作因其专业取向上的不同，应该与社会学分属两个不同的一级学科。在英美等西方国家一百多年的发展历程中，社会工作已经成为体系庞大、分化精细的应用性学科，因此在这些国家，社会工作已经从社会学中分离出来，成为独立的“一级学科”。但是在中国，社会工作作为独立的“二级学科”于20世纪80年代末才进入高等院校的专业目录，由于发展的时间短、自身力量弱，所以社会工作专业教育是在对社会学学科的依附下发展的，从学界的理解和专业的机构设置来看，社会工作始终不是一个成熟和独立的学科与专业，它对社会学学科的依附性十分明显。例如，“从中国社会工作教育奠基人之一的雷洁琼的学术思想中我们可以发现，她的社会工作思想和实践是在其称之为‘应用社会学’的概念和框架之下展开的”③。在雷洁琼教授看来，社会学包括理论社会学和应用社会学，应用社会学包括社会问题的研究和社会工作④，“社会工作就是运用社会学的理论和方法从事社会福利事业，解决社会的具体问题”⑤。

这样的学科归类，有可能会模糊社会工作作为应用性学科的专业取向。应用性的社会科学与应用社会学是两个不同的概念，对社会工作作为应用性学科而非应用社会学的属性有清醒的认知和把握，对于下文讨论公共卫生社会工作人才的能力结构有帮助作用。

（二）公共卫生社会工作的学科归类

按照《辞海》的注释，将学科作为一定科学领域或一门科学的分支来理解的话，在学科的第三级类别即专业之下，还可以细分为专业的分支学

---

① 王思斌．社会工作概论（第二版）［M］．北京：高等教育出版社，2006：16.
② 王思斌．社会工作导论［M］．北京：高等教育出版社，2004：2.
③ 王思斌．雷洁琼教授的社会工作思想与实践［J］．社会工作，2004（9）.
④ 雷洁琼．雷洁琼文集［M］．北京：开明出版社，1994：429.
⑤ 雷洁琼．雷洁琼文集［M］．北京：开明出版社，1994：310.

科。社会工作作为应用性的专业，其分支学科，就是将专业的伦理价值和理论方法运用于不同对象、不同场合，以及解决不同问题而形成的社会工作的不同实务领域。公共卫生社会工作作为一个独特的实务领域，它的学科归类可以从以下两个方面展开讨论：

1. 公共卫生社会工作是医务（健康）社会工作的有机组成部分

人类从产生繁衍至今，疾病预防和医治始终是社会关注的重点。但是在传统医学模式下，人们仅从生理和病理的角度理解和构建医疗卫生体系，社会工作在传统医疗体系中没有存在的可能。

随着经济与社会的发展以及人们观念的改变，人们更加关注生理、心理和社会诸方面的全面健康，传统医学模式也转变为全面健康照顾的现代医学模式，作为服务于人们心理健康和社会功能健全的医务社会工作便应运而生。

在大健康视角下的医务社会工作包括四个部分：公共卫生社会工作；精神健康社会工作；残疾康复社会工作；医疗机构社会工作。

公共卫生社会工作，是指卫生行政和公共卫生设施内的社会工作实施。公共卫生社会工作的功能包括：

（1）参与各种卫生行政法规的制定或修订工作。

（2）参与各项公共卫生教育训练计划的制订。

（3）疾病预防教育计划实施（如慢性病、传染病预防、艾滋病预防等）。

（4）健康教育计划实施（如戒烟教育、毒品防治教育、药物滥用预防等）。

（5）家庭暴力的预防与干预。

（6）突发公共卫生事件预防和干预。

2. 公共卫生社会工作是医务社会工作与灾害救助社会工作相交叉而成的独立的分支学科

如上所述，突发公共卫生事件的预防和干预，是公共卫生社会工作的职能之一。2003 年的“非典”（SARS）和 2020 年新冠肺炎疫情，是突发的公共卫生事件，也是重大的灾害性事件，对世界各国人民的健康和生命安全，以及全球的社会经济发展造成了巨大的伤害。对于此类公共卫生事件的预防和干预，就具有了灾害救助社会工作的性质和特点，参与此类专业服务的社会工作者，必须具备灾害社会工作的知识和技能。

三、公共卫生社会工作者需要具备的知识和技能

（一）以往文献有关社会工作者胜任力的论述

社会工作者必须具备哪些专业知识和技能，一直是业界关注和研究的重点议题。近年来，英美等社会工作的先发国家提出社会工作者胜任力的概念并加以建构。美国社会工作教育协会确定的美国社会工作专业胜任力九项能力标准，主要包括价值观、多元实践、经济社会权利保障、政策倡导、研究、实务干预、评估等指标①。

在学习借鉴美国经验基础上，国内学者也借用胜任力的概念，对社会工作者的专业知识和技能要求进行了研究。例如：

董云芳在概念澄清与文献分析的基础上，通过对山东省两个城市一线社会工作者的调研与资料收集，建构了社会工作专业人才的职业胜任力模型，分析了它在当前中国现实处境下所处的系统架构，以及在该架构内优化社会工作专业人才职业胜任力的主要途径②。

徐衍光在社会工作者胜任力视角下，通过调查研究，指出目前在社会工作教育中价值伦理教育、理论知识教育、实践技能教育等领域存在的不足，并尝试性地提出了发展社会工作教育的对策③。

黄冬林在对我国几个省份的社会工作者的胜任力现状进行分析的基础上，发现社会工作者胜任力主要由16项特质组成：关怀他人、人际理解、培养他人、沟通能力、正向期待、团队精神、社会角色灵活性、自我调节、服务意识、职业价值观、有恒性、主动性、成就导向、信息收集、成

---

① 王勇，李大宇：美国社会工作面面观［N］．公益时报，2017-4-11.

② 董云芳．社会工作专业人才职业胜任力模型分析［J］．华东理工大学学报（社会科学版），2011（5）．

③ 徐衍光．社会工作者胜任力视角下专业教育的反思［J］．长春教育学院学报，2016，32（6）：56-58.

熟度、评估反思能力①。

除了对社会工作者胜任力的一般性论述之外，还有学者对不同实务领域社会工作专业人员的胜任力进行了研究，例如：张丹丹从社区矫正领域工作特殊性出发，提出社区矫正社会工作者胜任力由知识维度、能力维度、个性特征维度、政治素养维度组成，具体与从业者的知识、综合能力、业务能力、心理个性特征、服务、品德态度、威严和成就感等 7 个因子相关②。舒方甜从禁毒社会工作领域的特点出发，构建禁毒社会工作者的胜任力模型，认为该模型由 5 个维度组成，即特质、动机、知识、能力、价值观，具体包括 32 项胜任能力要素③。吴伟莎对社区社会工作的能力要求进行了研究，提出社区社会工作者的胜任力模型由品德、业务能力、工作方法、管理能力及沟通能力 5 个维度构成。具体包含有爱心、有耐心、坚韧的态度、知识结构、学习能力、工作技巧、分析总结、调研能力、组织能力、协调能力、人际交往能力及表达能力等 12 个胜任力特征要素④。李敏等人依据已有研究成果及我国医务社会工作岗位的工作内容、服务领域和工作要求，从通用岗位胜任力词典中筛选胜任力要素，结合文献研究、专家讨论，构建医务社会工作专业人才岗位胜任力模型，构建了包括 4 大胜任力要素、18 项基本素质的胜任力模型⑤。

（二）公共卫生社会工作者的技能结构

在学习借鉴以往学者研究成果基础上，再根据公共卫生社会工作的学科归类和专业取向，在此提出公共卫生社会工作者的技能结构，包含 4 个模块，15 项具体素养要求：

1. 社会工作者的一般素养与技能

（1）专业价值观与伦理规范的内化与遵守。

（2）常用理论与介入模式的掌握与应用。

---

① 黄冬林．社会工作者胜任力模型实证研究［D］．闽南师范大学，2015.

② 张丹丹．社区矫正社会工作者胜任力模型建构及应用［D］．西南大学，2019.

③ 舒方甜．禁毒社会工作者胜任力模型的建构［D］．华中师范大学，2019.

④ 吴伟莎．社区社会工作者胜任力模型建构研究［D］．天津财经大学，2011：46-47.

⑤ 李敏．医务社会工作专业人才岗位胜任力模型初探［J］．内蒙古师范大学学报（教育科学版），2018（8）．

（3）专业方法和技巧的学习、掌握与应用。

（4）基本服务流程的熟悉和把握。

2. 基本医学常识的学习和了解

（1）疾病预防和治疗的一般规程。

（2）当下传播疾病的一般知识。

（3）自我防护的意识和能力。

3. 灾害救助的一般知识与技能

（1）良好的心理素质及在艰苦条件下工作生活的耐受力。

（2）善于发现灾区问题和需求的专业敏感性。

（3）与各方建立关系，发现、发掘和链接资源的能力。

4. 服务管理的知识与技能

（1）在调研了解问题和需求基础上做服务方案的策划与设计。

（2）组织带领团队实施服务计划并作出适时、必要的调整。

（3）运用科学方法和工具对服务过程和成效进行评估。

（4）对服务团队进行督导以保证服务质量。

（5）基于实务经验之上开展应用性研究。

四、建设公共卫生社会工作专业人才队伍刻不容缓

（一）社会工作专业优势得到党和国家领导充分肯定

（1）2020年2月23日，习近平总书记出席“统筹推进新冠肺炎疫情防控和经济社会发展工作部署会议”并发表重要讲话。总书记在讲话中强调，“打赢疫情防控这场人民战争……，要发挥社会工作的专业优势，支持广大社工、义工和志愿者开展心理疏导、情绪支持、保障支持等服务。”

（2）2020年11月14日，国务院印发《关于深入开展爱国卫生运动的意见》（国发〔2020〕15号）。提出：推进村（居）民委员会公共卫生委员会建设和社区网格化管理，以基层爱国卫生工作人员为主，以家庭医生、计生专干、专业社会工作者、物业服务人员、志愿者等组成的兼职爱国卫生队伍为辅，推动组建居民健康管理互助小组，提高基层公共卫生工

作能力水平。

（二）推进医务社会工作制度建设进入卫生健康主管部门政策视野

（1）2018 年 10 月 16 日，国家卫生健康委员会公开《进一步改善医疗服务行动计划（2018—2020 年）考核指标》（以下简称《考核指标》）。该考核指标共设置 14 个考核项，39 个具体指标，医务社工制度首次被单独列为一级指标，其分值占总分的 6%，包含两个二级指标：医务社工配备情况 3 分，志愿者服务时长 3 分。

（2）继上海医务社会工作制度建设之后，2020 年 10 月 22 日，北京市卫生健康委员会办公室发布由北京市卫生健康委员会、北京市教育委员会、中共北京市委社会工作委员会、北京市民政局、北京市财政局、北京市人力资源和社会保障局联署的《关于发展医务社会工作的实施意见》。该意见设计了北京推进医务社会工作制度的三步方案。第一步：2020 年，在部分综合性医院和儿科、精神卫生、肿瘤、康复等专科医院以及社区卫生服务中心试点开展医务社会工作。第二步：2021 年至 2022 年，逐步在全市医疗卫生机构推进医务社会工作。医疗机构设立医务社会工作岗位，鼓励有条件的医疗机构设立医务社会工作部门，配备专职医务社会工作者。第三步：2025 年，全市医疗机构医务社会工作全覆盖，服务体系基本完善；服务专业化规范化水平明显提升；专业人才数量和质量基本满足需要；社会力量广泛参与，社会公众普遍认同。

（三）医务社会工作专业人才缺口巨大

2019 年 1 月 17 日，四川省政协委员、致公党成都中医药大学支部主委、成都中医药大学教授陈胡兰提出建议：在医学类高校开办医务社会工作专业，因为全川医务社工的需求量至少将是 2300 多名。陈胡兰教授提出这一建议的依据是，2018 年底的统计数据显示，全川公办和民营医院共 2300 多家，按每所医院配备一名专职医务社会工作者，医务社工的需求量至少将是 2300 多名①。

① 数据来源：社工观察，https：//new. qq. com/omn/20190117/20190117A1E0AM. html? Pc，2019-01-21.

2020年2月28日国家统计局发布的《中华人民共和国2019年国民经济和社会发展统计公报》显示：2019年年末全国共有医疗卫生机构101.4万个，其中医院3.4万个，在医院中公立医院1.2万个，民营医院2.2万个；基层医疗卫生机构96.0万个，其中乡镇卫生院3.6万个，社区卫生服务中心（站）3.5万个，门诊部（所）26.7万个，村卫生室62.1万个；专业公共卫生机构1.7万个，其中疾病预防控制中心3456个，卫生监督所（中心）3106个①。如果按照四川每家公立和私营医院配备1名医务社会工作者的方法计算，全国3.4万家公立和私营医院共需配备3.4万名医务社会工作者。如果将乡镇卫生院、社区卫生服务中心等基层医疗机构都计算在内的话，需要配置的医务社会工作者人数将更多。

2019年底，四川省常住人口8375万②，占全国总人口14.5亿的5.78%。按总人口与医务社会工作者的配比计算，2300名社会工作者与全市总人口的比例是1∶3.64万。如果按此比例计算，全国14.5亿总人口需要配备医务社会工作者4万名。

（四）现有人才培养供给无法满足社会需求

社会工作专业教育恢复重建30年，开办专业教育的高等院校和科研机构近500多所，其中，设置医务社会工作或公共卫生社会工作专业方向的院校并不多。笔者通过网络征询的途径了解到，全国设置医务社会工作专业方向的院校仅36所，见下表。

表1　设置医务社会工作（公共卫生社会工作）专业方向的院校名单

序号	学校名称	专业方向名称	学历层次
1	山西医科大学	人文医学	本科、专硕
2	福建医科大学	医务社会工作	本科
3	广东医科大学	医务社会工作	本科

① 数据来源：国家统计局官网，http：//www.stats.gov.cn/tjsj/zxfb/202002/t20200228_1728913.html.

② 2020-07-22 12：03 互联 https：//www.askci.com/news/finance/20200722/1203521164576.shtml.

续表

序号	学校名称	专业方向名称	学历层次
4	内蒙古医科大学	医务社会工作	本科
5	广西医科大学	医务社会工作	专硕
6	昆明医科大学	医务社会工作	本科
7	山东第一医科大学	医务社会工作	本科
8	泰山医学院	公共卫生	本科
9	重庆工商大学	医务社会工作	本科、专硕
10	西南大学	医务社会工作	本科、专硕
11	东南大学	医务社会工作	专硕
12	上海大学	医务与精神健康社会工作	本科、专硕
13	华东师范大学	健康与医务社会工作	本科、专硕
14	华东理工大学	医疗、精神健康与照顾管理	专硕
15	云南大学	医务社会工作	专硕
16	南京理工大学	公共卫生	专硕
17	广西师范大学	医学与卫生事业管理	本科、专硕
18	青岛科技大学	医务社会工作	本科、专硕
19	中华女子学院	医务社会工作	本科
20	中山大学新华学院	医务社会工作	本科
21	上海政法学院	医务社会工作	本科、专硕
22	江西财经大学	医务社会工作	专硕
23	新疆师范大学	医务社会工作	专硕
24	中国人民大学	医务社会工作	专硕
25	哈尔滨工程大学	医务社会工作	专硕
26	贵阳市经贸职业学校	医务社会工作	高职
27	重庆青年职业技术学院	医务社会工作	高职
28	苏州大学	医务社会工作	本科

续表

序号	学校名称	专业方向名称	学历层次
29	沈阳师范大学	医务社会工作	专硕
30	华中师范大学	医务社会工作	专硕
31	西南石油大学	医务社会工作	专硕
32	江西师范大学	医务社会工作	专硕
33	北京科技大学	健康社会工作	专硕
34	安徽师范大学	医务社会工作	本科
35	杭州师范大学	医务社会工作	专硕
36	湖南师范大学	医务社会工作	专硕

按照经验估算，每家院校每届有10名学生选修医务社会工作专业方向，全国每年仅有360名医务社会工作专业方向的学生毕业，即便这些学生全部专业对口进入医务社会工作岗位，也远远不能满足现有社会需求。

从数量上看，人才供给与人才需求严重背离，医务社会工作（公共卫生社会工作）人才培养迫在眉睫。

五、公共卫生社会工作专业人才队伍建设的途径与策略

（一）双轨运行：加快培养公共卫生社会工作专业人才的有效策略

英美等西方国家以及我国的港台地区，对于社会工作者的资格认定，以是否接受社会工作专业教育为必要条件，也就是说，只有经过合格评价的社会工作专业院系培养的合格的毕业生，才能取得社会工作的从业资格。但是在中国大陆，由于社会工作专业教育起步晚、专业人才数量少，没有接受社会工作者专业教育训练而实际从事社会福利服务的人数多，因而我国采用了双轨培养和认证社会工作人才的办法，即除了专业院校培养之外，还通过职业水平评价考试和发证的途径，认定社会工作的从业资质。通过职业水平评价考试和颁发证书的途径，让没有接受过社会工作专

业教育的人员，通过学习备考和参加考试并获得证书的过程，有了社会工作者的自我身份认同，然后再通过继续教育和服务实践的过程提升专业意识和能力，这既是有效促进“专业社会工作者”与“实际社会工作者”①两部分人员优势互补、团结融合的有效措施，也是顺利推进我国社会工作事业发展的策略选择。

综观我国医务社会工作的发展现状也可发现，提供医务社会工作专业服务的从业人员也是由两部分人构成，一部分是社会工作专业院系培养的毕业学生，另一部分是医疗机构中其他专业转行过来的人员，如医师、护士等。这两部分人员由于专业教育的背景不同，他们在医务（公共卫生）社会工作者必备的知识和技能方面各有长短。社会工作专业院系毕业学生在社会工作的一般知识和技能，以及社会服务的管理方面有所长，而对于医学常识的学习及运用则显得能力不足；转岗而来的医务工作者则相反，他们对于医学常识的了解和运用，以及医疗机构的内部运行相对熟悉，短板是没有接受过社会工作的一般知识和技能的系统训练。因此，两部分人员都有再学习的任务。

在专业院校培养人数有限而医务社会工作人才需求量巨大的现实境况下，继续实施“双轨运行”的人才培养措施，是公共卫生社会工作专业人才队伍建设的现实策略和有效途径。

（二）院系为主：鼓励更多院校设置医务（公共卫生）社会工作专业方向

社会工作毕竟是一个专业化的服务活动，医务（公共卫生）社会工作更是一个具有挑战性的实务领域，它要求其从业人员具有比其他领域更完备的社会工作知识和技能，因此，接受长期严格的专业教育和训练，是医务（公共卫生）社会工作专业人才培育和成长的基础和条件。

如上所述，目前我国开设医务（公共卫生）社会工作专业方向的院校不足40所，每年毕业的专业学生不过400人，远远满足不了医务（公共卫

① 王思斌．体制转变中社会工作的职业化进程［J］．北京科技大学学报（社会科学版），2006（1）．

生）社会工作人才的社会需求。所以，鼓励更多的专业院系将医务（公共卫生）社会工作作为专业方向加以设置，是培养目标和课程体系改革的趋势。

医学类院校中的社会工作院系更应该将医务（公共卫生）社会工作作为所在院校的专业方向，甚至是唯一的方向加以设置，因为这些院校除了社会工作的教学资源之外，还有丰富的医学教学资源，两部分资源的整合利用，更有利于培养学生成为医务（公共卫生）社会工作的合格人才。

（三）知行合一：形成课堂教学—实验教学—实习实践一体化培养链条

社会工作作为应用性的社会科学学科，其教育教学体系包括三个环节：课堂课程教学、实验室实验教学和工作环境中实习实践教学。课堂课程教学主要是将社会工作的价值伦理原则、社会工作理论知识以及社会工作的方法技能等，通过教师的讲授和组织讨论等方式传授给学生，使学生对于社会工作的完整知识体系有学习和认知；实验室实验教学的目的是使学生能在模拟的情境中将社会工作的知识和技能加以练习式的运用和掌握；工作环境中的实习实践教学则是让学生能在机构和学校督导的指导下，将社会工作的知识和技能运用于真实的环境和服务对象，以达到进一步内化伦理价值、掌握理论方法和运用技能技巧的目的。三个环节环环相扣、缺一不可。

综观国内医务（公共卫生）社会工作专业教育的现实，三环相扣、知行合一的专业教育教学体系建设并未建成和完善。有的院校尚未设置适合医务（公共卫生）社会工作专业方向的课程群；有的院校不具备提供实验教学的实验室场地、设备和指导教师；有的院校没有医务社会工作的实习基地可供学生实习实践。

笔者前不久到我国台湾地区考察医务社会工作境况，发现台湾高等院校培养医务社会工作人才的经验值得学习和借鉴。

首先，在设置医务社会工作专业方向的院系，建有由数门与专业相关的课程组成的课程群，教授专业课程的教师，既可以是所在院系的专职教师，也可以是具有丰富实践经验，且经过教育主管部门考察认可的医疗机构的医务社会工作者，这部分教师依据实践经验和典型案例开展的教学，对于培养医务（公共卫生）社会工作人才更有助益。

其次，在台湾高等院校中，都建有设备先进、功能齐全的社会工作实验室，学生未出校门就可以在实验室中进行专业知识和技能的模拟实践演习。因为不是在真实环境中，也不是面对真正的服务对象，所以，即便是知识掌握不全面、方法技能不熟练，甚至在演练中出现错误，都不至于危害服务对象的权益，指导教师可以组织学生反复演练，直至完全了解和掌握。

最后，设置医务社会工作专业方向的院校，都和数量足够和资质良好的医疗机构建立教学实习基地关系，唯有选修医务社会工作方向的学生才能和必须到这些机构进行专业实习。这些医疗机构都能为学生实习配备具有资质的人员担当督导，保证实习学生是在专业的基础上进行实习，既有助于学生将课堂教学和实验教学时习得的理论知识和技能加以实战化的运用，又有助于学生将实习中遇到的问题带回学校，促进和提高学生学习新的知识和技能的动机与层次。

（四）通专平衡：培养通用型和专门性知识与技能兼备的人才

社会工作专业人才的培养，到底应该搞“通才教育”还是搞“专才教育”，一直是各国社会工作教育界讨论的热门话题，因为它是人才培养目标的直接反映，决定专业的课程设置，并影响到毕业生将来的就业出路。

“专才教育”也称“专科训练”，就是把人才培养的目标定在较窄的范围内，有以掌握社会工作的某一种方法为目标的，如专门学做个案工作，或小组工作，或社区工作；也有以从事某一方面服务为目标的，如专门学做青少年工作，或老人工作，或家庭工作。

“通才教育”也称“全科训练”，就是提供较广泛的知识和技巧，选用系统理论的解决问题方法，运用不同角度的分析，不同层次的介入，综合不同的工作手法，达致多元化的处理效果；同时，整个过程可应用于不同环境和情况①。

从理论和实务的角度看，很难判断“通才教育”和“专才教育”孰优孰劣。要评价它们的优劣，必须联系其他的社会因素，如：社会文化、社会工作的发展阶段、发展的初始阶段、社会工作教育的学历层次等②。

在我国社会工作发展的初期，由于专业教师大多从其他专业转行而来，对于社会工作的知识和技能的学习和了解掌握还停留在较浅的层次，加之社会工作的领域分化不明显，学生毕业就业的方向不明确，所以社会工作专业院系都以培养通用型的人才为目标，业内权威学者也持支持和倡导的立场③。

经过30年的努力，目前高校院系中社会工作师资队伍的专业能力有很大提升，加之社会工作的领域分化越来越明显，实务机构对于社会工作人才在特定服务领域的专业技能的要求也越来越严格，因此社会工作专才培养的议题被提上了议事日程。10年前，笔者就提出：社会工作专业人才的培养由“通才教育”向“专才教育”的适当转型，既有必要性，也具有可能性④。

医务（公共卫生）社会工作是生理-心理-社会三位一体全面健康照顾现代医学模式中的社会工作专业服务，从业者既要具备社会工作的一般知识和技能，又要具有在医疗机构和公共卫生设施等特殊环境中开展服务的知识与技能，服务的内容涉及社区治理、舆情引导、资源链接、义工管理、项目实施、家庭教育、心理抚慰、哀伤辅导等，所以专业院系必须实现由通用人才培养向通才和专才相结合的人才培养规格转变，才能适应快速发展的事业对于社会工作人才的需要。

---

① 朱亮基，莫泰基．社会工作课程规则：第三世界的角度［M］//亚洲及太平洋地区社会工作教育协会，中国北京大学社会学系．现状 挑战 前景——亚太地区社会工作教育研讨会论文集．北京：北京大学出版社，1991：108.

② 史柏年．中国“通才教育”与“专才教育”的选择［J］．中国社会工作，2011，000（033）：22.

③ 王思斌．社会工作教育的国际通则与我们的选择［J］//中国社会工作协会，民政部社会工作教育研究中心．90年代的中国社会工作，社会工作研究，1993年增刊．

④ 史柏年．中国“通才教育”与“专才教育”的选择［J］．中国社会工作，2011，000（033）：22.

（五）平战结合：打造专兼职相配合的公共卫生社会工作专业人才队伍

公共卫生社会工作作为医务社会工作的组成部分，它的许多职能具有常规服务的性质，如参与各种卫生行政法规的制定或修订工作、参与各项公共卫生教育训练计划的制订、疾病预防教育计划实施（如慢性病、传染病预防、艾滋病预防等）、健康教育计划实施（如戒烟教育、毒品防治教育、药物滥用预防等）、家庭暴力的预防与干预。因此，需要常设的、专职的社会工作者来履行职责和开展服务。而重大的、突发的公共卫生事件具有偶发性、阶段性特点，突发公共卫生事件预防和干预具有临时性的应急救援的性质，并非常规性的服务，因而从事公共卫生突发事件应急救援的社会工作者并不需要大量专职人员的配置。

根据以上性质和特点，公共卫生突发事件应急救援的队伍建设可以采取“平战结合”与“专兼配合”的策略。即，根据需要在社会工作专业服务机构中招募社会工作者进行教育培训和模拟实战演练，作为该地区公共卫生突发事件发生后的应急救援队伍，平时在各自机构和岗位上从事常规的专业服务，公共卫生突发事件发生后，根据应急响应机制的启动，随时应召归队赶赴灾区开展服务，救援服务结束后重新回归原有机构开展常规性服务。

为规范应急救援队伍及人员的行动，相关主管部门要编制服务指南类文件，以供救援人员平时学习和战时遵循。

Training Social Work Professionals for Public Health: Target Skills and Approaches

SHI Bainian, MAYe

Abstract: The pandemic of Novel Coronavirus Pneumonia calls for specialist social workers in public health. By providing a clear definition of public health social work in terms of its disciplinary classification and professional orientation, this article argues that public health social workers should be equipped with four kinds of knowledge and skills: the knowledge and skills of generalist social work, the knowledge and skills of basic medicine, the knowledge and skills of disaster assistance, and the knowledge and skills of service management. To achieve this, considering a serious imbalance between the demand and supply of public health social workers, it suggests five approaches and strategies for professional training: the maintenance of the dual-track social work training system, the development of college-based social work education, the improvement of theoretical and practical abilities of social work professionals, the optimization of the reserve for generalist and specialist social workers, and the exploration of a model of training social workers for both peacetime and wartime use.

KeyWords: Public Health, Social Work, Skills, Training Approaches

中国社会工作学刊　第三辑
第 246~262 页

健康社会工作者的核心能力研究

马凤芝　陈海萍*

【摘要】 在新时期健康中国战略背景下，传统的医务社会工作及其职能范围已无法满足人民群众对全方位全周期健康服务的需要，狭义的医务社会工作和公共卫生社会工作必然需要向健康社会工作转型，将主要服务目标人群从住院患者及其家庭扩展至全体国民的健康维护，以更好地回应民众（而非仅住院患者）的健康需求，为我国建设全民健康社会提供科学证据和专业支持。本文对健康社会工作的概念内涵、服务目标和基本守则以及健康社会工作者的角色职能和核心能力进行了阐述。

关键词：健康中国　健康社会工作　服务目标　健康社会工作角色　健康社会工作核心能力

一、问题的提出

作为一个基本人权问题，健康问题一直都是世界各国普遍关注的重要议题。只有国民健康长寿，国家才能富强，民族才能昌盛。1948 年，世界卫生组织将健康界定为“身体上、精神上和社会适应上的完好状态，而非仅指疾病或羸弱的消除”①。这一定义打破了传统的健康与疾病二元对立的

* 马凤芝，博士，北京大学社会学系教授，研究方向为社会工作理论与实践，医务社会工作；陈海萍博士，北京大学社会学系助理教授，研究方向为老人社会工作，医务社会工作。

① World Health Organization. Basic documents: Forty - nine edition. Retrieved from https: // apps. who. int/gb/bd/pdf_ files/BD_ 49th-en. pdf, 2020: 1.

生物医学模式，强调要从生理、心理和社会三个维度来综合理解和处理健康问题。为了促进国民健康和公众福祉，世界各国进行了各种有益的探索。其中，自中华人民共和国成立以来尤其是改革开放以来，我国在卫生健康领域积极探索，深化改革，成效显著。1949 年，我国居民人均预期寿命不足 35.0 岁；2019 年，我国居民人均预期寿命已达 77.3 岁①。为了进一步推进全民健康社会建设，中共中央、国务院于 2016 年印发了《“健康中国 2030”规划纲要》，尝试从国家战略层面统筹解决关系我国居民健康的重大问题和长远问题。2017 年，党的十九大作出“实施健康中国战略”的重大决策，强调要将人民健康放在优先发展的战略地位，通过经济社会发展全局统筹谋划为人民群众提供全方位全周期的健康服务。2019 年，国务院发布了《国务院关于实施健康中国行动的意见》，进一步跟进和保障健康中国战略的有效实施。

作为一门面向个人、群体和社会提供综合服务的助人专业，社会工作一直致力于改善各类人群的生存环境，增强他们的健康功能，提高他们的生命质量。因此，社会工作专业在卫生健康领域应当且也能够发挥重要作用。早在 20 世纪 20 年代初期，我国北京协和医院就已成立社会服务部，开始初步探索社会工作服务在卫生健康领域的应用②。自 2006 年我国政府提出“建设一支宏大的社会工作人才队伍”规划以来，社会工作专业服务在与人民群众各类需求休戚相关的各个领域中如雨后春笋般涌现。其中，在卫生健康领域中，我国社会工作者根据各地实际情况因地制宜地探索适宜且有效的专业服务模式。例如，深圳市立足城市资源和民众需求逐步发展出“岗位设置+项目运作”的医务社会工作专业服务模式。近十几年来，我国医务社会工作通过积极探索和不断实践已有了显著发展，但它的主要工作范畴仍局限于医疗机构，着力处理医患关系，促进患者全人健康。因此，在我国新时期实施健康中国战略这一背景下，目前医务社会工作的主

① 中华人民共和国国家卫生健康委员会 . 2019 年我国卫生健康事业发展统计公报［EB/OL］. 中华人民共和国国家卫生健康委员会网站，http：//www. nhc. gov. cn/guihuaxxs/s10748/202006/ebfe31f24cc145b198dd730603ec4442. shtml，2020.

② 中华人民共和国民政部 . 我国各领域社会工作发展情况综述［EB/OL］. 中华人民共和国民政部网站，http：//mzzt. mca. gov. cn/article/2017sg/zhbd/201703/20170300889844. shtml，2017.

要职能可能无法满足我国建设全民健康社会的时代需求。有鉴于此，我们建议应当逐步扩大医务社会工作涵盖范畴，着力发展健康社会工作这一分支方向，将主要服务目标人群从住院患者及其家庭扩展至普通百姓及其家庭，以更好地回应广大民众（而非仅住院患者）的健康需求，从而为我国建设全民健康社会提供科学证据和专业支持。在下文中，我们将对健康社会工作的概念内涵、服务目标和基本守则以及健康社会工作者的角色职能和核心能力一一进行阐述。

二、健康社会工作的概念内涵、服务目标和基本守则

西方社会工作专业服务在卫生健康领域的正式应用或许可以追溯至 19 世纪 90 年代末期。1895 年，英国伦敦皇家自由医院（Royal Free Hospital）聘用了全国首位医务社会工作者玛丽·斯图尔特（Mary Stewart）。当时玛丽·斯图尔特的主要工作职责在于审核入院诊治申请，确定需要入院诊治人员，并为他们提供转介服务（Gehlert，2012）。1905 年，美国麻省总医院（Massachusetts General Hospital）也聘用了全国首位医务社会工作者加内特·佩尔顿（Garnet Pelton），并于 1919 年创建了全国首个医院社会工作部，极大地推动了美国医务社会工作的发展。无独有偶，我国北京协和医院也早在 1921 年就成立了社会服务部，聘用专门人员来提供分诊咨询服务，开展患者个案调查，提供患者随访服务，扶助经济困难患者，以及促进和谐医患关系①。北京协和医院社会服务部的早期实践为我国医务社会工作的发展奠定了坚实的基础。一般而言，医务社会工作（Medical Social Work）指的是社会工作者在医院、门诊诊所、社区健康机构等医疗机构中与其他学科背景的专业人员合作，运用社会工作专业知识和技能来协助患者制订合乎实际的治疗方案并对患者患病和残疾情况进行管理②。医务社会工作主要就患者及其家庭的社会心理功能进行评估和干预，弥补了以生

① 盖小荣，彭华，王秋俐，曹卫华，罗静．北京协和医院医务社会工作的实践［J］．中国医院，2008（5）．

② Chachkes, E. Social work and rehabilitation. In M. G. Eisenberg, R. L. Glueckauf, & H. H. Zaretsky (eds.), Medical aspects of disability (2nd ed.). New York, NY: Springer, 1999: 611-624.

物医学模式为主导的传统医疗服务的不足。基于医务社会工作的定义并结合我国实施健康中国战略的时代需求，我们将健康社会工作（Health Social Work）界定为社会工作者在兼具不同学科背景的健康照护和健康促进团队中通过运用社会工作专业知识和技能在个人、群体和社会不同层面提供综合性的健康照护服务，开展多系统的健康促进行动。需要注意的是，医务社会工作和健康社会工作在概念内涵、团队构成、工作范畴等方面均有交叉重复之处。我们认为目前二者的主要区别在于服务人群和工作情境。医务社会工作主要面向住院患者及其家庭，它的主要工作情境发生于各类医疗机构中；健康社会工作主要面向有健康需求的普通民众及其家庭，它的主要工作情境不仅限于各类医疗机构。

鉴于我国社会工作专业发展始终立足于国家社会经济发展需求，社会工作者在从事专业研究和开展实务活动时必须结合国家大政方针和自身专业优势明确设置特定服务领域的专业服务目标。因此，在卫生健康领域中，社会工作者应当根据我国新时期实施健康中国战略的总体部署和发展规划，运用专业知识和技能来全方位干预健康影响因素，全周期维护不同人群健康，全系统建设健康支持环境，从而为健康中国战略顶层设计的有效落地提供科学证据和专业支持。具体地说，在个体层面，健康社会工作者应当着重处理涵盖生理、心理、社会、灵性不同维度的全人健康需求，通过个案管理、综合照顾、危机干预等专业服务来增强个体健康照护质量，提高个体健康功能水平，优化个体健康服务体验。在群体层面，健康社会工作者应当立足各类人群健康需求，通过健康教育、健康促进、社区照顾等专业服务来逐步增强公众健康素养，切实提高群体健康水平。在社会层面，健康社会工作者应当重点关注与健康问题相关的社会决定因素，通过更为广泛的政策倡导行动和健康治理活动来减少不同地区和不同人群之间的健康不平等现象。

考虑到我国卫生健康服务所涉体系复杂，涵盖内容广泛，在卫生健康领域开展专业活动的社会工作者应当能够运用专业知识和技能来处理不同层次各种类型的健康问题和照护需求，包括预防保健、公共健康、复健康复、家庭护理、长期护理、临终关怀、初级医疗照护、急性医疗照护、专科医疗照护等。同时，在卫生健康领域开展专业服务的社会工作者还应遵循一定的基本守则，包括自我决定（Self-Determination）、文化能力（Cultural Competency）、人的尊严和价值（Dignity and Worth of All People）、人在环境中的框架（Person - In - Environment Framework）、能力视角（Strengths Perspective）、服务对象-社会工作者的关系优先（Primacy of the Client-Social Worker Relationship）、社会正义（Social Justice）、社会工作研究的重要性（Importance of Social Work Research）①。另外，艾莉莎·卡斯（Alisa Carse）于1991年提出的关怀伦理学在卫生健康领域的七个应用也可供健康社会工作者参考：（1）强调与服务对象发展一种更能相互回应的关系；（2）强调发展自我意识也是理解他人的一个构成部分；（3）应当重视伦理对话而非仅关注结果；（4）审视健康照护中的性别差异；（5）重视关系的性质和动力在伦理裁量中尤为重要；（6）能意识到现实存在的道德模糊问题；（7）考虑个体应当发展何种特质或美德以增强其伦理决策能力②。

三、健康社会工作者的角色职能

正如上文所述，健康社会工作者在卫生健康领域应当且也能够扮演重要角色，发挥一定作用。鉴于我国卫生健康服务系统错综复杂，健康社会工作者必须能够在各个系统环境中承担不同角色职能，主要涉及健康照护和健康促进的服务设计、供给和评估。另外，健康社会工作者应当能够协助卫生健康服务系统与健康服务专业人员之间建立起有效的联结以更好地在个人、群体和社会层面提供健康照护服务，开展健康促进行动。尽管健康社会工作者的角色职能会随着疾病谱系、健康政策、其他专业角色的变化而发生改变，但是迄今为止社会工作者（包括健康社会工作者）的基本角色职能始终立足于全人视角（Whole Person Perspective）与生理-心理-

---

① National Association of Social Workers. NASW standards for social work practice in health care settings. Retrieved from https：//www. socialworkers. org/LinkClick. aspx？ fileticket = fFnsRHX - 4HE%3D&portalid = 0，2016.

② Carse，A. The voice of care：Implications for bioethical education. Journal of Medicine and Philosophy，1991，16：5-28.

社会模式（Biopsychosocial Model）[①]。其中，生理-心理-社会模式是由美国精神病学家乔治·恩格尔（George Engel）于1977年提出，主要关注疾病的生物、社会、环境、心理和行为面向。这一模式突破了传统健康照护的生物医学取向，并逐渐成为卫生健康领域的主流服务模式。史黛西·林道（Stacy Lindau）和同事们在2003年将健康状况（而非只有疾病状况）纳入了乔治·恩格尔的生理-心理-社会模式中，并建议要考量社会网络和文化情境对个体健康的影响作用[②]。显而易见，在卫生健康领域使用生理-心理-社会模式必然需要组建一个跨专业的服务团队，包括了临床医生、护理专家、心理学家、社会工作者等。其中，社会工作者可以运用专业知识和技能来重点处理其中的社会心理面向的健康需求。

健康社会工作者在卫生健康领域中既可以通过直接服务也可以通过间接工作来承担各种不同的角色职能。例如，巴利·罗克（Barry Rock）和马琳·库珀（Marlene Cooper）提出健康社会工作者可以开展的专业活动包括评估和诊治服务对象诸如酗酒、抑郁之类的健康问题，开展针对服务对象的个案管理，使用认知行为疗法等来改善服务对象健康状况等[③]。又如，健康社会工作者还可以承担诸如项目策划、政策制定之类的间接工作来配合其他专业人员开展健康服务活动[④]。不管是直接服务还是间接支持，健康社会工作者的角色职能始终与社会工作专业的主要目标一致，包括协助服务对象解决各类问题并处理他们的生活压力，协助服务对象链接各种资源、服务和机会，推动建立有效的社会服务系统，发展并改进社会政策[⑤]。

① Browne, T. Social work roles and health-care settings. In S. Gehlert & T. Browne (eds.), Handbook of health social work (2nd ed.). Hoboken, NJ: John Wiley & Sons, 2012: 20-40.

② Lindau, S., Laumann, E., Levinson, W., Waite, L. Synthesis of scientific disciplines in pursuit of health: The interactive biopsychosocial model. Perspectives in Biology and Medicine, 46 (3, Suppl.), 2003: S74-S86.

③ Rock, B., Cooper, M. Social work in primary care. Social Work in Health Care, 2000, 31 (1): 1-17.

④ Browne, T. Social work roles and health-care settings. In S. Gehlert & T. Browne (eds.), Handbook of health social work (2nd ed.). Hoboken, NJ: John Wiley & Sons, 2012: 20-40.

⑤ Gambrill, E. Social work practice: A critical thinker's guide. New York, NY: Oxford University Press, 1997.

具体地说，健康社会工作者在健康照护和健康促进团队中可以承担的角色职能可能包括但不仅限于以下几个方面：（1）为服务对象及其重要他人提供直接的专业干预服务；（2）设计、实施并评估健康社会工作服务方案；（3）协助健康照护和健康促进团队成员之间形成良好合作关系；（4）协调各个卫生健康服务系统的服务供给和机构合作关系；（5）向政府部门倡导政策支持或机制变革以更好地满足各类人群的健康需求；（6）在各类卫生健康机构中担任督导或管理角色；（7）与高校工作人员、政府工作人员、社区工作人员等共同合作进行实践研究、政策倡导、社区服务以增进健康服务的科学基础、政策支持、社区合作①。

四、健康社会工作者的核心能力

为了更加积极地发挥专业助人优势，更能有效地提供卫生健康服务，更加切实地提高全民健康水平，更为稳健地推进健康社会建设，我国社会工作者在卫生健康领域从事专业活动必须具备特定的核心能力。通过清晰地界定健康社会工作者的核心能力，一方面我们希望协助健康社会工作者有意识、有计划地通过专业学习、实践研究和实务积累来培养相关必备能力，从而使他们有准备、有能力地在卫生健康领域开展相关专业活动；另一方面我们也希望协助卫生健康系统中其他专业工作人员、政策制定者、广大民众等更能理解专业社会工作者在健康照护和健康促进中能够发挥的重要作用。参照美国社会工作者协会于 2016 年提出的 13 条健康照护领域的社会工作实践标准②，并结合我国实施健康中国战略的相关方针政策，我们提出健康社会工作者在卫生健康领域从事专业活动至少应当具备以下 13 个核心能力（见表 1）。

① Browne, T. Social work roles and health-care settings. In S. Gehlert & T. Browne (eds.), Handbook of health social work (2nd ed.). Hoboken, NJ: John Wiley & Sons, 2012: 20-40.

② National Association of Social Workers. NASW standards for social work practice in health care settings. Retrieved from https://www.socialworkers.org/LinkClick.aspx?fileticket=fFnsRHX-4HE%3D&portalid=0, 2016.

表1 我国健康社会工作者应当培养的13项核心能力

1	践行专业伦理与价值的能力	• 学习并熟知全国社会工作专业伦理守则 • 依据全国社会工作专业伦理守则来开展各项卫生健康服务活动 • 依据全国社会工作专业伦理守则和临床生命伦理学来处理卫生健康服务过程中的伦理两难问题 • 使用社会工作督导、同行评议、机构伦理委员会、外部咨询等机制来处理卫生健康服务过程中的伦理两难问题
2	完成专业学位教育和取得职业资格认证的能力	• 获得社会工作本科或硕士学位 • 通过全国社会工作者职业水平考试认证 • 掌握与卫生健康服务相关的知识和技能
3	掌握与健康问题相关的知识和技能的能力	• 学习并熟知与生理、精神、行为健康相关的知识和技能 • 学习并熟知与健康照护输送系统相关的知识和技能 • 学习并熟知社会工作者在卫生健康系统中的角色职能 • 学习并熟知与卫生健康服务相关的研究和评估方法
4	理解并处理多元文化问题的能力	• 认识并理解中国文化的多元性 • 认识并理解服务人群的多样性 • 认识并发展文化自觉意识 • 提供契合服务对象文化背景和文化特性的卫生健康服务 • 倡导并参与多元文化社会建设
5	识别并评估健康问题和需求的能力	熟练掌握并使用标准化的筛查工具来识别服务对象亟待处理的健康问题和需求 • 熟练掌握并使用社会工作专业服务常用的生理-心理-社会-灵性评估模式 • 熟练掌握并使用以服务对象为中心的访谈技巧与其他契合服务对象需求和能力的方法来开展评估工作

续表

6	制订并实施证据知情的健康照护和健康促进方案的能力	• 熟练掌握并使用以服务对象及其家庭为中心的社会工作干预取向 • 熟练掌握并使用证据知情的社会工作实践模式 • 基于服务对象评估结果制订证据知情的健康照护和健康促进方案 • 熟练掌握并使用个案管理等具体方式来实施证据知情的健康照护和健康促进方案 • 熟练掌握并使用认知行为疗法、焦点解决短期治疗、创伤知情护理等具体技术来实施证据知情的健康照护和健康促进方法
7	在宏观层面进行健康政策和行动倡导的能力	• 学习并了解我国卫生健康服务体系及相关方针政策 • 评估并掌握各类人群尤其是困难人群亟待解决的健康问题和需求 • 熟知并理解各类人群之间存在的健康不平等问题 • 熟练掌握并使用社会工作增权实践来协助各类人群尤其是困难人群获得更为充足的健康资源，享有更为平等的健康权利
8	开展跨专业和跨机构合作的能力	• 认识并理解服务对象及其家庭是健康照护和健康促进团队的工作中心 • 熟练掌握并使用卫生健康领域常见的三种团队合作模式，包括多专业模式、专业间模式和跨专业模式 • 理解健康照护和健康促进团队中具有不同学科背景的成员所承担的角色职能，并协助他们形成有效的合作关系 • 熟知我国的卫生健康服务体系并协助相关政府机构、公司企业、社会组织等不同机构开展紧密的跨机构合作和共建
9	进行实践服务评估和服务质量改进的能力	• 熟练掌握并使用相关评估工具来考察健康照护和健康促进服务的适宜性和有效性 • 熟练掌握并使用相关访谈技术来搜集不同参与主体对社会工作专业服务的反馈 • 使用实践服务评估结果来调整工作目标、实践标准和干预方法以提高后续服务质量

续表

10	做好实践服务记录和保护服务对象隐私的能力	• 及时记录有关社会工作服务评估、干预和效果的文档信息 • 尊重并保护服务对象隐私，防止服务对象信息泄露 • 学习并掌握相关信息技术进行文档记录，并确保服务对象隐私
11	建立和维持合理工作负荷的能力	• 倡导并建立合理的工作负荷和工作范畴以确保有效高质的社会工作服务供给 • 倡导开展相关研究来确定不同工作情境下相对合理的个案数量和工作负荷
12	自觉地促进自身专业发展的能力	• 参加与卫生健康教育相关的学习项目以确保自身始终能够胜任所在岗位职能 • 通过参与研究、开展服务、提供督导、同行评议等多种方式促进自身专业发展
13	督导能力和领导能力	• 通过学习、研究和实践有意识地培养自身的督导能力，并积极地在卫生健康领域中为其他社会工作者提供督导服务 • 在所在工作机构的各类教育性、督导性、行政性和研究性事务中积极地承担一定的领导职能，有意识地培养自身的领导能力

（1）践行专业伦理与价值的能力。健康社会工作者在从事专业活动时应当能够遵循全国社会工作专业伦理守则，包括对服务对象、同事、机构、专业人员、社会工作专业、社会大众的伦理守则。服务（Service）、社会正义（Social Justice）、人的尊严和价值（Dignity and Worth of the Person）、人际关系的重要性（Importance of Human Relationships）、清廉正直（Integrity）、能力（Competence）等基本伦理守则是社会工作专业的发展基石，因而也应成为健康社会工作者的实践标尺。鉴于卫生健康服务体系的复杂性和多变性，健康社会工作者在处理与服务对象及其家庭、健康照护和健康促进团队其他成员、相关卫生健康机构和组织的关系时可能会面临各种伦理两难困境。在这种情况下，健康社会工作者需要同时依据

全国社会工作专业伦理守则和临床生命伦理学处理卫生健康服务过程中的伦理两难问题。同时，健康社会工作者还可以通过使用社会工作督导、同行评议、机构伦理委员会、外部咨询等机制来澄清并解决这些伦理两难问题。

（2）完成专业学位教育和取得职业资格认证的能力。健康社会工作者应当具有由我国社会工作专业教育院校颁发的社会工作本科或硕士学位，通过全国社会工作者职业水平考试认证，具备开展卫生健康服务的基本知识和必需技能。最为理想的是，健康社会工作者在从业前能够具有与健康照护相关的教育或工作经验。需要注意的是，健康社会工作者如若需要提供诸如精神和行为健康状况诊断、精神疗法之类的临床服务，他们应当在此之前完成相关的临床培训或在实施时接受督导的指导监督。

（3）掌握与健康问题相关的知识和技能的能力。健康社会工作者应当能够学习并熟知与卫生健康服务相关的知识和技能，包括社会工作专业理论，证据知情的实践（Evidence-Informed Practice）知识，与生理、精神、行为健康相关的知识和技能，与健康照护输送系统相关的知识和技能，社会工作者在卫生健康系统中的角色职责，与卫生健康服务相关的研究和评估方法等。健康社会工作者可以通过多种路径来获取这些知识和技能，包括社会工作专业学位教育、与卫生健康服务相关的认证课程、与卫生健康服务相关的工作经验、与卫生健康服务相关的继续教育等。发展并完备这些知识和技能是一个长期积累的过程。它要求健康社会工作者能将这一过程视为终身学习的过程。考虑到卫生健康服务体系的复杂性与服务对象健康需求的多元性，健康社会工作者可能会遇到各种超出其专业服务范畴的难题。在这种情况下，他们应当通过接受督导、咨询专家、继续教育等方式及时请教其他专业的工作人员；或者通过与其他专业的工作人员合作来共同处理这些难题；或者将服务对象转介到有能力处理这些难题的社会工作者那里。

（4）理解并处理多元文化问题的能力。健康社会工作者应当能够为具有不同文化背景的各类人群提供有针对性且尊重其文化特性的卫生健康服务。为了实现这一目标，他们应当从广义上来认识并理解中国文化的多元性和服务人群的多样性。比如，根据生理属性（例如，性别、年龄等）、地理属性（例如，户籍）、心理属性（例如，性取向等）、社会属性（例如，经济地位等）等不同属性，人们可以被划分成具有不同文化的各类群体（例如，同性恋群体、城市流动人口、农村留守人口等）。健康社会工作者必须充分理解不同文化人群具有的多元健康需求，为他们提供契合其文化背景和文化特性的卫生健康服务，并着力解决特殊文化人群面临的主要健康困境。同时，健康社会工作者应当通过学习、实践、自省等方式来认识并发展文化自觉意识。这种文化自觉意识的发展需要健康社会工作者理解自己的文化价值、信仰、偏见、经验等如何影响其与服务对象和团队成员的互动沟通。另外，健康社会工作者应当积极倡导并参与多元文化社会建设，以求为人们提供一个多元包容的健康促进支持环境。

（5）识别并评估健康问题和需求的能力。健康社会工作者应当能够使用标准化的筛查工具来识别并评估服务对象亟须处理的健康问题和需求，尤其是社会心理面向的健康问题和需求（例如，精神障碍、药物滥用、自我伤害等）。基于评估结果并结合其他信息，健康社会工作者应当能够与健康照护团队中的其他工作人员一道制订出合乎服务对象健康需求的证据知情的照护方案（Evidence-Informed Care Plans）。需要注意的是，生理-心理-社会-灵性评估（Biopsychosocial-Spiritual Assessment）是社会工作者在卫生健康领域开展专业活动时最常使用的评估模式。因此，他们应当熟练掌握并使用这一模式来评估服务对象的健康问题和需求。在评估过程中，健康社会工作者还应当熟练掌握并使用以服务对象为中心的访谈技巧与其他契合服务对象需求和能力的方法来开展评估工作。一个相对全面的健康需求评估可能包括但不仅限于如下内容：服务对象的生理和认知功能，行为和精神健康状态，社会心理和灵性层面的完好状态，文化价值、文化信仰和文化实践，家庭组成、家庭结构和家庭角色，工作、教育和职业记录，获取经济支持和其他资源的需求，改变的动力、具备的能力，具有的保护因素和形成的抗逆力，以及实施健康照护计划可能遭遇的各种风险因素和现实障碍等。

（6）制订并实施证据知情的健康照护和健康促进方案的能力。在对服务对象的健康问题和需求进行全面评估的基础上，健康社会工作者应当能够与健康照护和健康促进团队其他成员共同制订并实施证据知情的健康照护和健康促进方案，以求在个人、群体和社会层面最为有效地增进各类人群的健康福祉。在实施健康照护和健康促进方案的过程中，健康社会工作者应当熟练掌握并使用相关专业知识和技能，包括但不仅限于如下内容：以服务对象及其家庭为中心的社会工作干预取向，证据知情的社会工作实践模式，诸如个案管理之类的社会工作干预方式，诸如认知行为疗法、动机性访谈、焦点解决短期治疗、创伤知情护理之类的社会工作干预技术。同时，为了实现健康照护和健康促进方案效果最大化，健康社会工作者应当努力发展并维持与服务对象及其支持系统的积极干预关系，立足能力视角和文化能力，与服务对象一道挖掘并运用他们的能力、资源和抗逆力来解决其面临的健康问题，采用证据知情的实践模式来协助服务对象实现他们的健康目标，咨询健康照护和健康促进团队中的其他工作人员与社会工作督导以确保所制订的健康照护和健康促进方案能够顺利实施。

（7）在宏观层面进行健康政策和行动倡导的能力。健康社会工作者应当能够运用专业技能和相关工具在宏观层面开展反映各类人群健康需求的政策倡导和诉求行动，以求通过社会系统层面的变革为广大民众尤其是困难群体创造更具支持性的健康照护和健康促进环境。例如，健康社会工作者应当着力倡导扩大各类人群享有平等健康资源和高质健康服务的机会，简化卫生健康和社会服务系统准入使用的复杂程序以方便广大民众的日常使用。为了更好地在系统层面进行健康政策的行动倡导，健康社会工作者应当学习并了解我国卫生健康服务体系及相关方针政策，评估并掌握各类人群尤其是特殊困难人群亟待解决的健康问题和需求，熟知并理解各类人群之间存在的健康不平等问题，熟练掌握并使用社会工作增权实践来协助各类人群尤其是特殊困难人群获得更为充足的健康资源，享有更为平等的健康权利。另外，健康社会工作者还应当努力培养服务对象自我健康倡导的能力并助力社区卫生健康体系发展，以求更为有效地在日常生活中支持广大民众在生理、心理、社会和灵性不同维度增强健康功能，提高生命质量。

（8）开展跨专业和跨机构合作的能力。健康社会工作者应当能够理解健康照护和健康促进团队中具有不同学科背景的成员所承担的角色职能，并协助他们进行有效的跨专业研究和实践合作。同时，健康社会工作者还应当熟知我国的卫生健康服务体系并协助相关政府机构、公司企业、社会组织等不同机构开展紧密的跨机构合作和共建。在卫生健康领域开展跨专业和跨机构合作的主要目的在于为服务对象及其支持系统（尤其是家庭系统）提供有效的综合性健康照护和健康促进服务。因此，健康社会工作者必须认识到服务对象及其家庭始终是健康照护和健康促进团队的工作中心。为了更好地开展跨专业和跨机构合作，健康社会工作者必须熟练掌握并使用卫生健康领域常见的三种团队合作模式，包括多专业模式（Multi-disciplinary Model）、专业间模式（Interdisciplinary Model）和跨专业模式（Multidisciplinary Model）。其中，跨专业模式被认为是最为理想的团队合作模式，目前在卫生健康领域得到了越来越多的应用①。

（9）进行实践服务评估和服务质量改进的能力。健康社会工作者应当能够熟练掌握并使用相关评估工具来考察健康照护和健康促进服务的适宜性和有效性，熟练掌握并使用相关访谈技术来搜集不同参与主体对社会工作专业服务的反馈，并使用实践服务评估结果来调整工作目标、实践标准和干预方法以提高后续服务质量。具体地说，对健康社会工作专业实践的评估可能包括但不仅限于以下内容：使用合适的评估工具（例如，临床量表、实践指南、问卷调查等）来评估服务对象的具体进展和满意程度，从服务对象那里获取关于社会工作服务在多大程度上帮助他们确定并实现目标的信息反馈，从健康照护和健康促进团队成员那里获取关于社会工作服务在多大程度上有效促进不同专业之间的合作，对社会工作服务过程和结果进行评估，开展针对实务工作者、健康服务

① Gehlert, S., Browne, T. Introduction. In S. Gehlert & T. Browne (eds.), Handbook of health social work (2nd ed.). Hoboken, NJ: John Wiley & Sons, 2010: xiii-xvii.

Gehlert, S. Conceptual underpinnings of social work in health care. In S. Gehlert & T. Browne (eds.), Handbook of health social work (2nd ed.). Hoboken, NJ: John Wiley & Sons. 2012: 3-19.

项目、合作组织等的自我评估，参与定性和定量的社会工作研究以便为健康社会工作服务提供科学证据，应用评估结果和研究发现以增进实践的质量和效果，使用同行评议、接受督导指导并咨询其他领域社会工作者或其他学科相关专业人员等。

（10）做好实践服务记录和保护服务对象隐私的能力。健康社会工作者应当能够及时记录有关社会工作服务评估、干预和效果的文档信息，尊重并保护服务对象隐私，防止服务对象信息泄露。其中，身处信息化社会，健康社会工作者应当能够学习并掌握相关信息技术进行文档记录，并确保服务对象隐私。通常而言，一份优质的社会工作专业服务文档记录可能包括但不仅限于如下内容：服务对象的个人信息，服务对象最初和后续的多维（生理-心理-社会-灵性）评估结果，服务对象的健康照护和健康促进服务方案，服务对象的服务转介相关信息，关于社会工作者与服务对象及其支持系统、健康照护和健康促进团队中的其他工作人员、相关组织或机构进行接触的具体描述，量化的服务评估结果，关于社会工作者接受督导和寻求咨询的具体描述，关于转介或终止服务的具体描述，关于文档记录是否符合服务对象隐私权和其他伦理守则的具体描述等。

（11）建立和维持合理工作负荷的能力。健康社会工作者应当能够负责任地倡导合理的工作负荷和工作范围以确保他们能够提供有效且高效的服务。在卫生健康领域中，健康照护机构、社会工作管理者、社会工作专业人员均有责任共同建立并维持一种可持续的工作负荷，从而保证健康社会工作者能够开展充分且适宜的干预服务并监督服务过程及其效果。健康社会工作者的工作负荷包括了与他们所在岗位相关的各类临床性、行政性、政策性、研究性或教育性工作。这些工作负荷主要反映了服务对象和工作机构的需求和目标，并且可能包括了非正常办公时间以外的工作负荷。另外，健康社会工作者应当支持开展相关研究来确定不同工作情境下相对合理的个案数量和工作负荷，以使他们对关于建立和维持合理工作负荷的诉求有据可依。

（12）自觉地促进自身专业发展的能力。健康社会工作者应当能够自觉地通过参加与卫生健康教育相关的学习项目以确保自身始终能够胜任所在岗位。同时，他们还应当通过积极参与研究、开展服务、提供督导、同行评议等多种方式来自觉地促进自身专业发展，以求为服务对象提供适宜且有效的健康照护和健康促进服务。健康社会工作者的专业发展活动可能包括但不仅限于以下内容：学习并发展与临床照护、研究技术、健康政策、社区资源、社区服务、伦理守则、领导能力、管理能力等相关的知识和技能。健康社会工作者的工作机构应当支持并鼓励他们参与到这些专业发展活动中。健康社会工作者也应在工作机构和更大的社会工作社群中积极寻找专业发展机会。

（13）督导能力和领导能力。健康社会工作者应当能够通过学习、研究和实践有意识地培养自身的督导能力，并积极地在卫生健康领域中为其他社会工作者提供督导服务。由于目前我国缺少能够督导健康社会工作的专业人员，我们应当着力在卫生健康领域培养具有社会工作专业背景的督导人员，以确保健康社会工作在跨专业健康照护和健康促进团队中发挥其应有的专业优势。另外，健康社会工作者还应当能够在所在工作机构的各类教育性、督导性、行政性和研究性事务中自觉地承担一定的领导职能，有意识地培养自身的领导能力，从而为发展和维持一支稳健的健康社会工作从业人员队伍作出积极贡献。

Research on the Core Competence of Health Social Work

MA Fengzhi, CHEN Haiping

Abstract: Under the background of healthy China strategy in the new period, the traditional medical social work and its function of range have been unable to meet people's Need for full range and full cycle health services, Medical social work in a narrow sense must be transformed into healthy social work, and will expand the main service target population from hospitalized patients and their families to the health maintenance of all nationals in order to better respond to the health needs of the public, and to provide scientific evidence and professional support for China's efforts to build a healthy society for all. This paper expounds the concept and connotation of health social work, service goals and basic rules, as well as the role, function and core competence of health social work.

Keywords: Health China, Health Social Work, Service Objectives, Health Social Work Roles, Health Social Work Core Competence